O NOVO ESTATUTO DO ALUNO

FÁTIMA CORREIA LEITE
ESMERALDA NASCIMENTO
JURISTAS

O NOVO ESTATUTO DO ALUNO
(Anotado e Comentado)

Formulário

O Poder Paternal e a figura do Encarregado
de Educação no Sistema Educativo Português

Jurisprudência

Legislação Complementar

2.ª EDIÇÃO

ALMEDINA

O NOVO ESTATUTO DO ALUNO

AUTORES
FÁTIMA CORREIA LEITE
ESMERALDA NASCIMENTO

EDITOR
EDIÇÕES ALMEDINA, SA
Avenida Fernão de Magalhães, n.º 584, 5.º Andar
3000-174 Coimbra
Tel.: 239 851 904
Fax: 239 851 901
www.almedina.net
editora@almedina.net

PRÉ-IMPRESSÃO • IMPRESSÃO • ACABAMENTO
G.C. – GRÁFICA DE COIMBRA, LDA.
Palheira – Assafarge
3001-453 Coimbra
producao@graficadecoimbra.pt

Fevereiro, 2008

DEPÓSITO LEGAL
268258/07

Os dados e as opiniões inseridos na presente publicação
são da exclusiva responsabilidade do(s) seu(s) autor(es).

Toda a reprodução desta obra, por fotocópia ou outro qualquer processo,
sem prévia autorização escrita do Editor,
é ilícita e passível de procedimento judicial contra o infractor.

INTRODUÇÃO

A Escola é um espaço privilegiado de formação do indivíduo, sendo-lhe, hoje, exigidas responsabilidades acrescidas, reflexo das profundas alterações que têm vindo a ocorrer na sociedade portuguesa.

A construção de uma escola democrática, responsável e de qualidade deve ser uma prioridade de todos: governo, pais, professores, alunos. Nesta perspectiva, o "Novo Estatuto do Aluno" surge como um instrumento de boa gestão dos estabelecimentos de ensino, materializando um conjunto de ideais e medidas que visam promover o bom ambiente escolar e a qualidade do ensino.

A aposta – e o esforço – na "qualidade da educação" impõe a adopção de políticas educativas que promovam a melhoria do ambiente escolar, nomeadamente pela interiorização de valores fundamentais como o respeito, a liberdade, a igualdade e a solidariedade.

Neste contexto, a Lei 30/2002, de 20 de Dezembro, indo ao encontro de uma larga reflexão sobre o estado da educação em Portugal, onde participaram pais, professores, alunos, funcionários e os cidadãos, em geral, pretendeu ser uma resposta articulada e integrada aos problemas e necessidades sentidos pelas escolas nestes últimos anos como sejam o aumento do absentismo escolar, da indisciplina, a perda de autoridade dos docentes.

Tendo presente que as escolas são comunidades onde se encontram interesses e valores múltiplos, muitas vezes conflituantes, e que o objectivo das regras escolares reside na necessidade de equilibrar direitos e deveres, aquele diploma legal pretendeu afirmar-se como um *Código de Conduta* das escolas do ensino não superior, que fosse muito para além de regulamentar as questões disciplinares, dando, por um lado, mais autonomia e poder às escolas e, por outro lado, impondo aos pais e encarregados de educação uma maior responsabilização e envolvimento na vida escolar dos seus filhos, na medida em que esta representa uma fase determinante na formação integral das crianças e jovens.

Sendo que a edificação de uma escola de qualidade passa pela construção de uma *escola de cidadãos*, implicando tal tarefa, necessariamente, a assunção de direitos de cidadania, por um lado, e de um conjunto de deveres inerentes à vida em comunidade escolar, por outro, aquele diploma deu especial ênfase ao elenco de deveres a que os alunos se encontram obrigados enquanto membros de uma comunidade educativa, no sentido de desenvolver as suas apetências, não só aos níveis do *aprender a conhecer* e *aprender a fazer*, mas, também, aos níveis do *aprender a conviver* e *aprender a ser*, reforçando a autoridade dos professores e limitando e simplificando o denominado procedimento disciplinar.

Não obstante os objectivos e metas supra enunciados, os problemas da indisciplina e da incivilidade continuam a comprometer a qualidade da relação pedagógica entre professores e alunos, impedindo o desenvolvimento do trabalho e do estudo e afectando o regular processo de aprendizagem.

Assim, ao fim de 5 anos de vigência da "velha" Lei 30/2002 e constatada a insuficiência do diploma para resolver estes problemas de forma rápida, séria e eficiente no espaço escolar, tornou-se necessário rever procedimentos, definir e distribuir novas e "velhas" competências e responsabilidades.

Neste contexto, procedeu-se à primeira alteração à Lei 30/2002, de 20 de Dezembro, com a publicação da presente Lei n.º 3/2008, de 18.01, por forma a atingir os objectivos propostos.

Em síntese, as grandes novidades deste diploma são:

– distinção clara entre medidas correctivas e medidas sancionatórias;
– simplificação de procedimentos formais de natureza processual, referentes à aplicação das medidas disciplinares sancionatórias, sem prejuízo do direito de defesa dos alunos e de informação aos encarregados de educação;
– reforço da responsabilidade dos pais e encarregados de educação no acompanhamento escolar dos respectivos educandos;
– ampliação da informação a prestar aos pais e encarregados de educação, designadamente sobre falta de assiduidade.

Face ao exposto, o presente trabalho – revisto e ampliado relativamente à 1.ª edição – pretende continuar a constituir um instrumento de apoio útil para a melhor compreensão das opções legislativas e uma base de trabalho para todos aqueles que, diariamente têm, no terreno, de enfrentar os desafios da promoção da melhoria do ambiente educativo nas escolas, da exigência de melhor aprendizagem e da construção de uma escola de valores, mas também servir de fonte de consulta e de informação para todos os pais e encarregados de educação que pretendem participar de forma responsável e esclarecida no percurso escolar dos seus educandos.

I
A) ESTATUTO DO ALUNO DOS ENSINOS BÁSICO E SECUNDÁRIO

LEI N.º 3/2008,
de 18 de Janeiro

Primeira alteração à Lei 30/2002, de 20 de Dezembro, que aprova o Estatuto do Aluno dos Ensino Básico e Secundário

A Assembleia da República decreta, nos termos da al. c) do artigo 161.º da Constituição, o seguinte:

ARTIGO 1.º
Alteração à Lei n.º 30/2002, de 20 de Dezembro

1 – Os artigos 1.º, 2.º, 4.º, 5.º, 6.º, 8.º, 9.º, 10.º, 11.º, 13.º a 19.º, 21.º a 28.º, 43.º, 44.º, 47.º a 52.º, 54.º e 55.º da Lei n.º 30/2002, de 20 de Dezembro, passam a ter a seguinte redacção: *

ARTIGO 2.º
Norma transitória

Os regulamentos internos das escolas em vigor à data do início da vigência das alterações ao Estatuto do Aluno, operadas pela presente lei, devem ser adaptados ao que nela se estatui, nos termos estabelecidos no artigo 6.º do decreto-Lei n.º 115-A/98, de 4 de Maio, até ao final do ano lectivo em curso.

ARTIGO 3.º
Norma de aplicação no tempo

As alterações à Lei n.º 30/2002, de 20 de Dezembro operadas pela presente lei aplicam-se apenas às situações ocorridas após a sua entrada em vigor.

---

* feitas as alterações nos respectivos preceitos.

ARTIGO 4.º
Norma revogatória

São revogados a alínea r) do artigo 15.º, o n.º 3 do artigo 16.º, os n.ºˢ 4 e 5 do artigo 17.º, o artigo 20.º, o n.º 4 do artigo 24.º, os n.ºˢ 2 e 3 do artigo 25.º, a alínea a) do n.º 2 do artigo 26.º, as alíneas a) e e) do n.º 2 do artigo 27.º, os artigos 29.º a 42.º, o n.º 5 do artigo 48.º, o n.º 3 do artigo 50.º, o n.º 2 do artigo 52.º, o n.º 2 do artigo 55.º, e o artigo 58.º da Lei n.º 30/2002, de 20 de Dezembro.

ARTIGO 5.º
Republicação

É republicada, em anexo, que faz parte integrante da presente lei, a Lei n.º 30/2002, de 20 de Dezembro, com a redacção actual.

ESTATUTO DO ALUNO DOS ENSINOS BÁSICO E SECUNDÁRIO

LEI N.º 30/2002
(com as alterações introduzidas pela Lei 3/2008, de 18 de Janeiro)

CAPÍTULO I
Conteúdo, objectivos e âmbito

ARTIGO 1.º
Conteúdo

A presente lei aprova o Estatuto do Aluno dos Ensinos Básico e Secundário, adiante designado por Estatuto, no desenvolvimento das normas da Lei de Bases do Sistema Educativo, a Lei n.º 46/86, de 14 de Outubro, relativas à administração e gestão escolares.

1. Na versão originária falava-se em "Estatuto do Aluno do Ensino Não Superior".
2. A Lei 30/2002, de 20/12, mesmo na actual versão, apresenta-se, também e naturalmente, no desenvolvimento do Dec-Lei 115-A/98, de 4 de Maio (Regime de autonomia, administração e gestão dos estabelecimentos de educação pré--escolar e dos ensino básico e secundário), visando constituir uma resposta consistente para os problemas e necessidades sentidas, nos últimos anos, pelas escolas que se pretendem cada vez mais autónomas e eficientes.
3. Avaliando e integrando experiências já adquiridas neste domínio, nomeadamente nos últimos 5 anos, durante a vigência da versão originária da Lei 30/2002, este diploma pretende afirmar-se como um *código de conduta* abrangente que vai para além de um mero estatuto disciplinar, configurando uma opção determinada de política educativa, no sentido de devolver à escola alguma ordem, aos docentes alguma autoridade perdida e de promover a educação das crianças e jovens na responsabilidade, solidariedade, igualdade, interculturalidade e urbanidade.

ARTIGO 2.º
Objectivos

O Estatuto prossegue os princípios gerais e organizativos do sistema educativo português, conforme se encontram estatuídos nos artigos 2.º e

3.º da Lei de Bases do Sistema Educativo, promovendo, em especial, a assiduidade, a integração dos alunos na comunidade educativa e na escola, o cumprimento da escolaridade obrigatória, a sua formação cívica, o sucesso escolar e educativo e a efectiva aquisição de saberes e competências.

1. São definidos, neste artigo, os objectivos gerais do diploma, com remissão expressa para os princípios gerais e organizativos que enformam o Sistema Educativo Português e que se encontram plasmados na Constituição da República Portuguesa (art.ºˢ 43.º, 73.º, 74.º, 75.º) e na Lei 46/96, de 14 de Outubro (Lei de Bases do Sistema Educativo) – cfr. pág. 143. Estes objectivos reflectem e concretizam, igualmente, os valores e princípios definidos na Convenção dos Direitos da Criança, nomeadamente no seu art. 28.º – cfr. pág. 117.
2. Partindo, assim, do princípio constitucional do direito de todos os portugueses à (efectiva) educação e ao ensino e da especial responsabilidade do Estado em promover a democratização do ensino, garantindo o direito a uma justa e efectiva igualdade de oportunidades no acesso e no sucesso escolares e contribuindo para o desenvolvimento pleno e harmonioso da personalidade dos indivíduos, incentivando a formação de cidadãos livres, mas também responsáveis, autónomos e solidários, o novo estatuto acentua a questão da assiduidade como uma "obrigação maior" do aluno – e dos seus pais ou encarregados de educação (art.º 6.º, al. c)) – e dá, também, especial ênfase à obrigação de empenho dos alunos para a efectiva aquisição de saberes e competências (art.ºˢ 7.º e 15.º, als. a), b) e c)).

ARTIGO 3.º
Âmbito de aplicação

1 – O Estatuto aplica-se aos alunos dos ensinos básico e secundário da educação escolar, incluindo as suas modalidades especiais.

2 – O disposto no número anterior não prejudica a aplicação à educação pré-escolar do que no Estatuto se prevê relativamente à responsabilidade e ao papel dos membros da comunidade educativa e à vivência na escola.

3 – O Estatuto aplica-se aos estabelecimentos de ensino da rede pública, incluindo os respectivos agrupamentos.

4 – Os princípios que enformam o Estatuto aplicam-se aos estabelecimentos de ensino das redes privada e cooperativa, que deverão adaptar os respectivos regulamentos internos aos mesmos.

1. O âmbito de aplicação do actual estatuto é mais amplo do que era o DL 270/98, de 1 de Setembro.

Nos termos deste artigo, o estatuto do aluno é aplicável aos alunos dos ensino básico e secundário dos estabelecimentos de ensino da rede pública, sendo que os princípios plasmados neste diploma se aplicam igualmente aos alunos dos ensino básico e secundário da rede privada e cooperativa.

Ficam, assim, abrangidos os alunos dos ensinos:
a) recorrente,
b) profissional
c) artístico
d) educação especial
e) de português no estrangeiro
f) à distância

2. Os estabelecimentos das redes privada e cooperativa deverão adaptar, assim, os seus regulamentos *aos princípios* consagrados neste diploma.
3. Os regulamentos internos das escolas passarão, cada vez mais – e muito impulsionado por este diploma –, a ser instrumentos fundamentais de gestão dos estabelecimentos escolares – diferenciando-os e personalizando-os, sendo imperioso um especial cuidado na sua revisão, de modo a que se encontrem efectivamente regulamentados/concretizados os aspectos e situações mais e menos relevantes.
4. As disposições constantes do capítulo II deste diploma (responsabilidade, papel dos membros da comunidade educativa e vivência na escola) aplicam-se, também, com as necessárias adaptações à educação pré-escolar, na concretização, aliás, dos objectivos expressos no art.º 5.º da Lei 46/86, 14 de Outubro.

CAPÍTULO II
Autonomia e responsabilidade

ARTIGO 4.º
Responsabilidade dos membros da comunidade educativa

1 – A autonomia de administração e gestão das escolas e de criação e desenvolvimento dos respectivos projectos educativos pressupõe a responsabilidade de todos os membros da comunidade educativa pela salvaguarda efectiva do direito à educação e à igualdade de oportunidades no acesso e no sucesso escolares, pela prossecução integral dos objectivos dos referidos projectos educativos, incluindo os de integração sócio-cultural, e pelo desenvolvimento de uma cultura de cidadania capaz de fomentar os valores da pessoa humana, da democracia e do exercício responsável da liberdade individual.

2 – Enquanto espaço colectivo de salvaguarda efectiva do direito à educação, a escola é insusceptível de transformação em objecto de pressão para a prossecução de interesses particulares, devendo o seu funcionamento ter carácter de prioridade.

3 – A comunidade educativa referida no n.º 1 integra, sem prejuízo dos contributos de outras entidades, os alunos, os pais e encarregados de educação, os professores, o pessoal não docente das escolas, as autarquias locais e os serviços da administração central e regional com intervenção na área da educação, nos termos das respectivas responsabilidades e competências.

1. O disposto no n.º 1 deste artigo, de conteúdo programático, afirma, mais uma vez, os princípios orientadores do Sistema Educativo Português, plasmados na Constituição da República Portuguesa, desenvolvidos na Lei 46/86 de 14 de Outubro, e no Dec-Lei 115-A/98 de 4 de Maio e concretizados nos Regulamentos Internos de cada escola ou agrupamento.
2. Nos termos do art.º 29.º da Convenção dos Direitos da Criança a educação desta deve destinar-se a: a) promover o desenvolvimento da personalidade da criança, dos seus dons e aptidões mentais e físicos; b) inculcar na criança o respeito pelos direitos do homem e liberdades fundamentais e pelos princípios consagrados na Carta das Nações Unidas; c) inculcar na criança o respeito pelos pais, pela sua identidade cultural, língua e valores, pelos valores nacionais do país em que vive, do seu país de origem e pelas civilizações diferentes da sua; d) preparar a criança para assumir as responsabilidades da vida numa sociedade livre, num espírito de compreensão, paz, tolerância, igualdade entre os sexos e amizade entre todos os povos, grupos étnicos, nacionais e religiosos e com pessoas de origem indígena; e) promover o respeito da criança pelo meio ambiente (cfr. art.º 29.º da Convenção dos Direitos da Criança a pág. 117).
3. Quando se pensa, fala e trabalha em educação, devemos colocar o Aluno no centro dessa reflexão. Ele é a razão de ser de todo o sistema educativo. Embora na comunidade educativa se cruzem e choquem diariamente interesses relevantes – divergentes e conflituantes – é sempre em obediência ao superior interesse dos alunos que as decisões devem ser tomadas.
4. O n.º 3 deste artigo apresenta a noção de comunidade educativa que constituirá uma noção-referência no âmbito da legislação da educação.
5. Sobre os poderes dos pais e encarregados de educação consultar Capítulo II da presente obra, a págs. 81 e ss.

ARTIGO 5.º
Papel especial dos professores

1 – Os professores, enquanto principais responsáveis pela condução do processo de ensino e aprendizagem, devem promover medidas de

carácter pedagógico que estimulem o harmonioso desenvolvimento da educação, quer nas actividades na sala de aula quer nas demais actividades da escola.

2 – O director de turma ou, tratando-se de alunos do 1.º ciclo do ensino básico, o professor titular de turma, enquanto coordenador do plano de trabalho da turma, é particularmente responsável pela adopção de medidas tendentes à melhoria das condições de aprendizagem e à promoção de um bom ambiente educativo, competindo-lhe articular a intervenção dos professores da turma e dos pais e encarregados de educação e colaborar com estes no sentido de prevenir e resolver problemas comportamentais ou de aprendizagem.

1. Aos professores, enquanto agentes especialmente formados para o efeito e em situação privilegiada de interacção com as crianças e jovens, incumbe gerir e promover o processo de ensino-aprendizagem, no âmbito dos programas e planos definidos, enriquecendo e partilhando os recursos educativos e utilizando novos métodos de ensino que lhe sejam propostos ou intervindo, através da liberdade de iniciativa, na escolha dos métodos de ensino, das tecnologias e técnicas de educação e dos meios auxiliares de ensino que considere mais adequados, numa perspectiva de reforço da qualidade da educação e ensino.
2. A formação integral dos alunos vai, contudo, muito para além do processo ensino-aprendizagem dentro da sala de aula, pelo que aos professores é exigido, de igual modo, que promovam o desenvolvimento das demais capacidades daqueles, estimulando a sua autonomia e criatividade e contribuindo para a formação de cidadãos civicamente responsáveis, críticos mas conhecedores do alcance e dos limites do exercício da liberdade individual, capazes de lidarem com as interrogações, medos e frustrações próprias do processo de crescimento de cada um, respeitando e inter-relacionando-se com os seus pares no reconhecimento e aceitação de padrões culturais e de valores (nomeadamente sociais e religiosos) diferentes. A este propósito cfr. art. 29.º da Convenção dos Direitos do Homem.
3. Ver, a este propósito art.ᵒˢ 2.º e 3.º da Lei de Bases do Sistema Educativo e art.ᵒˢ 3.º, 4.º 5.º, 6.º, 7.º e 10.º do Estatuto da Carreira Docente.
4. Sobre a designação e competência do Director de Turma ver art.º 7.º do Decreto Regulamentar n.º 10/99 de 21 de Julho, a pág. 217.

ARTIGO 6.º
Papel especial dos pais e encarregados de educação

1 – Aos pais e encarregados de educação incumbe, para além das suas obrigações legais, uma especial responsabilidade, inerente ao seu poder-dever de dirigirem a educação dos seus filhos e educandos, no interesse destes, e de promoverem activamente o desenvolvimento físico, intelectual e moral dos mesmos.

2 – Nos termos da responsabilidade referida no número anterior, deve cada um dos pais e encarregados de educação, em especial:
 a) Acompanhar activamente a vida escolar do seu educando;
 b) Promover a articulação entre a educação na família e o ensino escolar;
 c) Diligenciar para que o seu educando beneficie efectivamente dos seus direitos e cumpra rigorosamente os deveres que lhe incumbem, com destaque para os deveres de assiduidade, de correcto comportamento e de empenho no processo de aprendizagem;
 d) Contribuir para a criação e execução do projecto educativo e do regulamento interno da escola e participar na vida da escola;
 e) Cooperar com os professores no desempenho da sua missão pedagógica, em especial quando para tal forem solicitados, colaborando no processo de ensino e aprendizagem dos seus educandos;
 f) Contribuir para a preservação da disciplina da escola e para a harmonia da comunidade educativa, em especial quando para tal forem solicitados;
 g) Contribuir para o correcto apuramento dos factos em procedimento de índole disciplinar instaurado ao seu educando e, sendo aplicada a este medida correctiva ou medida disciplinar sancionatória, diligenciar para que a mesma prossiga os objectivos de reforço da sua formação cívica, do desenvolvimento equilibrado da sua personalidade, da sua capacidade de se relacionar com os outros, da sua plena integração na comunidade educativa e do seu sentido de responsabilidade;
 h) Contribuir para a preservação da segurança e integridade física e moral de todos os que participam na vida da escola;
 i) Integrar activamente a comunidade educativa no desempenho das demais responsabilidades desta, em especial informando-se, sendo informado e informando sobre todas as matérias relevantes no processo educativo dos seus educandos;
 j) Comparecer na escola sempre que julgue necessário e quando para tal for solicitado;
 k) Conhecer o estatuto do aluno, o regulamento interno da escola e subscrever, fazendo subscrever igualmente aos seus filhos e educandos, declaração anual de aceitação do mesmo e de compromisso activo quanto ao seu cumprimento integral.

1. A intervenção dos pais no processo educativo dos seus filhos encontrava-se regulada no artigo 8.º do Dec-Lei 270/98, de 1 de Setembro.
2. A relação integrada dos actores *escola* e *pais/encarregados de educação* é determinante para o sucesso do processo educativo e formativo das crianças e jovens. A família e a escola têm de ser as bases estruturais de uma edificação educacional forte e consistente.
   Muitos dos problemas vividos hoje no espaço escolar, mais não são do que o reflexo da crise da instituição e dos valores familiares.
3. Aos pais cabe, nos termos do n.º 1 do artigo 1878.º do Código Civil dirigir a educação dos filhos e, de acordo com as suas possibilidades, promover o seu desenvolvimento físico, intelectual e moral (art.º 1885.º, n.º 1 do C.C).
4. Nos termos do disposto no art.º 1901.º do C.C., o exercício do poder paternal, na constância do matrimónio, pertence a ambos os pais, devendo ser exercido de comum acordo. Presumem-se praticados de acordo com o outro progenitor os actos realizados por um deles que integram o conteúdo do poder paternal, salvo quando a lei expressamente exija o consentimento de ambos os progenitores ou se trate de acto de particular importância (art.º 1902.º do C.C.). Na pendência do matrimónio, mas na falta de acordo em questões de particular importância como é o caso das relativas à educação dos filhos, qualquer um dos progenitores poderá recorrer ao tribunal que decidirá, no exclusivo interesse do menor. Em caso de divórcio, separação judicial de pessoas e bens, declaração de nulidade ou anulação do casamento deverão ser observadas as determinações do art.º 1906.º do C.C., nos termos das quais o poder paternal, nestas situações, pode continuar a ser exercido por ambos desde que estes acordem neste sentido. Na ausência de acordo dos pais cabe ao tribunal determinar por quem deve o poder paternal ser exercido, mantendo-se, na mesma a possibilidade de nesta situação os pais acordarem que determinados assuntos continuem a ser resolvidos por ambos. Ao progenitor que não exerça o poder paternal, assiste, contudo, o poder de vigiar a educação e as condições de vida do seu filho. Ver, ainda, art.ºs 1913.º a 1920.º do C.C. sobre a inibição do poder paternal.
5. Na falta da definição legal de um estatuto do encarregado de educação qualquer litígio que se levante respeitante à condução da vida escolar das crianças e jovens deverá ser apreciado à luz das disposições do Código Civil invocadas na anotação anterior. Sobre esta matéria consultar Capítulo II da presente obra, a pág. 81.
6. Realça-se o teor da al. c), que impõe aos pais um dever de diligência no sentido de promover que os seus filhos cumpram, *pontualmente*, os deveres que lhe incumbem, com especial destaque para a assiduidade, disciplina e aplicação no processo de aprendizagem. A alteração introduzida pela Lei n.º 3/2008, de 18.01, pretende acentuar esta obrigação, no sentido de responsabilizar, cada vez mais, os pais pelo (in)sucesso do percurso formativo dos seus educandos. No entanto, continuam a não existir mecanismos sancionatórios para estes intervenientes no processo educativo (algumas vezes *ausentes* do processo educativo ou, mesmo, seus *obstaculizadores*). Continuamos sem qualquer mecanismo legal ou procedimental que nos permita ultrapassar situações de impasse decorrentes, por

exemplo, de ser o próprio pai a impedir que o seu filho cumpra uma qualquer medida disciplinar determinada pela escola – colocando-o numa situação conflito de deveres (dever de obediência aos pais, enquanto menores – art.º 1877.º, n.º 2 do Código Civil – versus dever de cumprir a medida aplicada). Sendo certo que esta intervenção e colaboração com a escola deve ser espontânea e voluntária por parte dos pais e encarregados de educação, enraizando-se na sua consciência e actuação como mais uma das dimensões do poder-dever de educar os filhos, a prática tem-nos mostrado que muitas vezes a sua actuação emocional não serve os interesses formativos dos seus educandos e coloca embaraços legais, sem solução à vista, nomeadamente em matéria disciplinar.

7. Sobre a responsabilidade dos pais e encarregados de educação no cumprimento da obrigação de assiduidade dos seus educandos, atente-se no exemplo do sistema educativo do Reino Unido, onde os pais são responsáveis por assegurar que os seus educandos frequentem a escola com regularidade. Se tal não suceder – e ainda que isso aconteça sem que aqueles tenham conhecimento – as entidades locais podem processar judicialmente os pais. E isto acontece porque se considera que os pais são responsáveis por se *certificarem* de que as suas crianças – regularmente inscritas num estabelecimento de ensino – o frequentam com regularidade. As penalizações para este "delito" dos pais passam pela aplicação de multas, emissão de um mandato de Supervisão Educacional ou até mesmo pela determinação de um "Mandato Judicial de Paternidade/Maternidade" (Parenting Order) o qual impõe aos pais a obrigação de frequentar sessões de formação sobre o (correcto e adequado) exercício da paternidade/maternidade.

8. Outra novidade introduzida por este diploma é a consagração do *princípio da contratualização entre parceiros educativos*. Nos termos da al. k) deste artigo, os pais e encarregados de educação devem não só conhecer o regulamento interno do estabelecimento de ensino que os filhos ou educandos frequentam, mas devem subscrever e fazer subscrever aos seus filhos e educandos, declaração anual de aceitação daquele e de compromisso activo quanto ao seu cumprimento integral. Pretende-se, assim, de uma forma solene, afirmar um sentido de responsabilidade destes parceiros para com a comunidade educativa que integram ou pretendem integrar, de modo a que sejam agentes activos e interessados na construção de um ambiente escolar favorável ao sucesso e à plena realização de todos os membros da comunidade educativa.

ARTIGO 7.º
Responsabilidade dos alunos

Os alunos são responsáveis, em termos adequados à sua idade e capacidade de discernimento, pela componente obrigacional inerente aos direitos que lhe são conferidos no âmbito do sistema educativo, bem como por contribuírem para garantir aos demais membros da comunidade educativa e da escola os mesmos direitos que a si próprio são conferidos, em especial respeitando activamente o exercício pelos demais alunos do direito à educação.

1. Os objectivos das regras escolares residem na necessidade de equilibrar direitos e obrigações. A construção de uma *escola de cidadãos* implica a assunção de direitos mas, correlativamente, também de um conjunto de deveres inerentes à vida em comunidade escolar. As escolas são comunidades onde se encontram interesses e valores múltiplos e onde a liberdade e a solidariedade se completam. Os alunos devem ser, eles próprios, promotores do direito à educação e ao sucesso escolar dos restantes colegas, o que passa pelo respeito, entre-ajuda e colaboração entre todos facilitando, assim, nomeadamente, a plena integração daqueles com saberes, culturas e valores diferentes.
2. Quanto às responsabilidades disciplinares, civis e criminais dos alunos pelos seus comportamentos infractores cfr. art.ºˢ 23.º e 55.º do presente diploma e respectivas anotações.

ARTIGO 8.º
Papel do pessoal não docente das escolas

1 – O pessoal não docente das escolas deve colaborar no acompanhamento e integração dos alunos na comunidade educativa, incentivando o respeito pelas regras de convivência, promovendo um bom ambiente educativo e contribuindo, em articulação com os docentes, os pais e encarregados de educação, para prevenir e resolver problemas comportamentais e de aprendizagem.

2 – Aos técnicos de serviços de psicologia e orientação incumbe ainda o papel especial de colaborar na identificação e prevenção de situações problemáticas de alunos e na elaboração de planos de acompanhamento para estes, envolvendo a comunidade educativa.

1. Sobre o regime jurídico do pessoal não docente dos estabelecimentos públicos de educação e de ensino não superior consultar Dec-Lei n.º 184/2004, de 29/07 e Decreto Regulamentar 4/2006, de 7/03, bem como o Despacho n.º 17460, de 29 de Agosto de 2006 (Regulamento Interno do Pessoal não Docente dos Estabelecimentos Públicos de Educação Pré-Escolar e dos Ensino Básico e Secundário com Contrato de Trabalho).

ARTIGO 9.º
Vivência escolar

As regras de disciplina da escola, para além dos seus efeitos próprios, devem proporcionar a assunção, por todos os que integram a vida da escola, de regras de convivência que assegurem o cumprimento dos objectivos do projecto educativo, a harmonia de relações e a integração social, o pleno desenvolvimento físico, intelectual e cívico dos alunos e a preservação da segurança destes e ainda a realização profissional e pessoal dos docentes e não docentes.

1. As regras da convivência escolar estão cada vez mais na ordem do dia. Os episódios de violência escolar têm vindo a aumentar o que implica reflectir (e agir) não só ao nível das medidas disciplinares e programas de segurança escolar, mas também – e fundamentalmente – ao nível formativo e educacional, tendo aqui os pais e os docentes um papel determinante.
É imperioso trabalhar os valores basilares da convivência/coexistência humana no processo educacional das crianças e jovens: a dimensão, o alcance e os limites da liberdade individual, o respeito pelos valores e bens dos outros, a sensibilização para as questões ligadas à interculturalidade – característica da generalidade das sociedades contemporâneas, etc.
2. A crescente preocupação com os problemas da Segurança no espaço escolar levou à criação e ao desenvolvimento do denominado "Programa Escola Segura". O "Programa Escola Segura" é uma iniciativa conjunta do Ministério da Administração Interna e do Ministério da Educação que visa garantir as condições de segurança da população escolar e promover comportamentos de segurança escolar através da vigilância das escolas e das suas áreas envolventes, do policiamento dos percursos habituais de acesso aos estabelecimentos de ensino e da promoção de acções de sensibilização junto dos alunos, docentes, não docentes e pais para as questões de segurança – cfr. legislação complementar, a pág. 115.

ARTIGO 10.º
Intervenção de outras entidades

Perante situação de perigo para a saúde, segurança ou educação do aluno menor, deve conselho executivo ou o director da escola diligenciar para lhe pôr termo, pelos meios estritamente adequados e necessários e sempre com preservação da vida privada do aluno e da sua família, podendo solicitar a cooperação das autoridades públicas, privadas ou solidárias competentes, nomeadamente, da Escola Segura, dos conselhos locais de acção social, da comissão de protecção de crianças e jovens ou do representante do Ministério Público junto do tribunal competente em matéria de menores.

1. Ao Conselho Executivo (ou ao director) compete este poder-dever de actuar no sentido de salvaguardar os interesses dos menores sempre que constate (ou haja suspeita séria) que a sua saúde, segurança ou educação possa estar em perigo.

2. Obviamente, esta intervenção deverá limitar-se ao absolutamente necessário para o efeito, com respeito pelos princípios da adequação e proporcionalidade, para salvaguarda da intimidade da vida privada do aluno e da sua família.
3. Assim, quando a escola verificar que não consegue, por si só, resolver as situações de risco detectadas – porque não está vocacionada para a resolução desse tipo de problemas, porque não dispõe de meios para ultrapassar as situações detectadas ou porque não as poderá resolver em tempo útil –, deverá a respectiva direcção executiva solicitar a intervenção dos agentes afectos ao Programa Escola Segura, da Comissão de Protecção de Crianças de Jovens, ou caso esta não se encontre criada ou instalada na área, comunicar o facto ao magistrado do Ministério Público junto do tribunal competente em matéria de menores.
4. Sobre o objecto e acções do Programa Escola Segura, cfr. pág. 251.
5. Caso o comportamento do aluno, menor até 12 anos, seja susceptível de ser qualificado, à luz da lei penal, como crime, o conselho executivo deve comunicar o facto à Comissão de Protecção de Crianças e Jovens. Caso o aluno tenha idade compreendida entre os 12 e os 16 anos e o seu comportamento seja susceptível de ser qualificado, na lei penal, como crime, deverá o facto ser participado, directamente, ao Magistrado do Ministério Público junto do Tribunal competente, em matéria de menores, na área. Neste sentido ver Lei n.º 166//99, de 14 de Setembro.

ARTIGO 11.º
Matrícula

O acto de matrícula, em conformidade com as disposições legais que o regulam, confere o estatuto de aluno, o qual, para além dos direitos e deveres consagrados na presente lei, integra, igualmente, os que estão contemplados no regulamento interno da escola.

1. A matrícula confere o estatuto de aluno, marcando o início de uma relação jurídica que compreende os direitos e obrigações consagrados neste diploma e os especiais estabelecidos nos regulamentos internos das escolas ou agrupamentos.
2. Sobre as regras de matrículas ver art.^{os} 1.º a 11.º do Dec-Lei 301/93 de 31 de Agosto, Despacho Normativo 24/2000, de 11 de Maio e Despacho Conjunto 373/2002 de 23 de Agosto (cfr. legislação complementar, pág. 115)
3. As matrículas no ensino particular e cooperativo encontram-se reguladas nos art.^{os} 75.º e ss. do Dec-Lei 553/80, de 21 de Novembro.

CAPÍTULO III
Direitos e deveres do aluno

ARTIGO 12.º
Valores nacionais e cultura de cidadania

No desenvolvimento dos valores nacionais e de uma cultura de cidadania capaz de fomentar os valores da pessoa humana, da democracia, do exercício responsável, da liberdade individual e da identidade nacional, o aluno tem o direito e o dever de conhecer e respeitar activamente os valores e os princípios fundamentais inscritos na Constituição da República Portuguesa, a Bandeira e o Hino, enquanto símbolos nacionais, a Declaração Universal dos Direitos do Homem, a Convenção Europeia dos Direitos do Homem e a Convenção sobre os Direitos da Criança, enquanto matriz de valores e princípios de afirmação da humanidade.

1. Este artigo desenvolve os princípios plasmados nas als. a) a f) do art.º 3.º da Lei de Bases do Sistema Educativo.
2. O legislador parece determinado em devolver à escola o papel fundamental que ela deve ter na formação e educação das crianças e jovens, procurando que esta se afirme como uma *escola de valores*.
3. Cfr. Convenção dos Direitos da Criança, a pág. 117.

ARTIGO 13.º
Direitos do aluno

O aluno tem direito a:
a) Usufruir do ensino e de uma educação de qualidade de acordo com o previsto na lei, em condições de efectiva igualdade de oportunidades no acesso, de forma a propiciar a realização de aprendizagens bem sucedidas;
b) Usufruir do ambiente e do projecto educativo que proporcionem as condições para o seu pleno desenvolvimento físico, intelectual, moral, cultural e cívico, para a formação da sua personalidade e da sua capacidade de auto-aprendizagem e de crítica consciente sobre os valores, o conhecimento e a estética;
c) Ver reconhecidos e valorizados o mérito, a dedicação e o esforço no trabalho e no desempenho escolar e ser estimulado nesse sentido;

d) Ver reconhecido o empenhamento em acções meritórias, em favor da comunidade em que está inserido ou da sociedade em geral, praticadas na escola ou fora dela, e ser estimulado nesse sentido;
e) Usufruir de um horário escolar adequado ao ano frequentado, bem como de uma planificação equilibrada das actividades curriculares e extracurriculares, nomeadamente as que contribuem para o desenvolvimento cultural da comunidade;
f) Beneficiar, no âmbito dos serviços de acção social escolar, de apoios concretos que lhe permitam superar ou compensar as carências do tipo sócio-familiar, económico ou cultural que dificultem o acesso à escola ou o processo de aprendizagem;
g) Beneficiar de outros apoios específicos, necessários às suas necessidades escolares ou às suas aprendizagens, através dos serviços de psicologia e orientação ou de outros serviços especializados de apoio educativo;
h) Ser tratado com respeito e correcção por qualquer membro da comunidade educativa;
i) Ver salvaguardada a sua segurança na escola e respeitada a sua integridade física e moral;
j) Ser assistido, de forma pronta e adequada, em caso de acidente ou doença súbita, ocorrido ou manifestada no decorrer das actividades escolares;
k) Ver garantida a confidencialidade dos elementos e informações constantes do seu processo individual, de natureza pessoal ou familiar;
l) Participar, através dos seus representantes, nos termos da lei, nos órgãos de administração e gestão da escola, na criação e execução do respectivo projecto educativo, bem como na elaboração do regulamento interno;
m) Eleger os seus representantes para os órgãos, cargos e demais funções de representação no âmbito da escola, bem como ser eleito, nos termos da lei e do regulamento interno da escola;
n) Apresentar críticas e sugestões relativas ao funcionamento da escola e ser ouvido pelos professores, directores de turma e órgãos de administração e gestão da escola em todos os assuntos que justificadamente forem do seu interesse;

o) Organizar e participar em iniciativas que promovam a formação e ocupação de tempos livres;
p) Participar na elaboração do regulamento interno da escola, conhecê-lo e ser informado, em termos adequados à sua idade e ao ano frequentado, sobre todos os assuntos que justificadamente sejam do seu interesse, nomeadamente sobre o modo de organização do plano de estudos ou curso, o programa e objectivos essenciais de cada disciplina ou área disciplinar, e os processos e critérios de avaliação, bem como sobre matrícula, abono de família e apoios sócio-educativos, normas de utilização e de segurança dos materiais e equipamentos e das instalações, incluindo o plano de emergência, e, em geral, sobre todas as actividades e iniciativas relativas ao projecto educativo da escola;
q) Participar nas demais actividades da escola, nos termos da lei e do respectivo regulamento interno.
r) participar no processo de avaliação, nomeadamente através de mecanismos de auto e hetero – avaliação.

1. Os direitos dos alunos encontravam-se definidos no art.º 4.º do Dec-Lei 270/98 de 1 de Setembro.
2. Uma das novidades nesta matéria de direitos do pessoal discente é a contemplação na al. a) do direito a usufruir do ensino e de uma educação de qualidade, de modo a ser alcançado o sucesso na aprendizagem. Esta é, aliás, uma das tónicas deste *código*: a aposta na qualificação do ensino com a colaboração responsabilizada de todos os intervenientes no processo educativo.
3. O legislador incluiu neste elenco o direito dos alunos a usufruir dum ambiente educativo saudável e a um projecto educativo adequado como meios essenciais para a formação integral, com sucesso, das crianças e jovens.
4. Nas als. c) e d) realça-se, mais uma vez, a importância de os alunos serem reconhecidos e valorizados não só pelas competências adquiridas aos níveis do *saber* e *saber-fazer*, mas também pelo mérito, dedicação e esforço demonstrados no desempenho escolar e pelo empenhamento em acções meritórias em favor da comunidade ou sociedade em geral, praticadas dentro ou fora da escola. Sendo que o teor destas disposições se apresenta de uma forma programática, e nesta medida vaga e inconclusiva, importa, a nível de Regulamento Interno estabelecer o modo, a forma como estes direitos relevarão (cfr. art.º 52.º).
5. Sobre os serviços especializados de apoio educativo, consultar art.º 38.º do Dec-Lei n.º 115-A/98, de 4 de Maio, a pág. 181. Ver ainda Dec-Lei n.º 3/2008, de 7 de Janeiro, sobre apoios especializados para os alunos com necessidades educativas especiais.
6. Aos direitos expressos na alínea h) correspondem os deveres dos professores e pessoal não docente, previstos genericamente do Estatuto Disciplinar dos Funcionários e Agentes da Administração Pública Central, Regional e Local e espe-

cifica e respectivamente, nos art.º 10.º do Estatuto da Carreira Docente e art.º 4.º do Regime Jurídico do Pessoal Não Docente. Deste modo, a violação destes deveres, por parte destes membros da comunidade educativa, poderá determinar, a instauração de procedimento disciplinar, independentemente de eventuais responsabilidades civis ou criminais.

7. Sobre o acesso aos elementos e informações constantes do processo individual do aluno, ver art.º 62.º do C.P.A., bem como art.ºs 3.º, 5.º e 6.º da Lei de Acesso aos Documentos Administrativos (Lei 46/2007, de 24 de Agosto) e Lei 67/98, de 26 de Outubro (Lei da protecção de dados pessoais).
8. O Seguro Escolar está regulamentado pela Portaria n.º 413/99 de 8 de Junho (cfr. legislação complementar pág. 115).
9. Os alunos têm o direito de participar na vida da escola nos termos fixados no Regime de Autonomia, Administração e Gestão (Dec-Lei 115-A/98 de 4 de Maio), devendo o Regulamento Interno das escolas ou agrupamentos prever, de forma expressa, esse direito e a forma concretizada de o exercer (cfr. art.º 52.º).
10. Os direitos consagrados na alínea n) apresentam-se no desenvolvimento do direito de participação consagrado nos art.ºs 7.º e 8.º do C.P.A..
11. Embora não seja novidade, foi reformulada a apresentação do elenco de direitos dos alunos que constavam das als. a) a e) do n.º 2 do art.º 4.º do Dec-Lei 270//98 de 1 de Setembro – que corresponde à actual al. p) –, dispondo agora o legislador, de forma expressa e inequívoca, que todos os assuntos que sejam do interesse do aluno lhe devem ser transmitidos de forma adequada à sua idade e ano frequentado, apresentando a título, meramente exemplificativo, algumas dessas matérias.

ARTIGO 14.º
Representação dos alunos

1 – Os alunos podem reunir-se em assembleia de alunos ou assembleia-geral de alunos e são representados pela associação de estudantes, delegado ou subdelegado de turma e pela assembleia de delegados de turma, nos termos da lei e do regulamento interno da escola.

2 – A associação de estudantes, o delegado e o subdelegado de turma têm o direito de solicitar a realização de reuniões da turma para apreciação de matérias relacionadas com o funcionamento da turma, sem prejuízo do cumprimento das actividades lectivas.

3 – Por iniciativa dos alunos ou por sua própria iniciativa, o director de turma ou o professor titular de turma pode solicitar a participação dos representantes dos pais e encarregados de educação dos alunos da turma na reunião referida no número anterior.

1. A representação dos alunos estava prevista nos art.ºs 5.º e 6.º do Dec-Lei 270/98 de 1 de Setembro.

ARTIGO 15.º
Deveres do aluno

O aluno tem o dever, sem prejuízo do disposto no artigo 7.º e dos demais deveres previstos no regulamento interno da escola, de:
   a) Estudar, empenhando-se na sua educação e formação integral;
   b) Ser assíduo, pontual e empenhado no cumprimento de todos os seus deveres no âmbito das actividades escolares;
   c) Seguir as orientações dos professores relativas ao seu processo de ensino e aprendizagem;
   d) Tratar com respeito e correcção qualquer membro da comunidade educativa;
   e) Guardar lealdade para com todos os membros da comunidade educativa;
   f) Respeitar as instruções do pessoal docente e não docente;
   g) Contribuir para a harmonia da convivência escolar e para a plena integração na escola de todos os alunos;
   h) Participar nas actividades educativas ou formativas desenvolvidas na escola, bem como nas demais actividades organizativas que requeiram a participação dos alunos;
   i) Respeitar a integridade física e moral de todos os membros da comunidade educativa;
   j) Prestar auxílio e assistência aos restantes membros da comunidade educativa, de acordo com as circunstâncias de perigo para a integridade física e moral dos mesmos;
   k) Zelar pela preservação, conservação e asseio das instalações, material didáctico, mobiliário e espaços verdes da escola, fazendo uso correcto dos mesmos;
   l) Respeitar a propriedade dos bens de todos os membros da comunidade educativa;
   m) Permanecer na escola durante o seu horário, salvo autorização escrita do encarregado de educação ou da direcção da escola;
   n) Participar na eleição dos seus representantes e prestar-lhes toda a colaboração;
   o) Conhecer e cumprir o estatuto do aluno, as normas de funcionamento dos serviços da escola e o regulamento interno da mesma;
   p) Não possuir e não consumir substâncias aditivas, em especial drogas, tabaco e bebidas alcoólicas, nem promover qualquer forma de tráfico, facilitação e consumo das mesmas;

q) Não transportar quaisquer materiais, equipamentos tecnológicos, instrumentos ou engenhos, passíveis de, objectivamente, perturbarem o normal funcionamento das actividades lectivas, ou poderem causar danos físicos ou morais aos alunos ou a terceiros;
r) (Revogada).

1. O elenco dos deveres a que os alunos se encontravam obrigados era definido no art.º 7.º do Dec-Lei 270/98, de 1 de Setembro.
2. Este elenco de deveres é meramente indicativo.
3. A obrigação de estudar, naturalmente inerente ao estatuto de aluno, encontra-se expressa e estrategicamente consagrada neste diploma, a abrir o elenco dos seus deveres. Esta obrigação, decorrente do próprio princípio de responsabilização do aluno pela sua formação integral, é uma das tónicas desta "reforma" da educação para a responsabilidade.
4. A obrigação da assiduidade, constante da al. b) deste artigo decorre, igualmente, do princípio da responsabilização do aluno (e dos seus pais e encarregados de educação) pelo seu percurso e sucesso escolar e pelo sucesso da sua formação integral e é a tradução legislativa da pretendida *guerra* ao absentismo.
5. Partindo mais uma vez dos princípios definidos na Lei de Bases do Sistema Educativo (art.º 3.º als. b) e c)), o legislador apresenta, neste diploma, como dever dos alunos a lealdade para com os professores e colegas, numa afirmação da necessidade de uma formação moral para o correcto e pleno desenvolvimento da personalidade dos alunos.
6. O disposto nas als. d), f), g), i) decorre dos deveres gerais de respeito, correcção, urbanidade e cidadania que se exige a qualquer membro da comunidade educativa, nomeadamente aos alunos. A este propósito vide art.º 3.º, als. b) c) e d) da Lei 46/86 de 14 de Outubro.
7. A al. j) consagra o dever de respeito e solidariedade que impende sobre os alunos, no desenvolvimento da pretendida construção de uma *escola de valores*.
8. A propósito do disposto na al. o) cfr. art.ºˢ 6.º, n.º 2, al. k) e 7.º.
9. Relativamente aos deveres consagrados nas als. p), e q) consultar o disposto nos n.ºˢ 2, 3 e 4 do art.º 55.º e Lei Tutelar Educativa (Dec-Lei 5-B/2001, de 12 de Janeiro).
10. Embora de forma vaga e pouco específica, a al. q) deste artigo inclui no tipo de materiais e equipamentos que o aluno não deve transportar para dentro do espaço escolar, nomeadamente dentro da sala de aula, os telemóveis, ipod's, leitores de música, mp3, game-boys, playstations portáteis, entre outros que sejam susceptíveis de perturbarem o normal funcionamento das actividades lectivas ou de provocar danos físicos ou morais aos alunos ou a terceiros.
11. O governo italiano emitiu um diploma legal que pune os alunos que usem telemóvel dentro das escolas. De acordo com essa nova lei, os professores podem confiscar os equipamentos a quem os usar dentro da sala de aula, devendo contactar, de imediato, os respectivos encarregados de educação. Mas as sanções podem chegar mesmo à proibição de fazer exames.

ARTIGO 16.º
Processo individual do aluno

1 – O processo individual do aluno acompanha-o ao longo de todo o seu percurso escolar, sendo devolvido aos pais ou encarregado de educação ou, se maior de idade, ao aluno, no termo da escolaridade obrigatória, ou, não se verificando interrupção no prosseguimento de estudos, aquando da conclusão do ensino secundário.

2 – São registadas no processo individual do aluno as informações relevantes do seu percurso educativo, designadamente as relativas a comportamentos meritórios e a medidas disciplinares sancionatórias aplicadas e seus efeitos.

3 – (Revogado).

4 – As informações contidas no processo individual do aluno referentes a matéria disciplinar e de natureza pessoal e familiar são estritamente confidenciais, encontrando-se vinculados ao dever de sigilo todos os membros da comunidade educativa que a elas tenham acesso.

1. Cfr. art.º 26.º do Dec-Lei 301/93, de 31 de Agosto.
2. No processo individual do aluno são registadas todas as informações relevantes do seu percurso escolar. Nesta medida, encontrar-se-á, nele, informação de consulta livre, mas igualmente, muita informação de carácter confidencial, como sejam as referências a matéria disciplinar e de natureza pessoal e familiar. Estas últimas contêm dados pessoais que não são públicos e por isso o seu acesso deverá processar-se de forma restrita. A consulta a estes dados deverá ser permitida ao aluno e/ou seu encarregado de encarregado de educação. Neste sentido, consultar art.º 62.º do C.P.A e Lei de Acesso aos Documentos Administrativos (Lei 46/2007, de 24/08).
3. Com a revogação no n.º 3 da versão originária deste artigo, o processo individual do aluno deixa de constituir-se como o registo exclusivo em matéria disciplinar. Fica assim em aberto a possibilidade de cada escola vir a definir os locais obrigatórios e/ou acessórios de registo das medidas disciplinares aplicadas (correctivas e sancionatórias), o que deverá ser feito através da adequada regulamentação desta matéria no Regulamento Interno, sempre em obediência aos princípios plasmados na Convenção dos Direitos da Criança, nomeadamente no ponto 2. do seu art.º 28.º.

CAPÍTULO IV
Dever de assiduidade

ARTIGO 17.º
Frequência e assiduidade

1 – Para além do dever de frequência da escolaridade obrigatória, nos termos da lei, os alunos são responsáveis pelo cumprimento do dever de assiduidade.

2 – Os pais e encarregados de educação dos alunos menores de idade são responsáveis conjuntamente com estes pelo cumprimento dos deveres referidos no número anterior.

3 – O dever de assiduidade implica para o aluno quer a presença na sala de aula e demais locais onde se desenvolva o trabalho escolar, quer uma atitude de empenho intelectual e comportamental adequadas, de acordo com a sua idade, ao processo de ensino e aprendizagem.

4 – (Revogado).
5 – (Revogado).

   1. Sobre a escolaridade obrigatória ver art.º 6.º da Lei de Bases do Sistema Educativo e art. 2.º do Dec-Lei 301/93, de 31/08, a pág. 143.

ARTIGO 18.º
Faltas

1 – A falta é a ausência do aluno a uma aula ou a outra actividade de frequência obrigatória, ou facultativa caso tenha havido lugar a inscrição.

2 – Decorrendo as aulas em tempos consecutivos, há tantas faltas quantos os tempos de ausência do aluno.

3 – As faltas são registadas pelo professor ou pelo director de turma em suportes administrativos adequados.

   1. A matéria relativa às faltas dos alunos encontrava-se regulada nos art.ºs 13.º a 25.º do Dec-Lei 301/93, de 31 de Agosto, tendo estes sido revogados com a entrada em vigor da versão originária do presente diploma.
   2. Sobre a responsabilidade dos pais e encarregados de educação pelo cumprimento do dever de assiduidade, ver anotação 7. do artigo 6.º.

ARTIGO 19.º
Justificação de faltas

1 – São consideradas justificadas as faltas dadas pelos seguintes motivos:
   a) Doença do aluno, devendo esta ser declarada por médico se determinar impedimento superior a cinco dias úteis;
   b) Isolamento profiláctico, determinado por doença infecto-contagiosa de pessoa que coabite com o aluno, comprovada através de declaração da autoridade sanitária competente;
   c) Falecimento de familiar, durante o período legal de justificação de faltas por falecimento de familiar previsto no estatuto dos funcionários públicos;
   d) Nascimento de irmão, durante o dia do nascimento e o dia imediatamente posterior;
   e) Realização de tratamento ambulatório, em virtude de doença ou deficiência, que não possa efectuar-se fora do período das actividades lectivas;
   f) Assistência na doença a membro do agregado familiar, nos casos em que, comprovadamente, tal assistência não possa ser prestada por qualquer outra pessoa;
   g) Acto decorrente da religião professada pelo aluno, desde que o mesmo não possa efectuar-se fora do período das actividades lectivas e corresponda a uma prática comummente reconhecida como própria dessa religião;
   h) Participação em provas desportivas ou eventos culturais, nos termos da legislação em vigor;
   i) Participação em actividades associativas, nos termos da lei;
   j) Cumprimento de obrigações legais;
   l) Outro facto impeditivo da presença na escola, desde que, comprovadamente, não seja imputável ao aluno ou seja, justificadamente, considerado atendível pelo director de turma ou pelo professor titular de turma.

2 – O pedido de justificação das faltas é apresentado por escrito pelos pais ou encarregado de educação ou, quando o aluno for maior de idade, pelo próprio, ao director de turma ou ao professor titular da turma, com indicação do dia, hora e da actividade lectiva em que a falta ocorreu,

referenciando-se os motivos justificativos da mesma na caderneta escolar, tratando-se de aluno do ensino básico, ou em impresso próprio, tratando--se de aluno do ensino secundário.

3 – O director de turma, ou o professor titular da turma, deve solicitar, aos pais ou encarregado de educação, ou ao aluno, quando maior, os comprovativos adicionais que entenda necessários à justificação da falta, devendo, igualmente, qualquer entidade que para esse efeito for contactada, contribuir para o correcto apuramento dos factos.

4 – A justificação da falta deve ser apresentada previamente, sendo o motivo previsível, ou, nos restantes casos, até ao 3.º dia útil subsequente à verificação da mesma.

5 – Nos casos em que, decorrido o prazo referido no número anterior, não tenha sido apresentada justificação para as faltas, ou a mesma não tenha sido aceite, deve tal situação ser comunicada no prazo máximo de 3 dias úteis, pelo meio mais expedito, aos pais ou encarregados de educação ou, quando maior de idade, ao aluno, pelo director de turma ou pelo professor de turma.

6 – O regulamento interno da escola que qualifique como falta a comparência do aluno às actividades escolares, sem se fazer acompanhar do material necessário, deve prever os seus efeitos e o procedimento tendente à respectiva justificação.

1. A doença do aluno que determinar um impedimento não superior a cinco dias será justificada pelos pais ou encarregados de educação.
2. Na al. b) faz-se referência expressa apenas ao isolamento profiláctico, determinado por doença infecto-contagiosa de pessoa que coabite com o aluno, porquanto o isolamento profilático por doença infecto-contagiosa do próprio encaixa-se na al. a).
3. Nos termos do art.º 27.º do Dec-Lei 100/99, de 31 de Março, com as alterações introduzidas pelo Dec-Lei 157/2001, de 11 de Maio, por motivo de falecimento de familiar, o funcionário pode faltar:
    a) até cinco dias consecutivos, por falecimento do cônjuge não separado de pessoas e bens ou de parente e afim no 1.º grau da linha recta (pais, padrastos, cônjuge – quando não separado de pessoas e bens –, filhos, enteados, sogros;
    b) até dois dias consecutivos, por falecimento de parente ou afim em qualquer outro grau da linha recta (avós, bisavós – por parentesco ou afinidade –, netos e bisnetos – por parentesco, afinidade ou adopção plena –) e no 2.º e 3.º graus da linha colateral (irmãos consanguíneos ou por adopção plena, cunhados, tios e sobrinhos – quer por parentescos, quer por afinidade);

c) até 5 dias consecutivos por falecimento de pessoa que viva em condições análogas às dos cônjuges com o funcionário ou agente há mais de dois anos;
4. As faltas serão, ainda, justificadas em virtude da realização de tratamento ambulatório, desde que este não possa efectuar-se fora do período das actividades lectivas e pelo tempo necessário para o efeito. Para comprovar a necessidade de tratamento ambulatório, o aluno terá que apresentar atestado médico ou declaração de doença passado por estabelecimento hospitalar. Estes documentos deverão referir a necessidade de ausência para efectuar o tratamento, mas, ainda, a impossibilidade de o mesmo se realizar fora do horário das actividades lectivas e, assim, determinar os termos em que os mesmos ocorrerão (data, hora e duração). Para além desta *declaração inicial*, por cada ausência para tratamento, o aluno (ou o encarregado de educação) deverá entregar ao director de turma ou ao professor titular documento comprovativo de que esteve no local a realizar o tratamento.
5. A Lei n.º 3/2008, de 18 de Janeiro, veio acrescentar ao texto originário da al.f) deste artigo (assistência na doença a membros do agregado familiar) a indicação de que a justificação das faltas por este motivo dependerá de termos a definir em Regulamento Interno. Ora, mais uma vez sobressai a intenção do legislador de atribuir ao Regulamento Interno das escolas um papel determinante enquanto instrumento de gestão e de identidade de cada estabelecimento de ensino.

Esta regulamentação terá, contudo, que ser feita com especial cuidado e bom senso, não só para não ferir os princípios gerais de direito do nosso ordenamento jurídico, como também para não permitir arbitrariedades na apreciação casuística das situações. De todo o modo, o legislador, com esta remissão para o R.I., aceita com possível e legítima a diferenciação de tratamento para este tipo de faltas por parte dos diferentes estabelecimentos de ensino.
6. Sobre o Estatuto do Atleta de Alta Competição, ver Dec-Lei 125/95 de 31 de Maio, com as alterações constantes do DL 123/96, de 10/08.
7. Sobre a participação em actividades associativas, cfr. Lei 23/2006, de 23 de Junho.
8. São igualmente justificadas as faltas ocasionadas por factos não imputáveis ao aluno e não previstas nas alíneas anteriores, que impossibilitem o cumprimento do dever de assiduidade ou o dificultem em termos que afastem a sua exigibilidade (exs: atrasos – comprovados – e greves nos transportes públicos).
9. Ao director de turma ou professor titular de turma cabe o poder discricionário, mas não arbitrário de, ponderados os motivos apresentados justificar ou não a(s) ausência(s) do aluno, ainda que aqueles não se enquadrem em nenhuma das alíneas anteriores.
10. As mães e pais estudantes que se encontrem a frequentar os ensino básico e secundário usufruem, ainda de um regime especial de faltas, nos termos da Lei 90/2001, de 20 de Agosto (cfr. pág. 305).

11.

Quem justifica	A quem apresentar a justificação	Como	Quando
– o aluno (se maior) – o pai ou E.E. (se aluno menor)	– ao Director Turma ou – ao Professor Titular de Turma	Na **caderneta escolar**, tratando-se de aluno do ensino básico, ou em **impresso próprio**, tratando-se de aluno do ensino secundário e com indicação do dia e actividades lectivas em que a falta de verificou e dos respectivos motivos	– Comunicação prévia, sendo o motivo previsível – Nos restantes casos até ao 3º dia útil subsequente à mesma

12. O director de turma ou o professor titular devem exigir, quando entenderem insuficiente a declaração/comunicação efectuada pelos pais ou encarregados de educação, ou pelo aluno, quando maior, a apresentação dos meios adequados à prova dos motivos justificativos invocados, devendo, também, qualquer entidade que for contactada para esse efeito, prestar a colaboração necessária.

A não apresentação da prova solicitada poderá determinar a injustificação da(s) falta(s).

ARTIGO 20.º

(Revogado)

ARTIGO 21.º

Execesso grave de faltas

1 – Quando for atingido o número correspondente a duas semanas no 1º ciclo do ensino básico, ou ao dobro do número de tempos lectivos semanais, por disciplina, nos outros ciclos ou níveis de ensino, os pais ou o encarregado de educação ou, quando maior de idade, o aluno, são convocados à escola, pelo meio mais expedito, pelo director de turma ou pelo professor titular de turma, com o objectivo de os alertar para as consequências do excesso grave de faltas e de se encontrar uma solução que permita garantir o cumprimento efectivo do dever de frequência, bem como o necessário aproveitamento escolar.

2 – Caso se revele impraticável o referido no número anterior, por motivos não imputáveis à escola, a respectiva comissão de protecção de crianças e jovens deverá ser informada do excesso de faltas do aluno, sempre que a gravidade especial da situação o justifique.

1. A preocupação com o rigoroso cumprimento do dever de assiduidade por parte dos alunos é uma das apostas deste "novo" estatuto. O objectivo de responsabilizar mais os pais e encarregados de educação pelo dever de assiduidade dos alunos vai determinar uma presença mais regular dos encarregados de educação. nos estabelecimentos de ensino.
2. Ver anotação 7. ao art.º 6.º, a pág. 21, sobre o exemplo do Reino Unido, nesta matéria.

ARTIGO 22.º
Efeitos das faltas

1 – Verificada a existência de faltas dos alunos, a escola pode promover a aplicação da medida ou medidas correctivas previstas no artigo 26.º que se mostrem adequadas, considerando igualmente o que estiver contemplado no regulamento interno.

2 – Sempre que um aluno, independentemente da natureza das faltas, atinja um número total de faltas corresponde a três semanas no 1.º ciclo do ensino básico, ou ao triplo de tempos lectivos semanais, nos 2.º e 3.º ciclos no ensino básico, no ensino secundário e no ensino recorrente, ou, tratando-se, exclusivamente, de faltas injustificadas, duas semanas no 1.º ciclo do ensino básico ou o dobro de tempos lectivos semanais, por disciplina, nos restantes ciclos e níveis de ensino, deve realizar, logo que avaliados os efeitos da aplicação das medidas correctivas referidas no número anterior, uma prova de recuperação, na disciplina ou disciplinas em que ultrapassou aquele limite, competindo ao conselho pedagógico fixar os termos dessa realização.

3 – Quando o aluno não obtém aprovação na prova referida no número anterior, o conselho de turma pondera a justificação ou injustificação: das faltas dadas, o período lectivo e o momento em que a realização da prova ocorreu e, sendo o caso, os resultados obtidos nas restantes disciplinas, podendo determinar:

a) O cumprimento de um plano de acompanhamento especial e a consequente realização de uma nova prova;
b) A retenção do aluno inserido no âmbito da escolaridade obrigatória ou a frequentar o ensino básico, a qual consiste na sua manutenção, no ano lectivo seguinte, no mesmo ano de escolaridade que frequenta;
c) A exclusão do aluno que se encontre fora da escolaridade obrigatória, a qual consiste na impossibilidade de esse aluno fre-

quentar, até ao final do ano lectivo em curso, a disciplina ou disciplinas em relação às quais não obteve aprovação na referida prova;

4 – Com a aprovação do aluno na prova prevista no n.º 2 ou naquela a que se refere a alínea a) do n.º 3, o mesmo retoma o seu percurso escolar normal, sem prejuízo do que vier a ser decidido pela escola, em termos estritamente administrativos, relativamente ao número de faltas consideradas injustificadas.

5 – A não comparência do aluno à realização da prova de recuperação prevista no n.º 2 ou áquela a que se refere a sua alínea a), do n.º 3, quando não justificada através da forma prevista no n.º 4 do artigo 19.º, determina a sua retenção ou exclusão, nos termos e para os efeitos constantes nas alíneas b) ou c) do n.º 3.

1. O disposto neste artigo representa outra das novidades do "novo" estatuto do aluno. Com a entrada em vigor deste diploma, o aluno que ultrapasse o limite de faltas indicadas neste artigo não reprova automaticamente. Contudo, para não ficar retido, o aluno deverá realizar exame final às disciplinas em que se tenha verificado a situação.

CAPÍTULO V
Disciplina

SECÇÃO I
Infracção

ARTIGO 23.º
Qualificação de infracção

A violação pelo aluno de algum dos deveres previstos no artigo 15.º ou no regulamento interno da escola, em termos que se revelem perturbadores do funcionamento normal das actividades da escola ou das relações no âmbito da comunidade educativa, constitui infracção, passível da aplicação de medida correctiva ou medida disciplinar sancionatória, nos termos dos artigos seguintes.

1. O presente artigo deixou de falar em "infracção disciplinar" e passou a qualificar aquilo que designa agora, apenas, de "infracção". A qualificação, porém, não difere da que já constava na versão originária. Assim, o comportamento do aluno – por acção ou omissão – que viole as normas de conduta e convivência da comunidade educativa e que, deste modo, se traduza no incumprimento de um dos seus deveres previstos no art.º 15.º e/ou, sublinhamos, definidos no Regulamento Interno da escola, revelando-se perturbador do normal funcionamento das suas actividades ou das relações na comunidade educativa será considerado *infracção* e será passível de aplicação de *medida correctiva* ou *medida disciplinar sancionatória*.
2. O presente diploma não define, porém – tal como acontecia na versão originária – nem estabelece parâmetros para a qualificação e distinção dos comportamentos infractores considerados leves, graves e muito graves, pelo que os Regulamentos Internos das escolas e agrupamentos deverão fazê-lo, balizando e concretizando estes conceitos, pois tal revelar-se-á, na gestão diária dos conflitos, decisivo para a determinação da medida a aplicar e do procedimento a seguir.
3. Há ainda que atender a que:
   1) é elemento essencial para a qualificação de um dado comportamento como infracção a existência de um nexo de imputação de um facto a um aluno, que se traduza na censurabilidade da sua conduta a título de dolo ou culpa;
   2) o carácter ilícito da conduta do aluno decorre da inobservância de algum dos seus deveres *gerais e/ou especiais* inerentes ao seu estatuto, previstos no presente diploma e no Regulamento Interno da escola ou agrupamento a que pertence.
4. A conduta ilícita do aluno, constitutiva de infracção poderá determinar, ainda, responsabilidade civil por parte deste e do seu encarregado de educação, sendo menor (art. 55.º, n.º 1), e/ou responsabilidade criminal, conduzindo a algum dos procedimentos previstos nos n.ºs 1, 3 e 4 do art. 55.º.

SECÇÃO II
Medidas correctivas e medidas disciplinares sancionatórias

ARTIGO 24.º
**Finalidades das medidas correctivas
e das disciplinares sancionatórias**

1 – Todas as medidas correctivas e medidas disciplinares sancionatórias prosseguem finalidades pedagógicas, preventivas, dissuasoras e de integração, visando, de forma sustentada, o cumprimento dos deveres do aluno, a preservação do reconhecimento da autoridade e segurança dos professores no exercício sua actividade profissional e, de acordo com as suas funções, dos demais funcionários, visando ainda o normal pros-

seguimento das actividades da escola, a correcção do comportamento perturbador e o reforço da formação cívica do aluno, com vista ao desenvolvimento equilibrado da sua personalidade, da sua capacidade de se relacionar com os outros, da sua plena integração na comunidade educativa, do seu sentido de responsabilidade e das suas aprendizagens.

2 – As medidas disciplinares sancionatórias, tendo em conta a especial relevância do dever violado e gravidade da infracção praticada, prosseguem igualmente, para além das identificadas no número anterior, finalidades punitivas.

3 – As medidas correctivas e medidas disciplinares sancionatórias, devem ser aplicadas em coerência com as necessidades educativas do aluno e com os objectivos da sua educação e formação, no âmbito, tanto quanto possível, do desenvolvimento do plano de trabalho da turma e do projecto educativo da escola, e nos termos do respectivo regulamento interno.

4 – (Revogado).

1. Quer as medidas correctivas quer as medidas disciplinares sancionatórias devem ter objectivos pedagógicos e preventivos, visando, por um lado, a preservação da autoridade dos docentes e não docentes e o normal prosseguimento das actividades da escola e, por outro lado, a correcção do comportamento perturbador do aluno infractor, com o necessário reforço da sua formação cívica, tendo sempre em vista a plena e integrada formação da personalidade do aluno.

2. O legislador distingue dois tipos de medidas educativas disciplinares:

a) medidas correctivas (art.º 26.º)
- ordem de saída da sala de aula e demais locais onde se desenvolva o trabalho escolar
- realização de tarefas e actividades de integração na escola
- condicionamento no acesso a certos espaços escolares, ou na utilização de certos materiais e equipamentos
- mudança de turma

e

b) medidas sancionatórias (art.º 27.º)
- repreensão registada
- suspensão da escola até 10 dias úteis
- transferência de escola

2. Estas medidas, sendo educativas e visando, portanto, objectivos pedagógicos não poderão, em caso algum, revestir carácter humilhante ou vexatório. Por outro lado, há que ter em atenção que o facto de não poderem, estas medidas, revestir natureza pecuniária não colide com o disposto no art.º 55.º, n.º 1 do presente diploma.
3. Veja-se a este propósito, o teor do dos artigos 16.º, art.º 28.º, n.º 2 e 29.º da Convenção dos Direitos da Criança.

ARTIGO 25.º
Determinação da medida disciplinar

1 – Na determinação da medida correctiva ou medida disciplinar sancionatória aplicável deve ser tido em consideração, a gravidade do incumprimento do dever violado, a idade do aluno, o grau de culpa, o seu aproveitamento escolar anterior, o meio familiar e social em que o mesmo se insere, os seus antecedentes disciplinares e todas as demais circunstâncias em que a infracção foi praticada que militem contra ou a seu favor.
2 – (Revogado).
3 – (Revogado).

1. A aplicação de medidas disciplinares deve respeitar os princípios da adequação e proporcionalidade, devendo ser ajustadas à gravidade da conduta infractora, às circunstâncias em que esta ocorreu, à intencionalidade do aluno, à sua maturidade e às demais condições pessoais, familiares e sociais e ponderadas as circunstâncias atenuantes e agravantes.
2. A escolha da medida disciplinar a aplicar tem que ver, necessariamente, com a responsabilidade do infractor.
3. Por respeito ao princípio da proporcionalidade, há que ter em consideração, na determinação da medida disciplinar, que a conduta dolosa revela maior culpabilidade do que a conduta meramente negligente, pelo que aquela exigirá a aplicação de uma medida mais grave do que esta.
4. A personalidade do aluno relevará, também, na determinação da medida disciplinar a aplicar porquanto não deverá ser avaliado por igual o aluno infractor ocasional e aquele que sistematicamente – ou com frequência –, viola os deveres a que está obrigado.
5. Poderão ser consideradas circunstâncias atenuantes da responsabilidade do aluno:
   a) o bom comportamento anterior,
   b) o reconhecimento, com arrependimento da natureza ilícita da sua conduta.
6. Por seu lado, constituem circunstâncias agravantes da responsabilidade dos alunos:
   a) a premeditação (intenção formada com considerável antecedência relativamente à prática da infracção – o Estatuto Disciplinar dos Funcionários e Agentes da Administração Central, Regional e Local, aprovado pelo Dec-Lei 24/84 de 16 de Janeiro, fala em pelo menos 24 horas);

b) o conluio (combinação com outros colegas para a prática da infracção);
c) a acumulação de infracções (existência de mais do que uma infracção cometida na mesma ocasião ou prática de nova infracção antes de punida uma outra anterior);
d) a reincidência, em especial se no decurso do mesmo ano lectivo (cometimento de nova infracção após o cumprimento de pena anterior por outra infracção).

ARTIGO 26.º
Medidas correctivas

1 – As medidas correctivas prosseguem os objectivos referidos no n.º 1 do artigo 24.º, assumindo uma natureza eminentemente cautelar.

2 – São medidas correctivas, sem prejuízo de outras que, obedecendo ao disposto no número anterior, venham a estar contempladas no regulamento interno da escola:

a) (Revogada);
b) A ordem de saída da sala de aula e demais locais onde se desenvolva o trabalho escolar;
c) A realização de tarefas e actividades de integração escolar, podendo, para esse efeito, ser aumentado o período de permanência obrigatória, diária ou semanal, do aluno na escola;
d) O condicionamento no acesso a certos espaços escolares, ou na utilização de certos materiais e equipamentos, sem prejuízo dos que se encontrem afectos a actividades lectivas.
e) A mudança de turma;

3 – Fora da sala de aula, qualquer professor ou funcionário não docente, tem competência para advertir o aluno, confrontando-o verbalmente com o comportamento perturbador do normal funcionamento das actividades da escola ou das relações no âmbito da comunidade educativa, alertando-o de que deve evitar tal tipo de conduta.

4 – A aplicação da medida correctiva da ordem de saída da sala de aula e demais locais onde se desenvolva o trabalho escolar, é da exclusiva competência do professor respectivo e implica a permanência do aluno na escola, competindo aquele, determinar, o período de tempo durante o qual o aluno deve permanecer fora da sala de aula, se a aplicação de tal medida correctiva acarreta ou não a marcação de falta ao aluno e quais as actividades, se for caso disso, que o aluno deve desenvolver no decurso desse período de tempo.

5 – A aplicação, e posterior execução, da medida correctiva prevista nas alínea d) do n.º 2, não pode ultrapassar o período de tempo correspondente a um ano lectivo.

6 – Compete à escola, no âmbito do regulamento interno, identificar as actividades, local e período de tempo durante o qual as mesmas ocorrem e, bem assim, definir as competências e procedimentos a observar, tendo em vista a aplicação e posterior execução, da medida correctiva prevista na alínea c) do n.º 2.

7 – Obedece igualmente ao disposto no número anterior, com as devidas adaptações, a aplicação e posterior execução das medidas correctivas, previstas nas alíneas d) e e) do n.º 2.

8 – A aplicação das medidas correctivas previstas nas alíneas c), d) e e) do n.º 2 é comunicada aos pais ou ao encarregado de educação, tratando-se de aluno menor de idade.

1. Este novo "Estatuto do Aluno" clarificou a definição e os efeitos de medidas correctivas e medidas sancionatórias, distinguindo expressamente os fins e objectivos de cada um destes *blocos*.
2. Assim, diz expressamente o legislador que as medidas correctivas elencadas neste artigo têm uma natureza eminentemente cautelar o que conduz na prática a que a uma mesma conduta infractora de um aluno possa ser aplicada, num primeiro momento, uma – ou mais do que uma – destas medidas e em fase posterior lhe venha a ser aplicada uma medida sancionatória (vide art.º 28.º e respectivas anotações).
3. O elenco das medidas correctivas sofre uma alteração significativa relativamente às anteriores "medidas disciplinares preventivas e de integração", desaparecendo desse registo a figura da *advertência*, e surgindo outras como a mudança de turma e o condicionamento de acesso a certos espaços escolares ou na utilização de certos materiais e equipamentos e adiantando-se que a realização de tarefas e actividades de integração escolar podem determinar o aumento do período de permanência obrigatória, diária ou semanal, do aluno na escola.
4. Apesar da figura da *advertência,* expressamente elencada no art.º 26.º da versão originária da Lei 30/2002, não constar, agora, do n.º 2 do "novo" artigo, a verdade é que ela aparece, referenciada com uma nova roupagem no n.º 3, parecendo que o legislador pretendeu desformalizar e agilizar esta forma de aviso/recomendação aos alunos, conferindo competência a qualquer docente ou funcionário não docente da escola para, fora da sala de aula, advertir verbalmente o aluno, sempre que o seu comportamento perturbador ponha em causa o normal funcionamento das actividades ou as relações entre os diversos elementos da comunidade educativa.
5. Nos temos do n.º 1 do art.º 28.º estas medidas são acumuláveis entre si, o que significa que ao aluno infractor poderão ser aplicadas, se assim vier a ser enten-

dido como justo, adequado e proporcional, mais do que uma medida correctiva. Para além da aplicação de uma – ou mais – medidas correctivas o comportamento infractor do aluno, se a gravidade assim o justificar, pode ainda ser alvo de aplicação cumulativa de uma medida sancionatória.

6. A ordem de saída de sala de aula é uma medida preventiva/cautelar a utilizar pelo professor em situações que impeçam o desenvolvimento do processo de ensino-aprendizagem do grupo. Poderá ser utilizada pelo docente, no âmbito da sua função educativa e autonomia pedagógica, no sentido da regulação dos comportamentos na sala de aula, com vista à reposição da ordem dentro dela a à promoção e reforço da formação cívica do(s) aluno(s) envolvidos na ocorrência. A determinação dos efeitos desta medida ficam, agora, na esfera da competência do professor que determinar a saída.

7. As actividades de integração na escola – como anteriormente eram denominadas – têm-se revelado bastante problemáticas, originando acesas polémicas e levantando uma série de dúvidas quanto ao género/tipo de actividades que poderão e deverão ser distribuídas aos alunos. Desapareceu do corpo legal a definição concreta e extensiva destas medidas (ao contrário do que acontecia no anterior artigo 31.º, agora revogado), limitando-se, na nova versão o legislador a indicar que a "realização de *tarefas* e actividades de integração escolar" podem determinar o aumento do período de permanência obrigatório diário ou semanal, do aluno na escola e que compete a esta, através do seu regulamento interno, identificar as actividades, locais e períodos de tempo em que as mesmas ocorrem. Parece-nos, pois, que a intenção do legislador é alargar o conceito e âmbito destas actividades, aumentando, assim, ainda mais, o cerne da polémica. Continuamos, porém, a entender que, mesmo assim, as tarefas terão, necessariamente de ter carácter pedagógico, não ofendendo a integridade física, psíquica e moral dos alunos. É certo que, na prática, haverá variadíssimas situações em que se revelará difícil aferir o que será ou não pedagógico e conjugar este objectivo com outro, igualmente importante na determinação desta medida e fundamental no processo de formação cívica do aluno, que é o de reparação do dano provocado pelo aluno, sempre que possível.

ARTIGO 27.º
Medidas disciplinares sancionatórias

1 – As medidas disciplinares sancionatórias traduzem uma censura disciplinar do comportamento assumido pelo aluno, devendo a ocorrência dos factos em que tal comportamento se traduz, ser participada, pelo professor ou funcionário que a presenciou ou dela teve conhecimento, de imediato, ao respectivo director de turma, para efeitos da posterior comunicação ao presidente do conselho executivo ou ao director da escola.

2 – São medidas disciplinares sancionatórias:

a) (Revogada);

b) A repreensão registada;
c) A suspensão da escola até 10 dias úteis;
d) A transferência de escola;
e) (Revogada).

3 – A aplicação da medida disciplinar sancionatória de repreensão registada é da competência do professor respectivo, quando a infracção for praticada na sala de aula, ou do Presidente do Conselho Executivo ou do director, nas restantes situações, averbando-se no respectivo processo individual do aluno, a identificação do autor do acto decisório, data em que o mesmo foi proferido e a fundamentação de facto e de direito que norteou tal decisão.

4 – A decisão de aplicar a medida disciplinar sancionatória de suspensão da escola até 10 dias úteis, é precedida da audição em auto do aluno visado, do qual constam, em termos concretos e precisos, os factos que lhe são imputados, os deveres por ele violados e a referência expressa, não só da possibilidade de se pronunciar relativamente aqueles factos, como da defesa elaborada, sendo competente para a sua aplicação o presidente do conselho executivo ou o director da escola, que pode, previamente, ouvir o conselho de turma.

5 – Compete ao presidente do conselho executivo ou ao director da escola, ouvidos, os pais ou o encarregado de educação do aluno, quando menor de idade, fixar os termos e condições em que a aplicação da medida disciplinar sancionatória referida no número anterior será executada, podendo igualmente, se assim o entender, e para aquele efeito, estabelecer eventuais parcerias ou celebrar protocolos ou acordos com entidades públicas ou privadas.

6 – Na impossibilidade dos pais ou o encarregado de educação do aluno poderem participar na audição a realizar nos termos do número anterior, a associação de pais e encarregados de educação, caso exista, deve ser ouvida, preservando o dever de sigilo.

7 – Os efeitos decorrentes das faltas dadas pelo aluno no decurso do período de aplicação da medida disciplinar sancionatória de suspensão da escola até 10 dias úteis, no que respeita, nomeadamente, à sua assiduidade e avaliação, são determinados pela escola.

8 – A aplicação da medida disciplinar sancionatória da transferência de escola reporta-se à prática de factos notoriamente impeditivos do pros-

seguimento do processo de ensino aprendizagem dos restantes alunos da escola, ou do normal relacionamento com algum ou alguns dos membros da comunidade educativa.

9 – A medida disciplinar sancionatória de transferência de escola apenas é aplicada a aluno de idade não inferior a 10 anos e quando estiver assegurada a frequência de outro estabelecimento e, frequentando o aluno a escolaridade obrigatória, se esse outro estabelecimento de ensino estiver situado na mesma localidade ou na localidade mais próxima, servida de transporte público ou escolar.

1. Desapareceu do elenco das medidas disciplinares sancionatórias a figura da repreensão, diga-se de difícil distinção da figura da advertência, ambas previstas na versão inicial da Lei 30/2002.
2. Os dois patamares da "suspensão" unificam-se, agora, na suspensão (única) de escola até 10 dias úteis, deslocando-se a figura da transferência de escola de medida preventiva (à luz do anterior estatuto do aluno) para o elenco das medidas sancionatórias. Os efeitos desta medida, nomeadamente no que respeita à avaliação dos alunos e à qualificação das faltas a ela inerentes serão determinados por cada estabelecimento de ensino, em regulamento interno, o que significará na prática que os efeitos poderão ser diferentes de estabelecimento de ensino para estabelecimento de ensino.
3. Atente-se no facto de, para aplicação da medida disciplinar sancionatória de suspensão de escola até 10 dias úteis, ser apenas necessário efectuar o procedimento sumário descrito no n.º 4 do presente artigo, competindo ao Presidente do Conselho Executivo ou ao Director da Escola, depois de ouvidos os pais ou o encarregado de educação quando o aluno é menor, os termos e as condições em que a medida será executada, podendo – para este efeito – celebrar protocolos ou parcerias com outras entidades, públicas ou privadas.

ARTIGO 28.º
Cumulação de medidas disciplinares

1 – A aplicação das medidas correctivas previstas nas alíneas b) a e) do n.º 2 do artigo 26.º é cumulável entre si.

2 – A aplicação de uma ou mais das medidas correctivas é cumulável apenas com a aplicação de uma medida disciplinar sancionatória.

3 – Sem prejuízo do disposto nos números anteriores, por cada infracção apenas pode ser aplicada uma medida disciplinar sancionatória.

1. As medidas correctivas de ordem de saída de sala de aula, realização de tarefas e actividades de integração, condicionamento de acesso a certos espaços ou na utilização de certos materiais e mudança de turma são cumuláveis entre si, i.é., um mesmo comportamento infractor do aluno pode dar lugar à aplicação simultânea de mais do que uma destas medidas, ponderadas as circunstâncias concretas do caso e os princípios da justiça, adequabilidade e proporcionalidade.
2. Para além da aplicação de uma ou mais medidas correctivas o mesmo comportamento infractor do aluno pode, ainda, determinar a aplicação cumulativa de uma das medidas sancionatórias previstas no artigo 27.º.

ARTIGO 29.º
(Revogado)

ARTIGO 30.º
(Revogado)

ARTIGO 31.º
(Revogado)

ARTIGO 32.º
(Revogado)

ARTIGO 33.º
(Revogado)

ARTIGO 34.º
(Revogado)

ARTIGO 35.º
(Revogado)

ARTIGO 36.º
(Revogado)

ARTIGO 37.º
(Revogado)

ARTIGO 38.º
(Revogado)

ARTIGO 39.º
(Revogado)

ARTIGO 40.º
(Revogado)

ARTIGO 41.º
(Revogado)

ARTIGO 42.º
(Revogado)

SECÇÃO IV
Procedimento Disciplinar

ARTIGO 43.º
Competências disciplinares e tramitação processual

1 – Sem prejuízo do disposto no n.º 3 do artigo 27.º, em que a competência é do professor titular da turma, a competência para a instauração de procedimento disciplinar por comportamentos susceptíveis de configurarem a aplicação de alguma das medidas disciplinares sancionatórias previstas nas alíneas c) e d), do n.º 2 do artigo 27.º, é do presidente do conselho executivo ou director, devendo o despacho instaurador ser proferido no prazo de um dia útil, a contar do conhecimento concreto e preciso da situação.

2 – A aplicação da medida disciplinar sancionatória de transferência de escola é da competência do director regional de educação respectivo, observando-se, em termos processuais, nas situações que, em abstracto, possam justificar aquela aplicação, as regras constantes dos números seguintes.

3 – As funções de instrutor, do professor que para o efeito é nomeado, prevalecem relativamente às demais, devendo o processo ser remetido para decisão do director regional de educação, no prazo de oito dias úteis, após a nomeação do instrutor.

4 – Finda a instrução, no decurso da qual a prova é reduzida a escrito, é elaborada a acusação, de onde consta, de forma articulada e em termos concretos e precisos, os factos cuja prática é imputada ao aluno,

devidamente circunstanciados em termos de tempo, modo e lugar e deveres por ele violados, com referência expressa aos respectivos normativos legais ou regulamentares, seus antecedentes disciplinares e medida disciplinar sancionatória aplicável.

5 – Da acusação atrás referida, é extraída cópia e entregue ao aluno no momento da sua notificação, sendo de tal facto informados os pais ou o respectivo encarregado de educação, quando o aluno for menor de idade.

6 – Para efeitos do exercício do direito de defesa, o aluno dispõe de dois dias úteis para alegar por escrito o que tiver por conveniente, podendo juntar documentos e arrolar testemunhas até ao limite de três, sendo a apresentação das mesmas, no dia, hora e local que para efeitos da sua audição for designado pelo instrutor, da responsabilidade do aluno, sob pena de não serem ouvidas.

7 – Finda a fase da defesa é elaborado um relatório final, do qual consta, a correcta identificação dos factos que haviam sido imputados ao aluno que se consideram provados e a proposta da medida disciplinar sancionatória a aplicar, ou do arquivamento do processo, devendo a análise e valoração de toda a prova recolhida ser efectuada ao abrigo do disposto no artigo 25.º

8 – Depois de concluído, o processo é entregue ao presidente do conselho executivo ou ao director que convocará o conselho de turma para se pronunciar, quando a medida disciplinar sancionatória proposta pelo instrutor for a referida no n.º 2.

1. TRAMITAÇÃO DO PROCEDIMENTO DISCIPLINAR

(para as situações em que, em abstracto,
seja aplicável a medida disciplinar sancionatória de transferência de escola)

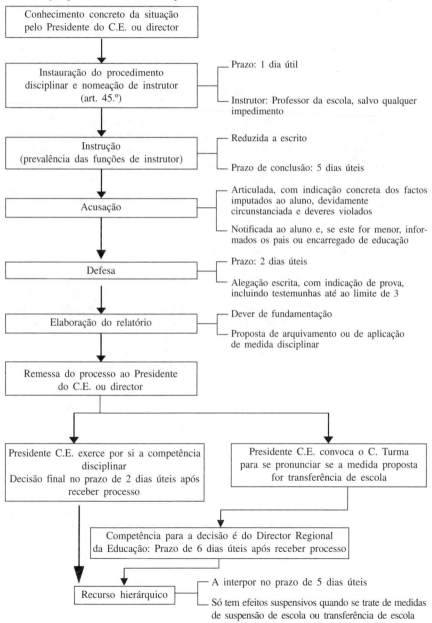

2. Um dos princípios subjacentes à alteração legislativa operada pela Lei n.º 3/2008, de 18 de Janeiro, é a simplificação dos procedimentos formais, de natureza processual, referentes à aplicação das medidas disciplinares sancionatórias, salvaguardando-se, no entanto, as garantias do direito de defesa dos alunos e de informação aos encarregados de educação.
3. A instrução visa recolher os elementos necessários para o apuramento dos factos e da responsabilidade do aluno. Para o efeito, o instrutor deverá realizar todas as diligências que entender pertinentes para a descoberta da verdade e, obrigatoriamente, ouvir todos os interessados no processo, nomeada e fundamentalmente o aluno (e sendo este menor, o encarregado de educação – distintamente do que acontece com o procedimento para aplicação da medida de suspensão – cfr. art.º 27.º, n.º 5). Em nosso entender, a falta de audiência do aluno objecto do procedimento disciplinar fere o respectivo processo de nulidade insuprível.
4. Terminadas as diligências primárias da instrução, o instrutor elaborará Acusação de onde deverão constar os factos concretos e precisos que são imputados ao aluno, bem como as circunstâncias de tempo – *dia e hora* –, modo – *como* – e lugar – *onde* – em que os mesmos ocorreram, a referência expressa aos normativos legais e regulamentares alegadamente violados, bem como os antecedentes disciplinares do aluno – se os houver – (e, acrescentamos nós, as circunstâncias atenuantes que possam no caso ser consideradas) e a medida disciplinar aplicável, **em abstracto,** (pois a proposta de medida, para decisão, surgirá, apenas no Relatório).
5. Finda a defesa (que inclui a recepção da resposta do aluno à Acusação deduzida, a análise da mesma e dos documentos a ela anexos e a realização de novas diligências instrutórias solicitadas pelo aluno ou entendidas pertinentes pelo instrutor), o instrutor deverá elaborar relatório completo, mas conciso, donde conste:
    a) a prova da prática dos factos imputados ao aluno;
    b) o(s) deveres a que o aluno estava obrigado e que foram violados com a sua conduta;
    c) análise das circunstâncias em que foram praticados os factos, grau de culpa do infractor, personalidade e demais condições pessoais, familiares e sociais, atenuantes e agravantes da responsabilidade;
    d) proposta final, na sequência das considerações e conclusões a que chegou, no sentido de arquivar o processo ou propondo a aplicação da medida disciplinar que entender justa, proporcional e adequada.
    O relatório não se deverá apresentar vago e genérico, devendo do seu conteúdo resultar claro e inequívoco o âmbito, sentido e alcance das infracções cometidas.
6. O relatório será remetido ao Presidente do Conselho Executivo ou Director que arquivará ou decidirá, caso tenha competência para aplicar a medida proposta, ou convocará o Conselho de Turma Disciplinar se a pena proposta for transferência de escola.
7. Uma atenção muito especial para o disposto no n.º 3 deste artigo que confere prioridade às funções de instrutor sobre quaisquer outras o que traduz o carácter de urgência que se pretende imprimir aos procedimentos disciplinares dos alunos.

ARTIGO 44.º
Participação

1 – O professor ou funcionário da escola que entenda que o comportamento presenciado é passível de ser qualificado de grave ou de muito grave, participa-o ao director de turma, para efeitos de procedimento disciplinar.

2 – O director de turma ou o professor titular que entenda que o comportamento presenciado ou participado é passível de ser qualificado de grave ou de muito grave participa-o ao presidente do conselho executivo ou director, para efeitos de procedimento disciplinar.

ARTIGO 45.º
Instauração do procedimento disciplinar

Presenciados que sejam ou participados os factos passíveis de constituírem infracção disciplinar, o presidente do conselho executivo, ou o director, tem competência para instaurar o procedimento disciplinar, devendo fazê-lo no prazo de um dia útil, nomeando logo o instrutor, que deve ser um professor da escola, salvo qualquer impedimento.

ARTIGO 46.º
Tramitação do procedimento disciplinar

1 – A instrução do procedimento disciplinar é reduzida a escrito e concluída no prazo máximo de cinco dias úteis contados da data de nomeação do instrutor, sendo obrigatoriamente realizada, para além das demais diligências consideradas necessárias, a audiência oral dos interessados, em particular do aluno e, sendo menor, do respectivo encarregado de educação.

2 – Aplica-se à audiência o disposto no artigo 102.º do Código do Procedimento Administrativo, sendo os interessados convocados com a antecedência mínima de dois dias úteis.

3 – Finda a instrução, o instrutor elabora relatório fundamentado, de que conste a qualificação do comportamento, a ponderação das circunstâncias atenuantes e agravantes da responsabilidade disciplinar, bem como a proposta de aplicação da medida disciplinar considerada adequada ou, em alternativa, a proposta de arquivamento do processo.

4 – O relatório do instrutor é remetido ao presidente do conselho executivo ou ao director, que, de acordo com a medida disciplinar a aplicar e as competências para tal, exerce por si o poder disciplinar ou convoca, para esse efeito, o conselho de turma disciplinar, que deve reunir no prazo máximo de dois dias úteis.

5 – O procedimento disciplinar inicia-se e desenvolve-se com carácter de urgência, tendo prioridade sobre os demais procedimentos correntes da escola.

1. Sobre a tramitação do procedimento disciplinar – e com as devidas adaptações – ver ainda art.º 43.º e respectivas anotações.
2. Para a aplicação da medida disciplinar sancionatória de suspensão de escola até 10 dias úteis, ver o procedimento sumário descrito no n.º 4 do art.º 27.º.

ARTIGO 47.º
Suspensão preventiva do aluno

1 – No momento da instauração do procedimento disciplinar, mediante decisão da entidade que o instaurou, ou no decurso da sua instrução, por proposta do instrutor, o aluno pode ser suspenso preventivamente da frequência da escola, mediante despacho fundamentado a proferir pelo presidente do conselho executivo ou pelo director, se a presença dele na escola se revelar gravemente perturbadora da instrução do processo ou do funcionamento normal das actividades da escola, garantindo-se ao aluno um plano de actividades pedagógicas durante o período de ausência da escola, nos termos a definir pelo regulamento da escola.

2 – A suspensão preventiva tem a duração que o presidente do conselho executivo ou o director considerar adequada na situação em concreto, não podendo ser superior a cinco dias úteis, nem continuar para além da data da decisão do procedimento disciplinar.

3 – Os efeitos decorrentes das faltas dadas pelo aluno no decurso do período de suspensão preventiva, no que respeita, nomeadamente, à sua assiduidade e avaliação, são determinados em função da decisão que a final vier a ser proferida no procedimento disciplinar, nos termos estabelecidos no regulamento interno da escola.

1. A suspensão pode partir de decisão da entidade que instaura o procedimento disciplinar, no momento da sua instauração, ou no decurso da instrução, por proposta do instrutor. Para tanto, esta terá de ser apresentada pelo instrutor do processo ao Presidente do Conselho Executivo ou ao Director, para decisão, com indicação expressa dos motivos que em seu entender levam a que a presença do

aluno na escola perturbe gravemente a instrução do processo ou o normal funcionamento das actividades da escola.

2.

Decisão	Requisitos	Duração	Efeitos	Garantias
Presidente do Conselho Executivo ou Director	Presença: • perturbar gravemente a instrução do processo • ou o normal funcionamento das actividades	• A que o PCE ou director considerar adequada • Não pode ser superior a 5 dias úteis • Não pode exceder a data de decisão do procedimento disciplinar	São determinados em função da decisão que a final vier a ser proferida no procedimento disciplinar, nos termos estabelecidos no Regulamento Interno	Do Regulamento da Escola terá de constar Plano de Actividades Pedagógicas a desenvolver pelo aluno durante o período de ausência da escola.

ARTIGO 48.º
Decisão final do procedimento disciplinar

1 – A decisão final do procedimento disciplinar, devidamente fundamentada, podendo acolher, para o efeito, a fundamentação constante da proposta do instrutor aduzida nos termos referidos no n.º 7 do artigo 43.º, é proferida no prazo máximo de dois dias úteis, a contar do momento em que a entidade competente para o decidir o receber, salvo na situação prevista no n.º 3 em que esse prazo é de seis dias úteis, devendo constar dessa decisão a indicação do momento a partir do qual a execução da medida disciplinar sancionatória começa a produzir efeitos, ou se, ao invés, essa execução fica suspensa, nos termos do número seguinte.

2 – A execução da medida disciplinar sancionatória, com excepção da referida na alínea d) do n.º 2 do artigo 27.º, pode ficar suspensa pelo período de tempo e nos termos e condições em que a entidade decisora considerar justo, adequado e razoável, cessando logo que ao aluno seja aplicada outra medida disciplinar sancionatória no decurso dessa suspensão.

3 – Da decisão proferida pelo director regional de educação respectivo que aplique a medida disciplinar sancionatória de transferência de escola, deve igualmente constar a identificação do estabelecimento de ensino para onde o aluno vai ser transferido, para cuja escolha se procede previamente à audição do respectivo encarregado de educação, quando o aluno for menor de idade.

4 – A decisão final do procedimento é notificada pessoalmente ao aluno no dia útil seguinte àquele em que foi proferida, ou, quando menor de idade, aos pais ou respectivo encarregado de educação, nos cinco dias

úteis seguintes, sendo-o mediante carta registada com aviso de recepção, sempre que não for possível realizar-se através daquela forma, considerando-se, neste caso, a notificação efectuada na data da assinatura do aviso de recepção.
5 – (Revogado).

1. Ver quadro constante da nota 1 ao art.º 43.º.
2. A decisão do procedimento disciplinar terá, sempre, de ser fundamentada. Fundamentar significa expor os motivos porque se tomou determinada decisão, de forma clara, suficiente e congruente. A falta de fundamentação gera vício de forma, determinante de anulabilidade do acto administrativo proferido.
3. A propósito do dever de fundamentar os actos administrativos e dos requisitos da fundamentação ver art.ºˢ 124.º, 125.º, 126.º do C.P.A.
4. A suspensão da execução da medida educativa disciplinar pode ser determinada pela entidade decisora do procedimento sempre que verificando-se uma culpabilidade diminuta do aluno infractor, ponderada a sua personalidade, nomeadamente o seu bom comportamento anterior e atendendo-se às circunstâncias em que ocorreu a infracção, aquela entenda que a simples previsão de aplicação (efectiva) de medida disciplinar se mostre suficiente para corrigir o comportamento do aluno e, deste modo, reforçar a sua formação cívica, a sua capacidade de se relacionar com os outros, o seu sentido de responsabilidade e de aprendizagem e a sua plena integração na comunidade educativa.
5. Se durante o período que durar a suspensão, for aplicada nova medida disciplinar sancionatória ao aluno, diz o n.º 2, caducará aquela suspensão, devendo, então o aluno infractor cumprir efectivamente a medida disciplinar que lhe tinha sido aplicada, mais aquela que lhe tiver sido determinada no novo processo.
6. Quanto à notificação da decisão final sempre haverá que dizer que deverão ser observadas, com as necessárias adaptações, os requisitos contidos no art.º 68.º do C.P.A., devendo, pois, dela constar:
   a) a medida aplicada
   b) a fundamentação da decisão
   c) a indicação do autor do acto e a data deste
   d) a data/momento de execução da medida aplicada
   e) o órgão competente para apreciar a impugnação da decisão e o prazo para o efeito.
7. A notificação da decisão em procedimento disciplinar só pode fazer-se por carta registada com aviso de recepção quando não for possível a notificação pessoal.

ARTIGO 49.º
Execução das medidas correctivas ou disciplinares sancionatórias

1 – Compete ao director de turma ou ao professor titular da turma, o acompanhamento do aluno na execução da medida correctiva ou disci-

plinar sancionatória a que foi sujeito, devendo aquele articular a sua actuação com os pais e encarregados de educação e com os professores da turma, em função das necessidades educativas identificadas e de forma a assegurar a co-responsabilização de todos os intervenientes nos efeitos educativos da medida.

2 – A competência referida no número anterior é especialmente relevante aquando da execução da medida correctiva de actividades de integração na escola ou no momento do regresso à escola do aluno a quem foi aplicada a medida disciplinar sancionatória de suspensão da escola.

3 – O disposto no número anterior aplica-se também aquando da integração do aluno na nova escola para que foi transferido na sequência da aplicação dessa medida disciplinar sancionatória.

4 – Na prossecução das finalidades referidas no n.º 1, a escola conta com a colaboração dos serviços especializados de apoio educativo e ou de equipas de integração a definir no regulamento interno.

1. Na execução da medida disciplinar que lhe for aplicada, o aluno deverá ser acompanhado pelo director de turma ou pelo professor titular da turma, devendo este acompanhamento – para ser eficiente e produzir os efeitos desejáveis – ser articulado com os pais (principais responsáveis pela formação da personalidade dos seus filhos) e encarregados de educação e com os professores de turma, no sentido de envolver e co-responsabilizar os intervenientes nos efeitos educativos da medida disciplinar.
2. Na versão inicial, o legislador previa o recurso a centros de apoio social que funcionariam como mediação entre a escola, a família e a comunidade local, com vista a encontrar os instrumentos de apoio e soluções ajustadas ao quadro social em causa. Com a Lei n.º 3/2008, de 18.01, eliminou-se a referência aos "centros de apoio social escolar", estabelecendo-se que para a prossecução das referidas finalidades a escola contará com a colaboração dos serviços especializados de apoio educativo e/ou de equipas de integração, a definir no regulamento interno.

ARTIGO 50.º
Recurso hierárquico

1 – Da decisão final do procedimento disciplinar cabe recurso hierárquico nos termos gerais de direito, a interpor no prazo de cinco dias úteis.

2 – O recurso hierárquico só tem efeito suspensivo quando interposto de decisão de aplicação das medidas disciplinares sancionatórias de suspensão da escola e de transferência de escola.

3 – (Revogado).

4 – O despacho que apreciar o recurso hierárquico é remetido à escola, no prazo de cinco dias úteis, cumprindo ao respectivo presidente do conselho executivo ou director a adequada notificação, nos termos do n.º 4 do art.º 48.º.

1. Ver quadro constante da nota 1 ao art.º 43.º.
2. Só tem efeito suspensivo o recurso interposto de decisão de aplicação das medidas disciplinares de suspensão de escola e de transferência de escola.
3. Sobre os requisitos da notificação da decisão que recair sobre o recurso hierárquico ver nota 6 ao art.º 48.º.

ARTIGO 51.º
Intervenção dos pais e encarregados de educação

Entre o momento da instauração do procedimento disciplinar ao seu educando e a sua conclusão, os pais e encarregados de educação devem contribuir para o correcto apuramento dos factos e, sendo aplicada medida disciplinar sancionatória, diligenciar para que a execução da mesma prossiga os objectivos de reforço da formação cívica do educando, com vista ao desenvolvimento equilibrado da sua personalidade, da sua capacidade de se relacionar com os outros, da sua plena integração na comunidade educativa, do seu sentido de responsabilidade e das suas aprendizagens.

1. Mais uma vez, o legislador realça o papel fundamental dos pais e encarregados de educação na formação integral dos seus filhos e educandos, exigindo-lhe uma actuação articulada com os docentes no sentido de contribuir para o desenvolvimento equilibrado da personalidade daqueles, da sua capacidade de se relacionar com os outros, da sua plena integração na comunidade educativa e do seu sentido de responsabilidade, em geral.
2. Cfr. art.º 49.º, n.º 1.

CAPÍTULO VI
Regulamento interno da escola

ARTIGO 52.º
Objecto do regulamento interno da escola

1 – Sem prejuízo das situações em que neste Estatuto se remete expressamente para o regulamento interno da escola, este tem por objecto,

o desenvolvimento do disposto na presente lei e demais legislação de carácter estatutário e a adequação à realidade da escola das regras de convivência e de resolução de conflitos na respectiva comunidade educativa, no que se refere, nomeadamente, a direitos e deveres dos alunos inerentes à especificidade da vivência escolar, à adopção de uniformes, à utilização das instalações e equipamentos, ao acesso às instalações e espaços escolares, ao reconhecimento e à valorização do mérito, da dedicação e do esforço no trabalho escolar, bem como do desempenho de acções meritórias em favor da comunidade em que o aluno está inserido ou da sociedade em geral, praticadas na escola ou fora dela, devendo ainda estar contemplado no regulamento interno as regras e procedimentos a observar em matéria de delegação das competências previstas neste Estatuto, do presidente do conselho executivo ou do director, nos restantes membros do órgão de gestão ou no conselho de turma.

2 – (Revogado).

1. O novo regime de autonomia, administração e gestão das escolas (Dec-Lei 115--A/98, de 4 de Maio) atribui uma importância significativa ao regulamento interno da escola ou agrupamento, enquanto instrumento fundamental do processo de construção da autonomia dos estabelecimentos de ensino. O regulamento interno define, assim, de acordo com o Dec-Lei 115-A/98, de 4 de Maio, o regime de funcionamento da escola, de cada um dos seus órgãos de administração e gestão das estruturas de orientação educativa e dos serviços especializados do apoio educativo, bem como os direitos e deveres dos membros da comunidade educativa.

   Assim, neste domínio do estatuto do aluno, determina este artigo que o regulamento interno **desenvolva e concretize** o disposto no presente diploma e demais legislação de carácter estatutário no que respeita às regras de convivência e de resolução dos conflitos na respectiva comunidade educativa, nomeadamente:
   a) a direitos e deveres dos alunos
   b) adopção de uniformes
   c) utilização das instalações e equipamentos
   d) acesso às instalações e espaços escolares
   e) reconhecimento e valorização do mérito, da dedicação e do esforço no trabalho escolar (cfr. art.º 13.º, al. c)).

ARTIGO 53.º
Elaboração do regulamento interno da escola

O regulamento interno da escola é elaborado nos termos do regime de autonomia, administração e gestão dos estabelecimentos da educação pré-escolar e dos ensinos básico e secundário, aprovado pelo Decreto-Lei n.º 115-A/98, de 4 de Maio, devendo nessa elaboração participar a comunidade escolar, em especial através do funcionamento da assembleia da escola.

1. A este propósito ver Dec-Lei 115-A/98 de 4 de Maio, pág. 181.

ARTIGO 54.º
Divulgação do regulamento interno da escola

1 – O regulamento interno da escola é publicitado na escola, em local visível e adequado, e fornecido gratuitamente ao aluno, quando inicia a frequência da escola e sempre que o regulamento seja objecto de actualização.

2 – Os pais e encarregados de educação devem, no acto da matrícula, nos termos da alínea k) do n.º 2 do artigo 6.º, conhecer o regulamento interno da escola e subscrever, fazendo subscrever igualmente aos seus filhos e educandos, declaração anual, em duplicado, de aceitação do mesmo e de compromisso activo quanto ao seu cumprimento integral.

1. Cfr. anotação n.º 7 ao art.º 6.º.

CAPÍTULO VII
Disposições finais e transitórias

ARTIGO 55.º
Responsabilidade civil e criminal

1 – A aplicação de medida correctiva ou medida disciplinar sancionatória, prevista na presente lei, não isenta o aluno e o respectivo representante legal da responsabilidade civil a que, nos termos gerais de direito, haja lugar, sem prejuízo do apuramento da eventual responsabilidade criminal daí decorrente.

2 – (Revogado).

3 – Quando o comportamento do aluno menor de 16 anos, que for susceptível de desencadear a aplicação de medida disciplinar sancionatória, se puder constituir, simultaneamente, como facto qualificável de

crime, deve a direcção da escola comunicar tal facto à comissão de protecção de crianças e jovens ou ao representante do Ministério Público junto do tribunal competente em matéria de menores, conforme o aluno tenha, à data da prática do facto, menos de 12 ou entre 12 e 16 anos, sem prejuízo do recurso, por razões de urgência, às autoridades policiais.

4 – Quando o procedimento criminal pelos factos a que alude o número anterior depender de queixa ou de acusação particular, competindo este direito à própria direcção da escola, deve o seu exercício fundamentar-se em razões que ponderem, em concreto, o interesse da comunidade educativa no desenvolvimento do procedimento criminal perante os interesses relativos à formação do aluno em questão.

1. Cfr. anotação n.º 5 ao art.º 10.º.
2. Sobre a responsabilidade civil. cfr. art.ºˢ 483.º e ss. do Código Civil.
3. Cfr. anotação n.º 4 ao art.º 23.º.

ARTIGO 56.º
Legislação subsidiária

Em tudo o que não se encontrar especialmente regulado na presente lei, aplica-se subsidiariamente o Código do Procedimento Administrativo.

ARTIGO 57.º
Divulgação do Estatuto

O presente Estatuto deve ser do conhecimento de todos os membros da comunidade educativa, aplicando-se à sua divulgação o disposto no artigo 53.º

ARTIGO 58.º
(Revogado)

ARTIGO 59.º
Sucessão de regimes

O disposto na presente lei aplica-se apenas às situações constituídas após a sua entrada em vigor.

1. Na falta de indicação expressa da data de entrada em vigor do presente diploma aplica-se a *vacatio legis* de 5 dias após a sua aplicação.
2. Não esquecer a norma transitória constante do art.º 2.º da Lei n.º 3/2008, de 18.01, que impõe a adaptação dos regulamentos internos das escolas aos novos princípios e determinações do Estatuto do Aluno, até ao final do ano lectivo 2007/2008.
3. No tocante ao problema da sucessão das leis no tempo, afirma-se, aqui, o princípio da não retroactividade das leis, sendo, assim, o presente diploma aplicável, apenas, às situações constituídas após a sua entrada em vigor – cfr. art.º 3.º da Lei n.º 3/2008, de 18.01.

ARTIGO 60.º
Norma revogatória

É revogado o Decreto-Lei n.º 270/98, de 1 de Setembro, de 1 de Setembro, sem prejuízo do disposto no artigo anterior, e os artigos 13.º a 25.º do Decreto-Lei n.º 301/93, de 31 de Agosto.

B) FORMULÁRIO

ORGANIZAÇÃO DO PROCEDIMENTO DISCIPLINAR DOS ALUNOS

1. INSTAURAÇÃO

A) DESPACHO DE INSTAURAÇÃO

Nos termos do art.º 43.º da Lei 30/2002, de 20.12, com a redacção que lhe foi dada pela Lei n.º 3/2008, de 18 de Janeiro, instauro procedimento disciplinar ao aluno n.º__, do __ ano, da turma __, _____ (nome), com base na participação apresentada pelo respectivo director de turma.

ESCOLA_____, (DATA)
O PRESIDENTE DO CONSELHO EXECUTIVO

B) DESPACHO DE NOMEAÇÃO DE INSTRUTOR

Nos termos do art.º 43.º da Lei 30/2002, de 20.12, com a redacção que lhe foi dada pela Lei n.º 3/2008, de 18 de Janeiro, nomeio instrutora do processo disciplinar instaurado ao aluno _____ (nome), n.º __, do __ ano, da turma __, a professora _____.

ESCOLA_____, (DATA)
O PRESIDENTE DO CONSELHO EXECUTIVO

C) DESPACHO DE INSTAURAÇÃO E DE NOMEAÇÃO DE INSTRUTOR

Em __/__/__, instauro procedimento disciplinar ao aluno (nome), n.º __ do __ ano da turma __, com base na participação do respectivo director de turma apresentada em __/__/__ e nomeio como instrutor o professor _____.

O PRESIDENTE DO CONSELHO EXECUTIVO

I. A competência para a instauração do processo disciplinar é atribuída ao Presidente do Conselho Executivo ou ao Director, que o deve fazer no prazo de 1 (um) dia útil após o conhecimento de factos que podem constituir infracção disciplinar. A lei pretende celeridade na tramitação destes procedimentos, pelo que entendemos que o não cumprimento deste prazo implica que já não poderá ser instaurado procedimento disciplinar baseado naqueles factos.

II. O professor ou funcionário da escola que presencie, fora das situações de desenvolvimento do plano de trabalho da turma na sala de aulas, comportamentos que possam ser qualificados como graves, ou muito graves deve participá-los para efeitos de procedimento disciplinar.

III. O director de turma ou o professor titular deverá participar tais comportamentos ao Presidente do Conselho Executivo ou Director.

IV. Convirá que o professor instrutor seja um professor da turma, por forma a assegurar-se o conhecimento do aluno e do grupo em que o mesmo se insere. Não é, porém, aconselhável que a escolha recaia no director de turma.

V. Quando o comportamento objecto do procedimento disciplinar seja praticado simultaneamente por vários alunos deverão ser organizados tantos processos individuais quantos os alunos infractores envolvidos, sem prejuízo da nomeação de um só instrutor para todos eles. Assim, e para instrução dos vários processos, deverão ser extraídas certidões de todos os documentos que importem a mais do que um deles, juntando-se o original a um e as certidões aos restantes.

2. COMUNICAÇÃO AO ENCARREGADO DE EDUCAÇÃO

Exm.º(ª) Senhor(a)
(nome do encarregado de educação)

Data __/__/__

Assunto: Instauração de procedimento disciplinar.

Comunico a Vª. Exª, na qualidade de encarregado de educação do aluno _____, que nesta data dei início ao procedimento disciplinar instaurado ao seu educando por despacho de __/__/__, do Sr. Presidente do Conselho Executivo.

Com os melhores cumprimentos.
O INSTRUTOR

> I. A lei não impõe a comunicação aos pais ou encarregados de educação do início do procedimento disciplinar.

3. SUSPENSÃO PREVENTIVA

A) DESPACHO QUE DETERMINA A SUSPENSÃO PREVENTIVA

DESPACHO

Nos termos do disposto no art.º 47.º da Lei n.º da Lei 30/2002, de 20.12, com a redacção que lhe foi dada pela Lei n.º 3/2008, de 18 de Janeiro, suspendo preventivamente da frequência da escola o aluno ____, n.º __, da turma __, do __ ano, por ___ dias úteis.

O referido aluno será suspenso entre os dias __/__/__ e __/__/__, por se entender que a sua presença neste estabelecimento de ensino perturba gravemente o normal funcionamento das actividades da escola, como decorre do exposto na proposta de suspensão formulada pelo Senhor Instrutor, que aqui se dá como integrada.

Na verdade, o aluno (exposição concreta dos motivos).

ESCOLA ____, (DATA)
O PRESIDENTE DO CONSELHO EXECUTIVO

B) NOTIFICAÇÃO AO ENCARREGADO DE EDUCAÇÃO DO DESPACHO DE SUSPENSÃO PREVENTIVA

Exm.º(ª) Senhor(a)
(nome do encarregado de educação)

Data __/__/__

Assunto:

Comunico a Vª. Exª, na qualidade de encarregado de educação do aluno _____, que, por meu despacho de __/__/__, cuja cópia anexo, o seu educando foi suspenso preventivamente da frequência deste estabelecimento de ensino entre os dias __/__/__ e __/__/__

ESCOLA _____, (DATA)
O DIRECTOR/PRESIDENTE DO CONSELHO EXECUTIVO

I. A suspensão preventiva tem a duração considerada adequada na situação em concreto, não podendo, porém, ser superior a 5 dias úteis, nem ir além da prolação da decisão final.
II. Este despacho tem que ser devidamente fundamentado, podendo a fundamentação reportar-se à proposta do instrutor (cfr art.º 124.º CPA).
III. Os efeitos decorrentes das faltas dadas pelo aluno no decurso do período da suspensão preventiva no que respeita à assiduidade e avaliação são estabelecidos no regulamento interno.

4. CONVOCATÓRIA PARA AUDIÊNCIA DE TESTEMUNHA

CONVOCATÓRIA

Convoca-se a auxiliar de acção educativa, (nome), para ser ouvida no próximo dia ___, pelas __ horas, na sala ___, no procedimento disciplinar n.º __, instaurado ao aluno (nome),

O INSTRUTOR

5. REGISTO DE DECLARAÇÕES

Em __/__ /__, na sala ___, da Escola _____, compareceu perante mim _____, instrutor deste procedimento, a auxiliar de acção educativa, (nome), que no âmbito do procedimento disciplinar instaurado ao aluno n.º__, da turma __, do __ ano declarou:

—

Lidas as declarações, assinam.

O DECLARANTE
O INSTRUTOR

6. ACUSAÇÃO

F——————, na qualidade de instrutor nomeado, por despacho de ..., do Senhor Presidente do Conselho Executivo da Escola .... no procedimento disciplinar instaurado ao aluno.........., n.º..., da turma..., do ... ano, deduz

ACUSAÇÃO

Nos seguintes termos:

Artigo Único

(descrição circunstanciada dos factos)
(...)

Com o seu comportamento, o aluno violou os deveres de —— e de ——, previstos no art. 15.º, als. da Lei 30/2002, de 20 de Dezembro — e — e no art. —— do Regulamento Interno da Escola, o que constitui infracção, nos termos do art. 23 .º da Lei 30/2002, na redacção que lhe foi dada pela Lei n.º 3/2008, de 18 de Janeiro.

Do registo do aluno não constam antecedentes disciplinares.

Face à gravidade do comportamento imputado ao aluno, a medida disciplinar sancionatória aplicável é a de transferência de escola, prevista no art. 27.º, n.º 2, al. d) da Lei 30/2002, na redacção que lhe foi dada pela Lei n.º 3/2008, de 18 de Janeiro.

A aplicação da pena é, nos termos do disposto no art. 43.º, n.º 2, da supra referida Lei, da competência da Exma Senhora Directora Regional de Educação do Norte.

Da presente acusação será extraída cópia para entregar ao aluno o qual dispõe de 2 dias úteis para alegar por escrito o que tiver por conveniente, podendo juntar documentos e arrolar testemunhas até ao limite de três, nos termos do estabelecido no n.º 6 do art. 43.º da Lei 30/2002, da redacção que lhe foi dada pela Lei n.º 3/2008, de 18 de Janeiro.

I. A Lei n.º 3/2008, de 18 de Janeiro, veio consagrar a elaboração de acusação nos procedimentos disciplinares por comportamentos susceptíveis de determinar a aplicação da medida sancionatória de transferência de escola. Trata-se de uma aproximação do procedimento disciplinar dos alunos à estrutura habitual dos processos disciplinares laborais.

II. A acusação tem que ser elaborada de forma articulada e dela têm que constar, em termos concretos e precisos, os factos cuja prática é imputada ao aluno, devidamente circunstanciados em termos de tempo, modo e lugar. A acusação deve especificar os deveres violados pelo aluno, com referência expressa aos respectivos normativos legais ou regulamentares, devendo ainda especificar os antecedentes disciplinares do aluno e a medida disciplinar sancionatória proposta.

7. NOTIFICAÇÃO DA ACUSAÇÃO

A) TERMO DE NOTIFICAÇÃO

Nesta data, notifico o aluno _____, n.º __ , da turma __, do __ ano _____ da acusação proferida no procedimento disciplinar instaurado por despacho de __/__/__ do Ex.º Senhor Presidente do Conselho Executivo cuja cópia lhe é entregue neste acto.

Mais foi informado o aluno de que dispõe de 2 dias úteis para alegar por escrito o que tiver por conveniente, podendo juntar documentos e arrolar testemunhas até ao limite de três.

(local e data)

O ALUNO
O INSTRUTOR

B) INFORMAÇÃO AOS PAIS OU ENCARREGADOS DE EDUCAÇÃO

Exmo(a) Senhor(a)
Encarregado(a) de Educação

carta registada

Ref.ª: Procedimento Disciplinar n.º _____

Data: __/__/__

Fica deste modo V. Ex.ª informado, na qualidade de encarregado de educação do aluno _____, n.º__, da turma __, do __ ano, em observância do disposto no n.º 5 do art. 43.º da Lei 30/2002, com as alterações introduzidas pela Lei n.º 3/2008, de 18 de Janeiro, da acusação deduzida no procedimento em referência.

Da acusação foi extraída cópia e notificado o seu educando nos termos e para os efeitos do previsto do n.º 6, da disposição legal supra citada.

I. O n.º 5 do art. 43.º do Estatuto do Aluno, na versão introduzida pela Lei n.º 3/08, de 18/01, determina a necessidade de informação dos pais ou encarregado de educação da notificação da acusação ao aluno, no caso de este ser menor.

8. DEFESA

Exmo Senhor
Prof. _____, Instrutor do Procedimento Disciplinar

F _____, aluno visado o procedimento disciplinar em referência, vem, nos termos do n.º 6 do art. 43.º do Estatuto do Aluno, aprovado pela Lei 30/2002, de 20/12, alterada pela Lei n.º 3/2008, de 18 de Janeiro, apresentar

Defesa

O que faz nos seguintes termos:

1. ....
2. ....
3. ....

Como prova do alegado, junta os seguintes documentos:
a) ....
b) ....

Indica como testemunhas:

1ª ————————————————————-
2ª ————————————————————

O Aluno, ————————————————————————

9. RELATÓRIO DO INSTRUTOR

1. Por despacho de __/__/__, do Presidente do Conselho Executivo da Escola _____, foi mandado instaurar procedimento disciplinar ao aluno n.º__, da turma __, do __ ano, (nome);

2. O referido despacho teve por base a participação apresentada por_____ (fls. ...);

3. Foram ouvidos no procedimento_____(fls. ...), _____(fls. ...), dando-se aqui por integralmente reproduzidas as suas declarações;

4. Contra o aluno foi deduzida a acusação, de fls. ..., constante de um artigo único, com a seguinte redacção "....................."

5. O aluno foi devidamente notificado da acusação contra ele deduzida e do facto informado o respectivo encarregado de educação, tendo o aluno, em devido tempo, apresentado defesa.

A solicitação do interessado foram juntos ao processo os documentos de fls. ... e foram ouvidas as testemunhas por si indicadas _____ (fls. ... a fls. ...), dando-se aqui por integralmente reproduzidas as suas declarações;

6. Ponderados todos os elementos coligidos na fase da instrução, designadamente a prova produzida a pedido dos interessados, dando relevo ao teor das declarações prestadas a fls. ... e considerando o teor do relatório do psicólogo do aluno apresentado e junto a fls. ..., conclui-se pelo apuramento dos seguintes factos:

–
–
–

7. A matéria dada como provada revela um comportamento do aluno que se traduz no incumprimento do dever de _____, estabelecido no art.º ____, da Lei 30/02, de 20/12, com a redacção introduzida pela Lei n.º 3/2008, de 18.01, bem como no(s) art.º(s) ____ do Regulamento Interno desta Escola.

8. Atendendo ao disposto no art. 25.º da Lei 30/02, na redacção que lhe foi dada pela Lei n.º 3/2008, de 18 de Janeiro, proponho a aplicação ao aluno da medida disciplinar sancionatória de _____, prevista na alínea __, do art.º. 27.º da supra referida Lei 30/02, de 20/12, na redacção que lhe foi dada pela Lei acima indicada por se considerar adequada e ajustada à gravidade da conduta infractora e cumprir as finalidades das medidas disciplinares sancionatórias, tal como enunciadas no art. 24.º do supra citado diploma legal.

(local e data)

O INSTRUTOR

I. O relatório, elaborado nos termos do disposto no art. 43.º, n.º 7, juntamente com todas as peças que constituem o processo, é remetido ao Presidente do Conselho Executivo, ou ao Director, que, de acordo com a medida disciplinar a aplicar e as regras de competência estabelecidas na lei, exercerá o poder disciplinar ou convocará o conselho de turma.
II. A convocação do conselho de turma, para se pronunciar, tem lugar quando a medida disciplinar sancionatória proposta for a transferência de escola.
III. Contrariamente ao que sucedia na versão originária, a lei não estabelece agora o prazo dentro do qual o conselho de turma deverá reunir. Há que ter em conta, porém, o estabelecido no n.º 3 deste preceito, que estabelece que o processo deve ser remetido para decisão do Director Regional de Educação no prazo de 8 dias úteis após a nomeação de instrutor.

10. REUNIÃO DO CONSELHO DE TURMA

Em cumprimento do Despacho de __/__/__, do Presidente do Conselho Executivo da Escola, procedeu este Conselho à análise e apreciação dos factos praticados pelo aluno ___, que estão na origem do procedimento disciplinar que lhe foi instaurado por despacho de _____.

O Senhor instrutor apresentou a proposta de aplicação da medida disciplinar de ___ prevista na alínea __ do n.º 2 do art.º 27.º da Lei 30/ /2002, de 20/12, na redacção que lhe foi dada pela Lei n.º 3/2008, de 18 de Janeiro.

Assim, atento o teor do relatório do Instrutor, de fls., e cabendo, nos termos do disposto no art. 43.º, n.º 8 da supra citada Lei, a este Conselho de Turma pronunciar-se, considerando que a medida disciplinar sancionatória proposta é a transferência de escola, é deliberado:

No presente processo disciplinar resultaram provados os seguintes factos:
–
–

Nos termos do disposto do art. 25.º do Estatuto do Aluno, na determinação da medida disciplinar a aplicar deve ter-se em consideração a gravidade do incumprimento do dever, as circunstâncias, atenuantes e agravantes em que esse incumprimento se verificou, o grau de culpa do aluno, a sua maturidade e demais condições pessoais, familiares e sociais.

No presente caso, o Conselho de Turma entende que o grau de culpa do aluno é acentuado, sendo, porém, de realçar as condições pessoais, familiares e sociais em que se insere, como decorre do teor do relatório junto a fls 33.

Tudo ponderado, este Conselho de Turma delibera concordar com a proposta formulada pelo Instrutor

A PRESIDENTE
A SECRETÁRIA

(local e data)

I. Na versão inicial da Lei 30/2002, designadamente de acordo com o estabelecido no art. 41.º, o Conselho de Turma Disciplinar era competente para aplicar as medidas disciplinares de execução de actividades de integração na escola, transferência de escola, repreensão registada, suspensão e expulsão de escola.

II. Com a alteração produzida pela Lei n.º 3/2008, de 18 de Janeiro, passou a ser da responsabilidade dos conselhos executivos das escolas a decisão final sobre todas as medidas disciplinares, com excepção da medida de transferência de escola, cuja aplicação envolve as Direcções Regionais de Educação, deixando, portanto, o conselho de turma de ter competências disciplinares, apenas lhe competindo pronunciar-se [sendo a sua pronúncia desprovida de carácter vinculativo] quando a medida disciplinar proposta for transferência de escola. O legislador justifica a alteração legislativa produzida com a necessidade de assegurar a simplificação e a celeridade dos procedimentos.

11. DECISÃO

A) DECISÃO FINAL PROFERIDA PELO PRESIDENTE DO CONSELHO EXECUTIVO

DECISÃO FINAL

Concordando com os fundamentos de facto e de direito constantes do Relatório que se anexa, elaborado pelo instrutor do processo, aplico ao aluno (nome), a medida disciplinar de _____, prevista na alínea __ do art.º __ da Lei 30/02, de 20/12, na versão republicada pela Lei n.º 3//2008, de 18 de Janeiro.

B) DECISÃO FINAL PROFERIDA PELO DIRECTOR REGIONAL DE EDUCAÇÃO

I. A decisão final do procedimento disciplinar deve ser devidamente fundamentada, podendo acolher, para o efeito, a fundamentação constante da proposta do instrutor.

II. Nos termos do estabelecido no n.º 1 do art. 48.º da Lei 30/2002, na redacção que lhe foi dada pela Lei n.º 3/2008, de 18 de Janeiro, a decisão deverá ser proferida no prazo máximo de 2 dias úteis a contar do momento em que o presidente do conselho executivo receber o processo.

III. Tratando-se de decisão da competência do director regional de educação, o prazo para ser proferida decisão é de 6 dias úteis.
IV. A decisão deve conter a indicação do momento a partir do qual a execução da pena começa a produzir efeitos, ou se, ao invés, essa execução fica suspensa.
V. Da decisão proferida pelo director regional de educação que aplique medida disciplinar sancionatória de transferência de escola deve também constar a identificação do estabelecimento de ensino para onde o aluno vai ser transferido, para cuja escolha se procede previamente à audição do encarregado de educação do aluno, se este for menor.

12. NOTIFICAÇÃO DA DECISÃO FINAL

A) TERMO DE NOTIFICAÇÃO

Nesta data notifico o aluno _____, n.º __ ,da turma __, do__ ano e o respectivo encarregado de educação (no caso de aluno menor) _____ da decisão final no procedimento disciplinar por mim proferida em, de aplicação da medida sancionatória disciplinar de _____, prevista no artigo 27.º da Lei n.º 30/2002, de 20/12, na redacção que lhe foi dada pela Lei n.º 32008, de 18 de Janeiro, com fundamento nos elementos constantes de fls.___do procedimento, que se anexam, medida a executar em _____.

Ficam igualmente notificados que da decisão proferida poderá ser interposto recurso hierárquico, nos termos gerais de direito, a interpor no prazo de cinco dias úteis, conforme o disposto no artigo 50.º da supra citada Lei.

(local e data)

O ALUNO
O ENCARREGADO DE EDUCAÇÃO

B) NOTIFICAÇÃO POR CARTA REGISTADA COM AVISO DE RECEPÇÃO

Exmo(a) Senhor(a)
Encarregado(a) de Educação

Ref.ª: Procedimento Disciplinar n.º _____

Data: __/__/__

Assunto: Notificação por carta registada

Fica deste modo V. Ex.ª notificado, na qualidade de encarregado de educação do aluno _____, n.º __, da turma __, do __ ano nos termos e para os efeitos a seguir mencionados:

De que foi proferida a decisão final relativa ao procedimento disciplinar supra identificado, por Despacho de __/__/__ do Exmo Senhor Director Regional de Educação do Algarve, que estabeleceu a aplicação da medida disciplinar sancionatória de ——————, prevista no artigo 27.º da Lei n.º 30/02, de 20/12, na redacção que lhe foi dada pela Lei n.º 3/2008, de 18 de Janeiro, com fundamento nos elementos constantes no relatório de fls _____, que se dá como integrado.

Da decisão proferida cabe recurso hierárquico, a interpor no prazo de cinco dias úteis, para o Exmo Senhor Secretário de Estado _____, nos termos do disposto no artigo 50.º do supra citado diploma legal.

I. O art. 48.º, n.º 4 da Lei n.º 30/02, de 20/12, na redacção dada pela Lei n.º 3/2008, de 18 de Janeiro, determina que a decisão final deverá ser notificada pessoalmente ao aluno no dia útil seguinte àquele em que foi proferida ou, sendo o aluno menor de idade, aos pais ou respectivo encarregado de educação nos cinco dias úteis seguintes, sendo com carta registada com aviso de recepção sempre que não for possível realizar-se através daquela forma.
II. Devem ser facultadas cópias dos elementos em que se fundamenta a decisão.
III. Deve ser junto ao processo o termo assinado ou a cópia da carta, o comprovativo do registo e, logo que possível, o aviso de recepção.

II. AUDIÇÃO EM AUTO DO ALUNO VISADO – APLICAÇÃO DA MEDIDA DISCIPLINAR SANCIONATÓRIA DE SUSPENSÃO DA ESCOLA ATÉ 10 DIAS

1. AUDIÊNCIA ORAL DO ALUNO

ACTA DE AUDIÊNCIA ORAL DO ALUNO

Em__/__/__, na Escola _____, compareceram perante mim, (nome), instrutor do presente procedimento disciplinar, o aluno (nome), n.º__, da turma ___ do ___ ano, ——, acompanhado do encarregado de educação——————————————————————————————-

Iniciada a audiência, foi o aluno informado de que a instrução do processo visa o apuramento de um comportamento que lhe é atribuído, que se traduz no incumprimento do dever de _____, estabelecido no art. 15.º da Lei 30/02, de 20 de Dezembro, e no(s) art.º(s). _____ do Regulamento Interno, consubstanciado nos seguintes factos:
–
–
–

Ficando ciente dos aspectos relevantes para a decisão do procedimento, o aluno pronunciou-se nos seguintes termos:
–

Por último, os interessados requereram a realização das seguintes diligências:
(exemplo: junção de documentos, tomada de declarações das pessoas indicadas).

Lidas as declarações, a achadas conformes, assinam.

O ALUNO
O ENCARREGADO DE EDUCAÇÃO
O INSTRUTOR

I. Apesar da actual redacção do Estatuto do Aluno o não referir expressamente, entendemos que o aluno, menor, visado no procedimento deve ser ouvido na presença do respectivo encarregado de educação.
II. O n.º 4 do art. 27.º da Lei 30/02, de 20/12, na redacção que lhe foi dada pela Lei n.º 3/2008, de 18 de Janeiro, estabelece que a decisão de aplicar a medida disciplinar sancionatória de suspensão de escola até 10 dias úteis é precedida de audição em auto do aluno visado, do qual terão que constar em termos concretos e precisos, os factos que lhe são imputados, os deveres por ele violados e a referência expressa, não só da possibilidade de se pronunciar sobre os factos, como à própria defesa apresentada.
III. Para a aplicação da medida de suspensão é competente o Presidente do Conselho Executivo ou o director da escola, que pode [mas não é a tal obrigado] ouvir previamente o Conselho de Turma – cfr. art.º 27.º, n.º 4.
IV. Compete à escola fixar os termos e condições em que a medida de suspensão de escola será executada, devendo previamente, quando possível, ouvir os pais ou encarregado de educação do aluno, se este for menor.
V. A lei estabelece a possibilidade de a escola estabelecer parcerias, ou protocolos ou acordos com entidades públicas ou privadas para a execução desta medida disciplinar sancionatória.

II
A) O PODER PATERNAL E A FIGURA DO ENCARREGADO DE EDUCAÇÃO NO SISTEMA EDUCATIVO PORTUGUÊS

1. O PODER PATERNAL NA CONSTITUIÇÃO DA REPUBLICA PORTUGUESA

Art.º 36.º da C.R.P. (n.ºs 3 e 5)
"Os cônjuges tem iguais direitos e deveres quanto a capacidade civil e educação dos filhos"
"Os pais tem o direito e o dever de educação dos filhos"

O princípio da igualdade dos cônjuges consagrado neste artigo constitui um corolário do princípio da igualdade de direitos e deveres dos homens e das mulheres plasmado no n.º 2 do artigo 13.º da C.R.P.
A consagração constitucional deste princípio interdita qualquer discriminação jurídica entre os cônjuges, não só na esfera extra-familiar (direitos civis e políticos) como na esfera familiar (abrangendo, aqui, a esfera da educação e manutenção dos filhos), determinando uma direcção conjunta da família quer, por exemplo, no que respeita à escolha de residência quer no que toca à educação dos filhos.

Como escrevem Gomes Canotilho e Vital Moreira na sua Constituição da Republica anotada *o direito e o dever dos pais de educação dos filhos são um verdadeiro direito-dever subjectivo e não uma simples garantia institucional ou uma simples norma programática integrando o chamado **poder paternal**.*

O poder paternal apresenta-se, assim, e antes de mais, como um "poder primário" que incide sobre os menores para os governar e conduzir.

Esta concepção de poder paternal traz, porém, consigo um forte cariz patriarcal, manifestação de uma concepção de família, ainda, bastante hierarquizada, caminhando-se, hoje, para uma concepção de poder paternal que vê na criança um sujeito dotado de sentimentos, necessidades e emoções e a quem é reconhecido um espaço próprio de autonomia e auto-determinação.

Por este motivo, há, hoje, quem defenda que a expressão "poder paternal" é arcaica, apresentando sugestões para a sua substituição por outras que consideram mais ajustada à realidade sócio-familiar como sejam "responsabilidade parental" ou "cuidado parental".

Art.º 68.º
"Os pais e as mães tem direito a protecção da sociedade e do Estado na realização da sua insubstituível acção em relação aos filhos, nomeadamente quanto a sua educação, com garantia de realização profissional e de participação na vida cívica do pais".

Este artigo vem mais uma vez, afirmar a igualdade dos cônjuges no que concerne às tarefas relativas aos filhos, nomeadamente no que respeita a manutenção e educação dos filhos, apresentando-se como um corolário do princípio da igualdade entre homens e mulheres (art.º 13.º, n.º 2, da C.R.P.).

Sendo constitucionalmente garantido aos pais o direito e o dever de educação dos filhos (art.º 36.º, n.º 5 da C.R.P.) têm estes, igualmente, o direito à protecção na sociedade e do Estado no e para o exercício dessas tarefas, de modo a que tal não impeça a sua realização profissional e a sua participação na vida cívica do país.

Saliente-se, ainda, a igualdade do estatuto constitucional dos pais e das mães em relação aos filhos, independentemente de serem ou não casados (cfr. 36.º-n.º 4). Na verdade, e atento o valor social eminente da paternidade e da maternidade, os direitos dos pais e das mães não dependem da existência de um vínculo (formal) matrimonial.

2. O PODER PATERNAL À LUZ DAS DISPOSIÇÕES DO CÓDIGO CIVIL

Art.º 1877.º (Duração do Poder Paternal)
Os filhos estão sujeitos ao poder paternal até á maioridade ou emancipação.

Art.º 1878.º (Conteúdo do Poder Paternal)
1. Compete aos pais, no interesse dos filhos, velar pela segurança e saúde destes, prover ao seu sustento, dirigir a sua educação, representá-los, ainda que nascituros e administrar os seus bens.
2. Os filhos devem obediência aos pais; estes, porém, de acordo com a maturidade dos filhos, devem ter em conta a sua opinião nos assuntos familiares importantes e reconhecer-lhes autonomia na organização da própria vida.

O poder paternal é um conjunto de direitos-deveres, irrenunciáveis, inalienáveis e originários, que deve ser exercido altruisticamente, no interesse dos filhos, tendo em vista o seu pleno e integral desenvolvimento a nível físico, intelectual, moral e emocional.

Destina-se, assim, o poder paternal a promover o desenvolvimento, a educação e a protecção dos filhos menores não emancipados e o seu exercício é controlado pela ordem jurídica.

A doutrina vem, hoje, defendendo, porém, que este conjunto de poderes-deveres ou direitos-deveres reveste uma dupla natureza, tentando conciliar a sua finalidade altruística(a favor do interesse dos filhos) com o interesse dos pais (no sentido de auto-realização destes enquanto pais).

Este *super-poder* engloba um amplo leque de poderes-deveres tais como o dever de respeito (1874.º-n.º 1 C.C.), o dever de auxílio (1874.º--n.º 1 C.C.), o poder de comando (...), o poder de representação do filho (...), o poder-dever de educação (36.º-n.º 5 C.R.P., 1885.º e 1886.º C.C.), o poder dever de guarda e custódia dos filhos, o poder de assistência e o poder de administrar os bens dos filhos.

O exercício de qualquer um destes poderes deve ser efectivado no exclusivo interesse dos filhos. Mas o conceito de "interesse do menor" é um conceito indeterminado que acaba por ter de ser preenchido caso a caso e em face da factualidade apurada na situação concreta, sendo muito complexo, na sociedade actual, apurar em cada caso qual é – e onde se situa – o "interesse do menor".

Quem exerce o Poder Paternal?

Nos termos do art.º 1901.º do C.C., **na constância do matrimónio**, o exercício do poder paternal pertence a ambos os pais.

Conforme o já exposto no Capítulo I, esta disposição legal deriva do princípio constitucionalmente consagrado da igualdade entre homens e mulheres, afirmando o princípio da igualdade entre os cônjuges tal como o art.º 36.º da CRP.

Neste pressuposto, se um dos progenitores praticar acto que integre o exercício do poder paternal presume-se que age de acordo com o outro (1902.º).

Sempre, porém, que este acordo entre os cônjuges não se presuma (ou declaradamente não exista /ou é manifesto o desacordo) quaisquer terceiros devem recusar-se a intervir no acto praticado apenas por um deles (1902.º, n.º 2 C.C.) aguardando que aqueles ultrapassem a divergência ou que seja o Tribunal a dirimir o conflito entre os cônjuges, encontrando a solução que melhor satisfaça o interesse do menor.

Haverá, ainda que atender que sempre que um dos pais não puder exercer o poder paternal, por ausência, incapacidade ou outro impedimento, caberá esse exercício unicamente ao outro progenitor (1903.º C.C.).

E, ainda que, em casos excepcionais, os pais podem ser inibidos do exercício do poder paternal e os filhos entregues a terceira pessoa (cfr., entre outros, Ac. Relação de Lisboa de 06.04.2006, proferido no processo 1977/2006-6, a fls. ...).

E em caso de **morte de um dos progenitores**?

Nos termos do art.º 1904.º do C.C., no caso de morte de um dos cônjuges, o poder paternal pertence ao cônjuge sobrevivo.

Importa, também ter presente o regime do exercício do poder paternal nas situações de **divórcio, separação judicial de pessoas e bens, declaração de nulidade ou anulação do casamento**. Nestas situações e nos termos do art.º 1905.º do C.C. o destino dos filhos, os alimentos a esta devidos e a forma de os prestar serão regulados por acordo entre os pais, sujeito a homologação do tribunal.

O Tribunal quando chamado a intervir na regulação do poder paternal – por falta de acordo entre os progenitores – deve nortear-se, também ele, exclusivamente pelo interesse do menor.

O menor, nestes casos, deve ser confiado ao progenitor que lhe proporcione melhor equilíbrio psicológico, maior estabilidade emocial, bem estar e condições de futuro.

A lei (art.º 1906.º C.C.) pretende, hoje, que sempre que possível o exercício do poder paternal seja exercido em conjunto por ambos os progenitores, em ordem à obtenção de uma mais valia que é a resolução a dois dos problemas dos filhos. Em teoria, o regime da "guarda conjunta" ou "guarda alternada" afigura-se o regime de regulação do poder paternal mais em conformidade com o interesse da criança porque lhe possibilita contactos, em igual proporção, com o pai e a mãe e respectivas famílias.

Na prática, porém, este regime "ideal" pode revelar-se falível e perigoso se não for gerido no dia-a-dia com razoabilidade, carinho e bom senso, de modo a que a criança perceba que a aparente "instabilidade" da sua vida, nomeadamente com a alternância permanente da sua residência é – e será – uma realidade presente e futura na sua vida – tal como na vida de qualquer criança com pais separados –.

Este regime, no entanto, não é, face à disposições do Código Civil, o regime regra, determinando o art.º 1906.º, n.º 1 que a guarda conjunta pressupõe o acordo dos pais.

Na falta deste acordo o Tribunal determinar que o poder paternal seja exercido pelo progenitor a quem o filho for confiado. Mesmo nesta situação, a lei permite que os pais acordem que determinados assuntos (ex.: os relativos à educação) sejam resolvidos por ambos.

Ao progenitor que não exerça o poder paternal assiste, porém, o poder de vigiar a educação e as condições de vida dos filhos, o que revela a importância que é dada a esta questão. O regime de visitas definido aquando a regulação do exercício do poder paternal serve, entre outras coisas, para possibilitar ao cônjuge que não tem a guarda do menor a oportunidade de acompanhar a maneira como o filho está a ser educado e orientado pelo outro.

3. O PODER PATERNAL E A FIGURA DO ENCARREGADO DE EDUCAÇÃO NO SISTEMA EDUCATIVO

A figura do Encarregado de Educação surge no sistema educativo português com uma função facilitadora da relação Escola-Família.

O encarregado de educação é o interlocutor privilegiado entre a escola e a família.

A legislação da educação do ensino não superior atribui à figura do encarregado de educação uma série de prerrogativas, direitos e deveres, tais como, por exemplo, o dever de proceder à primeira matrícula do aluno ou a faculdade de requerer o adiamento desta.

Ora, o alcance e os limites das prerrogativas que são concedidas ao Encarregado de Educação têm de ser interpretadas à luz dos conceitos e disposições consagrados na Constituição da República Portuguesa e no Código Civil, sobre o conteúdo e o alcance do denominado poder paternal, pois nelas encontram a sua génese e os seus limites.

O direito e o dever de educação dos filhos, além de um dever ético-social é, conforme o já exposto, um dever jurídico dos pais.

A direcção e o acompanhamento da educação do menor compreendem a prática de actos de particular e relevante importância para o menor. É o caso do poder-dever de matricular o menor, de o transferir de estabelecimento de ensino, de escolha de curso ou área curricular.

Assim, a prática de qualquer um destes actos, na pendência do matrimónio, deverá ser exercida de comum acordo, presumindo-se, nesta situação que quando um dos progenitores pratica acto que integra o exercício do poder paternal, o faz de acordo com o outro. Faltando tal acordo, e nos termos do art.º 1901.º do C. Civil, deverá o Tribunal a dirimir o conflito, no exclusivo interesse do menor.

Daqui resulta que o progenitor indicado perante o estabelecimento de ensino como encarregado de educação não tem em relação ao menor-estudante qualquer poder/direito acrescido, nem o outro nem qualquer poder/direito diminuído.

Dessa indicação resulta, apenas, que o progenitor indicado é, por acordo entre ambos os pais, o interlocutor privilegiado entre a Escola e a família, seja por ter maior disponibilidade para o efeito, seja por ter maior sensibilidade para o acompanhamento da vida escolar, presumindo-se, até qualquer indicação ou suspeita em contrário, que qualquer acto que pratica relativamente ao percurso escolar do seu filho, o faz por decisão conjunta com o outro progenitor.

Quando a escola venha, por qualquer meio, a saber ou suspeitar seriamente que deixou de haver esse acordo entre ambos quanto a decisão(ões) que afectam a vida do menor deverá abster-se de intervir, optando pela posição de um ou outro progenitor (mesmo daquele) indicado como encarregado de educação), nos termos do disposto no n.º 2 do art.º 1902.º do Código Civil.

Nesta situação deverá participar o facto ao Tribunal de Menores e aguardar que este dirima o conflito.

Nos casos de divórcio, separação judicial de pessoas e bens e declaração de nulidade ou anulação de casamento haverá que considerar antes de mais, o regime definido quanto à regulação do poder paternal, porquanto, nos termos do art.º 1906.º do Código Civil o poder paternal pode (e no entendimento do legislador deve), preferencialmente ser exercido em comum.

Quando, porém, o tribunal atribuir o exercício do poder paternal apenas a um dos progenitores, haverá, antes de se pronunciar, que verificar se na regulação do poder paternal ficou decidido que para algumas questões, como seja o caso das relativas à educação escolar dos filhos, cabe a ambos os progenitores a tomada de decisão, tendo, assim, também, aqui aplicação tudo o que foi exposto nos parágrafos anteriores.

Nos casos de atribuição do exercício do poder paternal exclusivamente a um dos progenitores – e sem qualquer reserva – é efectivamente a este que compete exercê-lo, sem, porém, se poder esquecer que ao progenitor que não exerça o poder paternal assiste o poder de vigiar a educação do filho e, consequentemente ter direito a solicitar e receber da Escola todas as informações relativas ao percurso e sucesso escolar do seu filho.

Torna-se, agora, e face a tudo o que tem vindo a ser exposto reflectir sobre a possibilidade de um terceiro – que não o pai ou a mãe, em pleno exercício do denominado poder paternal – poder vir a apresentar-se perante a escola como "encarregado de educação", ainda que indicado por aqueles.

A este propósito, emitiu a Auditoria Jurídica do Ministério da Educação, em 2003, o parecer que se transcreve e que tem vindo a ser difundido junto das Escolas, após despacho do Exmo. Senhor Secretário de Estado da Administração Educativa o qual, pelos motivos acima expostos, nos coloca sérias reservas:

Parecer n.º 43/2003

Assunto: Pedido de esclarecimento relativo a delegação da função de encarregado de educação

1. Na informação n.º 451/NITP/03, Processo n.º 10.09/03 da IGE, emitida sobre o assunto em título foram exaradas as seguintes conclusões:

a) é possível delegar as funções de encarregado de educação, ao abrigo do disposto no artigo 1887.º do C.C.;

b) o acto de delegação das funções de encarregado de educação é um acto de particular importância, pelo que a Escola não pode confiar na presunção de comum acordo que normalmente integra o exercício de poder paternal na prática de acto por parte de um dos pais, em conformidade com o disposto no artigo 1902.º n.º 1 do C.C.);

c) no acto de delegação das funções de encarregado de educação, a Escola tem que se assegurar da presunção de comum acordo, de uma forma razoável (designadamente, através de uma declaração do cônjuge praticante do acto, nomeadamente, se não houver motivo de suspeita);

d) no acto de delegação das funções de encarregado de educação se a Escola não se assegurar da presunção de comum acordo ou, quando se certifique, saiba da oposição de um dos progenitores (por exemplo, quando o próprio pai ou mãe, ao praticar o acto, se refira ao desacordo do outro), (a Escola) tem obrigação de se recusar a aceitar a prática do acto (cfr. art.º 1902.º do C.C.);

e) a escola, no caso em apreço, e sem prejuízo do aduzido supra, no ponto 27, deverá solicitar expressamente junto da mãe a eventual renovação ou confirmação, para o presente ano escolar.

2. Sua Excelência o Secretário de Estado da Administração Educativa determinou que a Auditoria Jurídica fosse ouvida sobre a posição assumida em tal informação, cumprindo, por isso emitir parecer.

3. O cerne da questão apreciada no processo prende-se com a possibilidade, face ao nosso sistema jurídico, de delegação das funções e responsabilidades inerentes à qualidade de encarregado de educação.

Não sendo constatada a existência de regulamentação específica sobre a matéria, a solução preconizada foi encontrada na analise e interpretação do instituto do Direito da Família, mormente no respeitante ao exercício do poder paternal.

E, quanto a nós, bem, pois também entendemos ser nessa sede que o problema deverá ser enquadrado pelo que, ao diante, se evocarão as normas relevantes para as situações mais comuns do regime e exercício do poder paternal e constantes da C.R.P. e da Secção II, Capítulo II, Título III do Código Civil, com os quais se prende a questão subjudice.

4. O encarregado de educação é a mãe, o pai ou qualquer pessoa que acompanha e é responsável pelo aproveitamento de uma criança ou adolescente menor, em idade escolar (Dicionário da Língua Portuguesa Contemporânea, Academia das Ciências de Lisboa).

O papel dos pais e encarregados de educação encontra-se definido no artigo 6.º da Lei n.º 30/2002 de 20 de Dezembro, que aprova o Estatuto do Aluno do Ensino não Superior e onde se estabelece:

n.º 1 – Aos pais e encarregados de educação incumbe, para além das suas obrigações legais, uma especial responsabilidade, inerente ao seu poder/dever de dirigirem a educação dos seus filhos e educandos, no interesse destes, e de promoverem activamente o desenvolvimento físico, intelectual e moral dos mesmos.

n.º 2 – Nos termos da responsabilidade referida no número anterior, deve cada um dos pais e encarregados de educação, em especial:

a) Acompanhar activamente a vida escolar do seu educando;

b) Promover a articulação entre a educação na família e o ensino escolar;

c) Diligenciar para que o seu educando beneficie efectivamente dos seus direitos e cumpra pontualmente os deveres de assiduidade, de correcto comportamento escolar e de empenho no processo de aprendizagem;

d) Contribuir para a criação e execução do projecto educativo e do regulamento interno da escola e participar na vida da escola;

e) Cooperar com os professores no desempenho da sua missão pedagógica, em especial quando para tal forem solicitados, colaborando no processo de ensino e aprendizagem dos seus educandos;

f) Contribuir para a preservação da disciplina da escola e para a harmonia da comunidade educativa, em especial quando para tal forem solicitados;

g) Contribuir para o correcto apuramento dos factos em processo disciplinar que incida sobre o seu educando e, sendo aplicada a este medida disciplinar, diligenciar para que a mesma prossiga os objectivos de reforço da sua formação cívica, do desenvolvimento equilibrado da sua personalidade da sua capacidade de se relacionar com os outros, da sua plena integração na comunidade educativa e do seu sentido de responsabilidade;

h) Contribuir para a preservação da segurança e integridade física e moral de todos os que participam na vida da escola;

i) Integrar activamente a comunidade educativa no desempenho das demais responsabilidades desta, em especial informando-se, sendo informado e informando sobre as matérias relevantes no processo educativo dos seus educandos;

j) Comparecer na escola sempre que julgue necessário e quando para tal for solicitado;

k) Conhecer o regulamento interno da escola e subscrever, fazendo subscrever igualmente aos seus filhos e educandos, declaração anual de aceitação do mesmo e de compromisso activo quanto ao seu cumprimento integral,

5. A missão especialmente definida nas disposições acabadas de transcrever, é a tradução em grande medida do conteúdo do poder paternal a exercer no âmbito dó ensino e também no, mais lato, da educação.

Face ao artigo 68.º n.ºs 1 e 2 da C.R.P., os pais e as mães têm direito à protecção da sociedade e do Estado na realização da sua insubstituível acção em relação aos filhos, nomeadamente quanto à sua educação, com garantia de realização profissional e de participação na vida cívica do país, constituindo a maternidade e a paternidade valores sociais eminentes.

Segundo o art.º 36.º n.º 3 do mesmo Diploma Fundamental, os cônjuges têm iguais direitos e deveres quanto à manutenção e educação dos filhos.

De acordo com o nosso ordenamento jurídico, os filhos estão sujeitos ao poder paternal até à maioridade ou emancipação, comportando tal poder/dever a competência por parte dos pais para velar pela segurança e saúde daqueles, prover ao seu sustento, dirigir a sua educação, representá-los e administrar os seus bens (art.ºs 1877.º e 1878.º n.º 1 do C.C.).

Cabe aos pais, ainda no âmbito do poder paternal, e de acordo com as suas possibilidades, promover o desenvolvimento físico, intelectual e moral dos filhos, devendo proporcionar-lhes adequada instrução geral e profissional correspondente às aptidões e inclinações de cada um (cfr. n.os 1 e 2 do artigo 1885.º do C.C.)

Decorre ainda do escopo do poder paternal a possibilidade de os pais destinarem ao filho um lar que não seja a casa paterna, sendo confiado a uma terceira pessoa (cfr. artigo 1887 n.os 1 e 2 do C. Civil).

6. Quanto ao exercício do poder paternal, estipula a lei que o mesmo pertence, na constância do matrimónio, a ambos os pais, que o exercerão de comum acordo, havendo a possibilidade de recurso ao Tribunal sempre que aquele faltar em questões de particular importância (art.º 1901 n.os 1 e 2 do C.C).

Ainda na constância do casamento, se um dos pais praticar acto que integre o exercício do poder paternal, presume-se que age de acordo com o outro, salvo quando a lei expressamente exija o consentimento de ambos os progenitores, ou se trate de acto de particular importância, não sendo a falta de acordo oponível a terceiro de boa fé (artigo 1902.º n.º 1 do C. Civil); o terceiro deve recusar-se a intervir no acto praticado por um dos cônjuges, quando nos termos do número anterior, não se presuma o acordo do outro cônjuge, ou quando conheça a oposição deste (artigo 1902.º n.º 2 C.C.).

Já quando um dos pais não puder exercer o poder paternal por ausência, incapacidade ou outro impedimento, caberá esse exercício unicamente ao outro progenitor (art. 1903.º C.C).

7. O exercício do poder paternal fora da constância do matrimónio, encontra-se regulado nos artigos 1904.º a 1912.º.

Assim, em caso de viuvez o poder paternal pertence ao sobrevivo (art. 1904.º).

Sempre que se verifiquem situação de divórcio separação judicial de pessoas e bens, declaração de nulidade ou anulação de casamento e separação de facto, o poder paternal é exercido nos termos dos artigos 1905.º e 1906.º, segundo os quais o destino do fílho, os alimentos a este devidos e a forma de os prestar serão regulados por acordo dos pais, sujeito a homologação do tribunal, que nessa homologação atenderá aos interesses do menor. Quando não houver acordo a decisão será do tribunal, podendo a guarda do menor caber a qualquer dos pais ou eventualmente a terceira pessoa ou estabelecimento de reeducação ou assistência sempre que se verifiquem as circunstâncias previstas no artigo 1918.º.

Na situação em apreço desde que haja acordo dos pais, o poder paternal é exercido em comum por ambos.

Não havendo acordo, o tribunal atribuirá o poder paternal ao progenitor a quem o filho foi confiado, sendo que ao progenitor que não exerça o poder paternal assiste o poder de vigiar a educação e as condições de vida do filho.

Quando o filho seja confiado a terceira pessoa ou estabelecimento de educação ou assistência, cabem a estes os poderes e deveres dos pais que forem exigidos pelo adequado desempenho das suas funções, decidindo o tribunal a qual dos progenitores compete o exercício do poder paternal na parte não prejudicada pelos poderes e deveres anteriormente mencionados (artigo 1907.º).

A lei também estabelece a regulamentação do exercício paternal, quando a filiação apenas está estabelecida quanto a um dos progenitores (artigo 1910.º), a quem incumbirá aquele exercício, e ainda (art.º 1911.º) quando ambos os progenitores não estão unidos pelo matrimónio, após o nascimento do filho, caso em que o exercício de poder paternal pertencerá ao progenitor que tiver a guarda do filho, presumindo-se que a mãe terá essa guarda, enquanto tal não for ilidido judicialmente (n.ºs 1 e 2 do artigo 1911.º).

Se os progenitores conviverem maritalmente, o exercício do poder paternal pertence a ambos, quando declararem perante o funcionário do registo civil ser essa a sua vontade, sendo aplicável neste caso com as necessárias adaptações o disposto nos artigos 1901.º a 1904.º (cfr. n.º 2 do artigo 1911.º).

Cabe ainda referir o disposto no artigo 1918.º mencionado nos antecedentes artigos 1905.º n.º 2 e 1907.º, segundo o qual, quando a segurança, a saúde a formação moral ou a educação de um menor se encontrem em perigo e não seja caso de inibição do exercício do poder paternal, o tribunal pode decretar as providências adequadas, designadamente confiá-lo a terceira pessoa ou a estabelecimento de educação ou assistência.

8. Do excurso efectuado sobre as normas atinentes à filiação e ao poder paternal e seu exercício, bem como à definição das funções de encarregado de educação, parece poder, sem dificuldade, concluir-se que estas se insere no âmbito daquele poder, enquanto exercitado na esfera da educação e da promoção do desenvolvimento físico, intelectual e moral dos menores.

Revestindo a natureza de um poder/dever – sempre exercido no interesse dos filhos – o poder paternal é irrenunciável nos termos do artigo 1882.º do Código Civil.

Sem perder de vista estes contornos, verificamos que o <u>exercício</u> do poder paternal está sujeito a regras próprias decorrentes da diversidade de relações humanas de que o mesmo emerge.

O poder paternal, cujo exercício está sujeito às condicionantes legais enunciadas, insere-se na esfera jurídica dos progenitores, que, assim, são chamadas ao desempenho de uma função social de relevo.

Ora, essa função, podendo embora ser sindicada até judicialmente, tendo sempre em vista o interesse do menor, é exercida com larga margem de livre iniciativa por parte dos progenitores, o que decorre do regime legal vigente e da dignidade valorativa constitucionalmente atribuída à maternidade e à paternidade.

9. Assim sendo, não se configura no nosso sistema jurídico, impedimento a que as funções de encarregado de educação possam ser delegadas pelo detentor do poder paternal numa terceira pessoa, – que poderá ou não ser outro familiar do menor – desde que devidamente acautelados os interesses deste.

De facto, não se descortina no regime legal vigente qualquer impedimento a uma solução desta natureza, que pode até ser mais vantajosa para aquele.

Temos em mente situações em que os pais por circunstâncias várias, da sua própria vida, concluam que um terceiro estará em melhores condições do que eles próprios para acompanhar e ajudar o seu filho na vida escolar. Nesse caso, a opção em causa assumirá a natureza de uma decisão tomada, tendo em vista a protecção objectiva do interesse do filho, e por isso, inteiramente compagínável com os valores que presidem ao exercício do poder paternal.

10. De notar que a própria lei prevê a possibilidade de os pais destinarem ao menor um lar diverso da casa paternal, situação da qual pode decorrer a necessidade de delegação da função em causa.

Por outro lado, há casos em que, sendo o filho confiado a terceira pessoa ou estabelecimento de educação ou assistência a estes cabem os poderes e deveres dos pais inerentes a essa situação (cfr. artigos 1905.º n.º 2, 1907.º e 1918.º do C.Civil).

11. Entende-se, assim, não haver impedimento legal à delegação das funções em causa, respeitadas que sejam as normas vigentes quanto ao poder paternal e o seu exercício, e tendo sempre presente que a mesma nunca implicará uma renúncia, ainda que parcelar àquele, podendo ser a todo o tempo revogada.

12. Como se refere na informação sub judice, a delegação das funções de encarregado de educação, deverá ser considerada um acto de particular importância, relativamente ao qual não releva a presunção de comum acordo referido no artigo 1902.º do Código Civil, havendo, por isso, da parte das escolas, que acautelar a delegação expressa de ambos os progenitores, quando for o caso.

Parece-nos, por outro lado, que, em cada ano escolar, deva ser confirmada a delegação efectuada anteriormente, de modo a confirmar que o detentor do poder paternal mantém o seu propósito anteriormente manifestado.

Conclusões:
A – As funções de encarregado de educação inserem-se no âmbito do poder paternal.
B – O poder paternal pertence em primeira linha, aos pais, sendo o respectivo exercício regulado, nos termos dos artigos 1901 e segs. do Código Civil.
C – É compatível com o regime jurídico do poder paternal e respectivo exercício, a delegação das funções de encarregado de educação.
D – Por tratar-se de um acto de particular importância, a delegação em causa deve ser efectivada por ambos os pais, se for caso disso, designadamente na constância do matrimónio, no caso de pais não casados mas vivendo maritalmente, e no caso de pais separados mas com exercício conjunto do poder paternal.

E – Nos restantes casos, o acto de delegação deverá ser praticado por quem detiver o exercício do poder paternal.
F – A delegação é revogável a todo o tempo.
G – Deverá ser exigida a confirmação da delegação em causa, para os sucessivos anos lectivos.
Lisboa, 26 de Novembro de 2003.

Na verdade, parece-nos juridicamente insustentável admitir a figura da delegação de funções que cabem na esfera dos poderes-deveres dos pais em terceiros.

A figura da *delegação* é uma figura doutrinária do Direito Administrativo e não do Direito Civil.

Se podemos compreender e encontrar cobertura legal, nomeadamente atendendo aos superiores interesses da criança, para que, em situações determinadas e concretas – e por motivos de impossibilidades pontuais e específicas dos pais (exemplo: ausência temporária dos pais no estrangeiro por motivo de férias ou trabalho, internamento hospitalar) – estes possam autorizar alguém a realizar certas e determinadas tarefas, em sua representação e no interesse dos filhos, não podemos, de modo algum, concordar com esta entrega, genérica e abstracta de poderes a outrem para praticar quaisquer actos que, em rigor, afectarão o percurso escolar – e naturalmente de vida – das crianças, numa das áreas fundamentais dos poderes-deveres dos pais: a Educação.

Entendemos, assim, que o encarregado de educação só deverá ser um terceiro quando, por decisão judicial, o pai ou a mãe estão inibidos ou limitados no exercício do seu poder paternal ou quando a criança se encontra sob tutela, nos termos do artigo 1921.º do Código Civil. Aceitando que – em determinados momentos e face a circunstâncias concretas transitórias e específicas – os pais *nomeiem* alguém para, na sua ausência ou impedimento, os *representarem* junto da escola no cumprimento de certas obrigações relativamente aos seus filhos, o que é substancialmente diferente da figura da *delegação* de que fala o parecer acima transcrito e, agora, o despacho n.º 14 026/2007, de 03.07. relativo às normas e procedimentos a observar nas matrículas e suas renovações.

B) JURISPRUDÊNCIA

ACÓRDÃO DO TRIBUNAL DA RELAÇÃO DE LISBOA

Processo: **0060662**
Data do Acórdão: **25/03/93**

Sumário: O interesse do menor é o valor fundamental que deve presidir a qualquer decisão no âmbito da regulação do poder paternal.
O princípio da igualdade dos cônjuges, segundo o qual os cônjuges tem iguais direitos e deveres quanto à manutenção e educação dos filhos, é inteiramente respeitado quando, colocados ambos os progenitores no mesmo patamar, e reputados, em abstracto, igualmente idóneos para velarem pela segurança e saúde e pelo sustento e educação do filho, todavia se entende que (face à necessidade de confiar este a um dos pais, por via da ruptura matrimonial) as circunstâncias concretas apontam para um deles (seja a mãe, seja o pai) como solução para a melhor prossecução do interesse do filho e, coerentemente com essa indicação concreta, a decisão confia a guarda do menor a esse progenitor.

Publicado em "www.dgsi.pt"

ACÓRDÃO DO TRIBUNAL DA RELAÇÃO DE LISBOA

Processo: **8506/2006-6**
Data do Acórdão: **14/12/2006**

Sumário: I – Em se tratando da guarda dos filhos, acima do interesse dos pais, sobreleva o interesse dos menores, na medida em que a guarda, antes de um direito dos pais, é um dever, verdadeiro direito-dever. Daí que as conveniências dos progenitores fiquem em segundo plano, quando em conflito com os interesses dos menores.
II – Apesar do carácter essencial da relação mãe-filho, na primeira infância, o Tribunal deve conceder um peso decisivo à estabilidade e ao equilíbrio emocional dos menores, razão pela qual a atribuição da guarda à mãe, só é compatível com o princípio da igualdade, nos casos em que a guarda do menor lhe é conferida não em virtude do sexo, mas antes por força das circunstâncias do caso concreto, avaliadas pelo julgador, que à luz dos interesses do menor, apontem essa solução.

Publicado em "www.dgsi.pt"

ACÓRDÃO DO TRIBUNAL DA RELAÇÃO DE LISBOA

Processo: **0016826**
Data do Acórdão: **26/04/90**

Sumário: I – Os pais têm o direito e o dever da educação dos filhos, que além de um dever ético-social, é um dever jurídico.
II – Em caso de conflito de interesses, cabe ao Tribunal decidir a qual dos pais, ou a ambos, deve ficar confiada a custódia do menor, de harmonia com os interesses desta.

III – O princípio da legalidade estrita cede o passo ao da equidade no caso da regulação paternal.

Publicado em "www.dgsi.pt"

ACÓRDÃO DO TRIBUNAL DA RELAÇÃO DE LISBOA

Processo: **0034497**
Data do Acórdão: **19/06/2001**

Sumário: **I – Na constância do matrimónio, o exercício do poder paternal pertence a ambos os pais, a eles competindo, no interesse dos filhos, a obrigação de velar pela sua segurança e saúde, prover o seu sustento, dirigir a sua educação, reprentá-los e administrar os seus bens, podendo, todavia, em casos excepcionais, serem inibidos do seu exercício e os filhos entregues a terceira pessoa.**
II – Os menores deverão ser afastados da tutela paternal, quando os progenitores não revelem qualidades que lhes possam proporcionar as condições essenciais ao seu desenvolvimento.

Publicado em "www.dgsi.pt"

ACÓRDÃO DO TRIBUNAL DA RELAÇÃO DO PORTO

Processo: **0750239**
Data do Acórdão: **26/02/2007**

Sumário: **Deve ser adoptada a medida de protecção "confiança a instituição" com a vista a futura adopção, no caso de se revelar que os progenitores têm uma vida pessoal errática e afectivamente instável, revelando, em várias facetas da sua** vivência e no relacionamento com os filhos despreocupação, desinteresse e alheamento pelo seu normal desenvolvimento e educação, e se os familiares não dispõem de condições para prover ao sustento e educação, em ordem a proteger os superiores interesses dos menores

Publicado em "www.dgsi.pt"

ACÓRDÃO DO TRIBUNAL DA RELAÇÃO DO PORTO

Processo: **0633817**
Data do Acórdão: **13/07/2006**

Sumário: **I – Na decisão do regime de visitas dos pais aos filhos menores – tal como nos demais aspectos atinentes ao exercício do poder paternal – impera sempre o superior interesse destes, para cujo preenchimento é essencial salvaguardar a satisfação da necessidade básica da criança de continuidade das suas relações afectivas sob pena de se criarem graves sentimentos de insegurança e ser afectado o seu normal desenvolvimento.
II – Como tal, a negação ou supressão do direito de visita do progenitor sem a guarda dos filhos apenas poderá justificar-se – e como última ratio – no quadro de um conflito extremo entre o interesse da criança e o direito do progenitor.**

Publicado em "www.dgsi.pt"

ACÓRDÃO DO TRIBUNAL DA RELAÇÃO DE LISBOA

Processo: **0031782**
Data do Acórdão: **02/07/98**

Sumário: I – Não há obstáculo em manter-se a convivência alternada com os progenitores se este regime mostrar ter vindo a ser do agrado dos menores e sem inconvenientes para os seus interesses, nomeadamente os escolares.
II – Se o exercício em comum do poder paternal – decorrente dessa convivência alternada – constituir fonte de conflitos entre os progenitores, deve fixar-se uma direcção unitária desse poder, atribuindo-a ao progenitor a quem foi entregue a guarda dos menores desde o início da separação.

Publicado em "www.dgsi.pt"

ACÓRDÃO DO TRIBUNAL DA RELAÇÃO DE LISBOA

Processo: **0024225**
Data do Acórdão: **06/03/1992**

Sumário: Só é de limitar o exercício do poder paternal (e não seja caso da sua inibição) quando se verifique uma situação de perigo actual e concreto para a segurança, saúde, formação moral e educação do menor, não removível sem a intervenção do tribunal.

Publicado em "www.dgsi.pt"

ACÓRDÃO DO TRIBUNAL DA RELAÇÃO DE LISBOA

Processo: **1977/2006-6**
Data do Acórdão: **06/04/2006**

Sumário: **I.** Desde que o interesse do menor o reclame poderá este ser confiado aos cuidados de terceira pessoa, ainda que possua ambos os progenitores, ou algum deles, em condições de lhe caber o exercício do poder paternal. O que importa é que se aconselhe a confiança do menor a pessoa diferente do progenitor.
II. O conceito de interesse do menor tem de ser entendido em termos suficientemente amplos de modo a abranger tudo o que envolva os legítimos anseios, realizações e necessidades daquele e nos mais variados aspectos: físico, intelectual, moral, religioso e social. E esse interesse tem de ser ponderado, casuisticamente, em face de uma análise concreta de todas as circunstâncias relevantes a conhecer do caminho indicado para a sua realização.
III. A solução da entrega do menor a terceira pessoa terá até de ser vista como uma exigência quando haja perigo para a segurança, saúde, formação moral e educação do menor, tal como previne o art. 1918.º do CC, que nessa situação e por maioria de razão, admite a entrega do menor a terceira pessoal, mesmo que aquele perigo não constitua fundamento para a inibição do exercício do poder paternal.

Publicado em "www.dgsi.pt"

ACÓRDÃO DO TRIBUNAL DA RELAÇÃO DE LISBOA

Processo: **0063285**
Data do Acórdão: **08/02/94**

Sumário: I – Quando não for caso da inibição do poder paternal mas se encontra em perigo a segurança, a saúde, a formação moral ou a educação de um menor pode o tribunal confiá-lo a terceiras pessoas.
II – Uma medida tutelar jurisdicionalmente decretada tem a virtualidade de obstar a qualquer acto que possa constituir abuso do exercício do poder paternal.

Publicado em "www.dgsi.pt"

ACÓRDÃO DO TRIBUNAL DA RELAÇÃO DE LISBOA

Processo: **0046875**
Data do Acórdão: **18/01/1994**

Sumário: Sendo os progenitores toxicodependentes e tendo já o pai do menor ameaçado retirar este do ambiente em que vive com a avó materna, para obter dinheiro, tudo aconselha a evitar-se medidas extremas como a inibição, ou a suspensão do poder paternal, optando-se pela medida tutelar da confiança do menor à avó materna e marido desta, que há quase sete anos têm cuidado, exclusivamente do menor, dando-lhe segurança, sustento, formação moral, educação e afecto.

Publicado em "www.dgsi.pt"

ACÓRDÃO DO TRIBUNAL DA RELAÇÃO DE LISBOA

Processo: **0043045**
Data do Acórdão: **14/11/95**

Sumário: Não tendo os pais dos menores contraído matrimónio, tendo as crianças sido abandonadas pela mãe e vivendo com o pai, de hábitos alcoólicos, em um barraco, o qual trabalha na construção civil, não havendo ninguém que cuide ou vigie os menores, devem estes ser confiados a uma associação, que zele pela sua saúde, segurança, educação e bem-estar.

Publicado em www.dgsi.pt

ACÓRDÃO DO TRIBUNAL DA RELAÇÃO DE LISBOA

Processo: **0038216**
Data do Acórdão: **05/12/91**

Sumário: Para efeitos de tutelas a expressão "impedidos de facto" – alínea c) do n.º 1 do art.º 1921 do CC – pressupõe algo que, estranho à vontade dos pais, obstaculiza o contacto, directo ou por interposta pessoa, entre aqueles e o menor.

Publicado em www.dgsi.pt

ACÓRDÃO DO TRIBUNAL DA RELAÇÃO DE LISBOA

Processo: **0050652**
Data do Acórdão: **19/12/91**

Sumário: I – Só será de fixar um regime de visitas do menor aos avós se isso for importante ou essencial para a sua formação moral ou educacional.

II – Não se torna necessário estabelecer tal regime se os contactos do menor com os avós estiverem garantidos.

Publicado em www.dgsi.pt

ACÓRDÃO DO TRIBUNAL DA RELAÇÃO DE LISBOA

Processo: **0035721**
Data do Acórdão: **11/12/90**

Sumário: I – Um menor do sexo masculino com nove anos de idade deve ser confiado à guarda de sua mãe se com ela sempre tem vivido, na casa da avó materna, juntamente com uma irmã do menor com dezassete anos de idade (cuja guarda pela mãe não vem questionada) e um companheiro da mãe com quem esta mantém relação estável há mais de cinco anos, em tudo idêntica à dos cônjuges, entre todos existindo laços de afectividade de tipo familiar; e frequentando aquele menor escola onde formou relações de camaradagem com os colegas; e residindo o pai no estrangeiro para onde pretende levar o filho, com quebra de todos os apontados laços de afectividade, camaradagem e relacionamento social do menor.
II – Na fixação do montante da pensão de alimentos o Tribunal não está sujeito a critérios de legalidade estrita, julgando segundo a equidade.

Publicado em www.dgsi.pt

ACÓRDÃO DO TRIBUNAL DA RELAÇÃO DE LISBOA

Processo: **0045736**
Data do Acórdão: **01/06/2000**

Sumário: I – Encontrando-se a filiação estabelecida relativa a ambos os pais, que não tenham contraído matrimónio um com o outro nem mesmo após o nascimento do menor, a lei presume a mãe tem a guarda do filho, – presunção essa só ilidível judicialmente –, cabendo-lhe por isso o exercício do poder paternal.
II – Aquela presunção é ilidível na própria acção de regulação do exercício do poder paternal.

Publicado em www.dgsi.pt

ACÓRDÃO DO TRIBUNAL DA RELAÇÃO DE COIMBRA

Processo: **1337/05.8TBVNO.C1**
Data do Acórdão: **13/02/2007**

Sumário: I – A Constituição da República consagrou, no seu art. 69.º, o direito das crianças à protecção da sociedade e do Estado, com vista ao seu desenvolvimento integral, direito esse que é especial em relação às crianças órfãs, abandonadas ou por qualquer forma privadas de um ambiente familiar normal.
II – Com a Lei n.º 147/99, de 1/09, visou-se concretizar tal princípio, por forma a garantir o bem estar e o desenvolvimento integral das crianças e jovens em perigo e que residam ou se encontrem em território nacional – arts. 1.º, 2.º e 3.º.
III – Para que ocorra a situação de perigo prevista nesses preceitos e no art. 1918.º do C. Civ., não se torna necessário que tenha havido lugar a

uma efectiva lesão de alguns dos "bens ou valores" neles referidos, bastando tão só que esteja criada uma situação de facto que seja realmente potenciadora desse perigo de lesão, ou seja, tais normativos bastam-se com a criação de um real ou muito provável perigo, ainda longe de dano sério.

IV – O conceito de "abandono" previsto na al. a) do n.º 2 do art. 3.º da LPCJP refere-se ao abandono de facto, ou seja, traduz uma situação em que a criança ou o jovem foi abandonado à sua sorte, estando completamente desamparada ou desprotegida, não revelando os pais, o representante legal ou aquele que a tenha à sua guarda de facto, qualquer interesse pelo seu destino, numa atitude que se pressupõe voluntária, consciente e manifesta.

V – O conceito de "criança entregue a si própria", também previsto no citado dispositivo, deve corresponder àquelas situações não abrangidas pela definição de abandono, ou seja, refere-se àquelas crianças ou jovens que, muito embora não estando numa situação de abandono, se encontram em situação de total desprotecção, dependentes delas próprias, sem qualquer apoio familiar ou outro.

VI – Neste tipo de processos o tribunal não está sujeito a critérios de legalidade estrita, devendo, antes e sempre, adoptar a solução que julgar mais conveniente e oportuna para o caso concreto, sempre com os olhos postos nos reais interesses das crianças ou jovens envolvidos.

VII – A LPCJP abrange e aplica-se a todas as crianças ou jovens que residam com carácter de estabilidade e permanência no território português ou nele se encontrem ocasionalmente, independentemente da sua nacionalidade, importando tão só que se encontrem numa situação de perigo.

Publicado em www.dgsi.pt

ACÓRDÃO DO TRIBUNAL DA RELAÇÃO DE COIMBRA

Processo: **1566/05**
Data do Acórdão: **05/07/2005**

Sumário: I – O art. 1887.º-A, do C. Civ. deve ser interpretado numa perspectiva restritiva, em que se concebe a sua aplicação às situações em que há uma patente atitude de inviabilização do convívio entre irmãos ou entre avós e netos.
II – A Constituição e a lei ordinária, no que concerne aos aspectos ligados à regulação do exercício do poder paternal em geral e à educação em particular, dão uma manifesta primazia às relações entre pais e filhos, só admitindo a intervenção de terceiros, mesmo familiares, em sua substituição e em situações de patente incapacidade dos progenitores para tais funções.
III – O art. 1887.º-A do C. Civ. representa a necessidade de salvaguarda de relações familiares não estritamente nucleares que poderiam perder-se caso os pais entendessem que os seus filhos não deveriam conviver com os seus irmãos ou avós, isto é, actualmente esse convívio deverá existir, só podendo ser negado caso se verifique uma situação que o justifique.
IV – Cabe no âmbito do poder-dever de educação dos filhos, pertencente aos pais, a gestão do convívio entre irmãos ou entre avós e netos, a qual deve ser pautada por princípios de racionalidade e de equilíbrio, visando-se a salvaguarda dos superiores interesses dos menores.

Publicado em www.dgsi.pt

ACÓRDÃO DO TRIBUNAL DA RELAÇÃO DE COIMBRA

Processo: **2884/03**
Data do Acórdão: **25/11/2003**

Sumário: **I –** A inibição total exercício do poder paternal não obsta a que possa ser estabelecido um regime de visitas a favor dos pais do menor, ao abrigo do disposto nos arts. 1410.º do Código de Processo Civil, ex vi art. 150.º da O. T.M., dependendo do motivo que levou ao decretamento dessa inibição e de aquele regime não pôr em causa a segurança, saúde e educação do mesmo menor.
II – No caso de ser decretada a inibição do exercício do poder paternal, não obstante o disposto nos arts. 1917.º do Código Civil e 198.º da O.T.M., os pais são obrigados a prestar alimentos ao filho se tiverem possibilidades económicas para o efeito, de acordo com o estatuído no art. 2004.º do Código Civil.

Publicado em "www.dgsi.pt

III
LEGISLAÇÃO COMPLEMENTAR

CONVENÇÃO SOBRE OS DIREITOS DA CRIANÇA

(Assinada por Portugal a 26 de Janeiro de 1990 e aprovada para ratificação pela Resolução da Assembleia da República n.º 20/90, de 12 de Setembro. Ratificada pelo Decreto do Presidente da República n.º 49/90, da mesma data. Ambos os documentos se encontram publicados no Diário da República, I Série A, n.º 211/90. O instrumento de ratificação foi depositado junto do Secretário-Geral das Nações Unidas a 21 de Setembro de 1990)

PARTE I

ARTIGO 1.º

Nos termos da presente Convenção, criança é todo o ser humano menor de 18 anos, salvo se, nos termos da lei que lhe for aplicável, atingir a maioridade mais cedo.

ARTIGO 2.º

1. Os Estados Partes comprometem-se a respeitar e a garantir os direitos previstos na presente Convenção a todas as crianças que se encontrem sujeitas à sua jurisdição, sem discriminação alguma, independentemente de qualquer consideração de raça, cor, sexo, língua, religião, opinião política ou outra da criança, de seus pais ou representantes legais, ou da sua origem nacional, étnica ou social, fortuna, incapacidade, nascimento ou de qualquer outra situação.

2. Os Estados Partes tomam todas as medidas adequadas para que a criança seja efectivamente protegida contra todas as formas de discriminação ou de sanção decorrentes da situação jurídica, de actividades, opiniões expressas ou convicções de seus pais, representantes legais ou outros membros da sua família.

ARTIGO 3.º

1. Todas as decisões relativas a crianças, adoptadas por instituições públicas ou privadas de protecção social, por tribunais, autoridades administrativas ou órgãos legislativos, terão primacialmente em conta o interesse superior da criança.
2. Os Estados Partes comprometem-se a garantir à criança a protecção e os cuidados necessários ao seu bem-estar, tendo em conta os direitos e deveres dos pais, representantes legais ou outras pessoas que a tenham legalmente a seu cargo e, para este efeito, tomam todas as medidas legislativas e administrativas adequadas.
3. Os Estados Partes garantem que o funcionamento de instituições, serviços e estabelecimentos que têm crianças a seu cargo e asseguram que a sua protecção seja conforme às normas fixadas pelas autoridades competentes, nomeadamente nos domínios da segurança e saúde, relativamente ao número e qualificação do seu pessoal, bem como quanto à existência de uma adequada fiscalização.

ARTIGO 4.º

Os Estados Partes comprometem-se a tomar todas as medidas legislativas, administrativas e outras necessárias à realização dos direitos reconhecidos pela presente Convenção. No caso de direitos económicos, sociais e culturais, tomam essas medidas no limite máximo dos seus recursos disponíveis e, se necessário, no quadro da cooperação internacional.

ARTIGO 5.º

Os Estados Partes respeitam as responsabilidades, direitos e deveres dos pais e, sendo caso disso, dos membros da família alargada ou da comunidade nos termos dos costumes locais, dos representantes legais ou de outras pessoas que tenham a criança legalmente a seu cargo, de assegurar à criança, de forma compatível com o desenvolvimento das suas capacidades, a orientação e os conselhos adequados ao exercício dos direitos que lhe são reconhecidos pela presente Convenção.

ARTIGO 6.º

1. Os Estados Partes reconhecem à criança o direito inerente à vida.
2. Os Estados Partes asseguram na máxima medida possível a sobrevivência e o desenvolvimento da criança.

ARTIGO 7.º

1. A criança é registada imediatamente após o nascimento e tem desde o nascimento o direito a um nome, o direito a adquirir uma nacionalidade e, sempre que possível, o direito de conhecer os seus pais e de ser educada por eles.
2. Os Estados Partes garantem a realização destes direitos de harmonia com a legislação nacional e as obrigações decorrentes dos instrumentos jurídicos internacionais relevantes neste domínio, nomeadamente nos casos em que, de outro modo, a criança ficasse apátrida.

ARTIGO 8.º

1. Os Estados Partes comprometem-se a respeitar o direito da criança e a preservar a sua identidade, incluindo a nacionalidade, o nome e relações familiares, nos termos da lei, sem ingerência ilegal.
2. No caso de uma criança ser ilegalmente privada de todos os elementos constitutivos da sua identidade ou de alguns deles, os Estados Partes devem assegurar-lhe assistência e protecção adequadas, de forma que a sua identidade seja restabelecida o mais rapidamente possível.

ARTIGO 9.º

1. Os Estados Partes garantem que a criança não é separada de seus pais contra a vontade destes, salvo se as autoridades competentes decidirem, sem prejuízo de revisão judicial e de harmonia com a legislação e o processo aplicáveis, que essa separação é necessária no interesse superior da criança. Tal decisão pode mostrar-se necessária no caso de, por exemplo, os pais maltratarem ou negligenciarem a criança ou no caso de os pais viverem separados e uma decisão sobre o lugar da residência da criança tiver de ser tomada.

2. Em todos os casos previstos no n.º 1 todas as partes interessadas devem ter a possibilidade de participar nas deliberações e de dar a conhecer os seus pontos de vista.

3. Os Estados Partes respeitam o direito da criança separada de um ou de ambos os seus pais de manter regularmente relações pessoais e contactos directos com ambos, salvo se tal se mostrar contrário ao interesse superior da criança.

4. Quando a separação resultar de medidas tomadas por um Estado Parte, tais como a detenção, prisão, exílio, expulsão ou morte (incluindo a morte ocorrida no decurso de detenção, independentemente da sua causa) de ambos os pais ou de um deles, ou da criança, o Estado Parte, se tal lhe for solicitado, dará aos pais, à criança ou, sendo esse o caso, a um outro membro da família informações essenciais sobre o local onde se encontram o membro ou membros da família, a menos que a divulgação de tais informações se mostre prejudicial ao bem-estar da criança. Os Estados Partes comprometem-se, além disso, a que a apresentação de um pedido de tal natureza não determine em si mesmo consequências adversas para a pessoa ou pessoas interessadas.

ARTIGO 10.º

1. Nos termos da obrigação decorrente para os Estados Partes ao abrigo do n.º 1 do artigo 9.º, todos os pedidos formulados por uma criança ou por seus pais para entrar num Estado Parte ou para o deixar, com o fim de reunificação familiar, são considerados pelos Estados Partes de forma positiva, com humanidade e diligência. Os Estados Partes garantem, além disso, que a apresentação de um tal pedido não determinará consequências adversas para os seus autores ou para os membros das suas famílias.

2. Uma criança cujos pais residem em diferentes Estados Partes tem o direito de manter, salvo circunstâncias excepcionais, relações pessoais e contactos directos regulares com ambos. Para esse efeito, e nos termos da obrigação que decorre para os Estados Partes ao abrigo do n.º 2 do artigo 9.º, os Estados Partes respeitam o direito da criança e de seus pais de deixar qualquer país, incluindo o seu, e de regressar ao seu próprio país. O direito de deixar um país só pode ser objecto de restrições que, sendo previstas na lei, constituam disposições necessárias para proteger

a segurança nacional, a ordem pública, a saúde ou moral públicas, ou os direitos e liberdades de outrem, e se mostrem compatíveis com os outros direitos reconhecidos na presente Convenção.

ARTIGO 11.º

1. Os Estados Partes tomam as medidas adequadas para combater a deslocação e a retenção ilícitas de crianças no estrangeiro.
2. Para esse efeito, os Estados Partes promovem a conclusão de acordos bilaterais ou multilaterais ou a adesão a acordos existentes.

ARTIGO 12.º

1. Os Estados Partes garantem à criança com capacidade de discernimento o direito de exprimir livremente a sua opinião sobre as questões que lhe respeitem, sendo devidamente tomadas em consideração as opiniões da criança, de acordo com a sua idade e maturidade.
2. Para este fim, é assegurada à criança a oportunidade de ser ouvida nos processos judiciais e administrativos que lhe respeitem, seja directamente, seja através de representante ou de organismo adequado, segundo as modalidades previstas pelas regras de processo da legislação nacional.

ARTIGO 13.º

1. A criança tem direito à liberdade de expressão. Este direito compreende a liberdade de procurar, receber e expandir informações e ideias de toda a espécie, sem considerações de fronteiras, sob forma oral, escrita, impressa ou artística ou por qualquer outro meio à escolha da criança.
2. O exercício deste direito só pode ser objecto de restrições previstas na lei e que sejam necessárias:
   a) Ao respeito dos direitos e da reputação de outrem;
   b) À salvaguarda da segurança nacional, da ordem pública, da saúde ou da moral públicas.

ARTIGO 14.º

1. Os Estados Partes respeitam o direito da criança à liberdade de pensamento, de consciência e de religião.

2. Os Estados Partes respeitam os direitos e deveres dos pais e, sendo caso disso, dos representantes legais, de orientar a criança no exercício deste direito, de forma compatível com o desenvolvimento das suas capacidades.

3. A liberdade de manifestar a sua religião ou as suas convicções só pode ser objecto de restrições previstas na lei e que se mostrem necessárias à protecção da segurança, da ordem e da saúde públicas, ou da moral e das liberdades e direitos fundamentais de outrem.

ARTIGO 15.º

1. Os Estados Partes reconhecem os direitos da criança à liberdade de associação e à liberdade de reunião pacífica.

2. O exercício destes direitos só pode ser objecto de restrições previstas na lei e que sejam necessárias, numa sociedade democrática, no interesse da segurança nacional ou da segurança pública, da ordem pública, para proteger a saúde ou a moral públicas ou os direitos e liberdades de outrem.

ARTIGO 16.º

1. Nenhuma criança pode ser sujeita a intromissões arbitrárias ou ilegais na sua vida privada, na sua família, no seu domicílio ou correspondência, nem a ofensas ilegais à sua honra e reputação.

2. A criança tem direito à protecção da lei contra tais intromissões ou ofensas.

ARTIGO 17.º

Os Estados Partes reconhecem a importância da função exercida pelos órgãos de comunicação social e asseguram o acesso da criança à informação e a documentos provenientes de fontes nacionais e internacionais diversas, nomeadamente aqueles que visem promover o seu bem-estar social, espiritual e moral, assim como a sua saúde física e mental. Para esse efeito, os Estados Partes devem:

 a) Encorajar os órgãos de comunicação social a difundir informação e documentos que revistam utilidade social e cultural para a criança e se enquadrem no espírito do artigo 29.º;

b) Encorajar a cooperação internacional tendente a produzir, trocar e difundir informação e documentos dessa natureza, provenientes de diferentes fontes culturais, nacionais e internacionais;
c) Encorajar a produção e a difusão de livros para crianças;
d) Encorajar os órgãos de comunicação social a ter particularmente em conta as necessidades linguísticas das crianças indígenas ou que pertençam a um grupo minoritário;
e) Favorecer a elaboração de princípios orientadores adequados à protecção da criança contra a informação e documentos prejudiciais ao seu bem-estar, nos termos do disposto nos artigos 13.º e 18.º

ARTIGO 18.º

1. Os Estados Partes diligenciam de forma a assegurar o reconhecimento do princípio segundo o qual ambos os pais têm uma responsabilidade comum na educação e no desenvolvimento da criança. A responsabilidade de educar a criança e de assegurar o seu desenvolvimento cabe primacialmente aos pais e, sendo caso disso, aos representantes legais. O interesse superior da criança deve constituir a sua preocupação fundamental.

2. Para garantir e promover os direitos enunciados na presente Convenção, os Estados Partes asseguram uma assistência adequada aos pais e representantes legais da criança no exercício da responsabilidade que lhes cabe de educar a criança e garantem o estabelecimento de instituições, instalações e serviços de assistência à infância.

3. Os Estados Partes tomam todas as medidas adequadas para garantir às crianças cujos pais trabalhem o direito de beneficiar de serviços e instalações de assistência às crianças para os quais reúnam as condições requeridas.

ARTIGO 19.º

1. Os Estados Partes tomam todas as medidas legislativas, administrativas, sociais e educativas adequadas à protecção da criança contra todas as formas de violência física ou mental, dano ou sevícia, abandono ou tratamento negligente; maus tratos ou exploração, incluindo a violên-

cia sexual, enquanto se encontrar sob a guarda de seus pais ou de um deles, dos representantes legais ou de qualquer outra pessoa a cuja guarda haja sido confiada.

2. Tais medidas de protecção devem incluir, consoante o caso, processos eficazes para o estabelecimento de programas sociais destinados a assegurar o apoio necessário à criança e àqueles a cuja guarda está confiada, bem como outras formas de prevenção, e para identificação, elaboração de relatório, transmissão, investigação, tratamento e acompanhamento dos casos de maus tratos infligidos à criança, acima descritos, compreendendo igualmente, se necessário, processos de intervenção judicial.

ARTIGO 20.º

1. A criança temporária ou definitivamente privada do seu ambiente familiar ou que, no seu interesse superior, não possa ser deixada em tal ambiente tem direito à protecção e assistência especiais do Estado.

2. Os Estados Partes asseguram a tais crianças uma protecção alternativa, nos termos da sua legislação nacional.

3. A protecção alternativa pode incluir, entre outras, a forma de colocação familiar, a kafala do direito islâmico, a adopção ou, no caso de tal se mostrar necessário, a colocação em estabelecimentos adequados de assistência às crianças. Ao considerar tais soluções, importa atender devidamente à necessidade de assegurar continuidade à educação da criança, bem como à sua origem étnica, religiosa, cultural e linguística.

ARTIGO 21.º

Os Estados Partes que reconhecem e ou permitem a adopção asseguram que o interesse superior da criança será a consideração primordial neste domínio e:

    a) Garantem que a adopção de uma criança é autorizada unicamente pelas autoridades competentes, que, nos termos da lei e do processo aplicáveis e baseando-se em todas as informações credíveis relativas ao caso concreto, verificam que a adopção pode ter lugar face à situação da criança relativamente a seus pais, parentes e representantes legais e que, se necessário, as pessoas interessadas deram em consciência o seu consentimento à adopção, após se terem socorrido de todos os pareceres julgados necessários;

b) Reconhecem que a adopção internacional pode ser considerada como uma forma alternativa de protecção da criança se esta não puder ser objecto de uma medida de colocação numa família de acolhimento ou adoptiva, ou se não puder ser convenientemente educada no seu país de origem;
c) Garantem à criança sujeito de adopção internacional o gozo das garantias e normas equivalentes às aplicáveis em caso de adopção nacional;
d) Tomam todas as medidas adequadas para garantir que, em caso de adopção internacional, a colocação da criança se não traduza num benefício material indevido para os que nela estejam envolvidos;
e) Promovem os objectivos deste artigo pela conclusão de acordos ou tratados bilaterais ou multilaterais, consoante o caso, e neste domínio procuram assegurar que as colocações de crianças no estrangeiro sejam efectuadas por autoridades ou organismos competentes.

ARTIGO 22.º

1. Os Estados Partes tomam as medidas necessárias para que a criança que requeira o estatuto de refugiado ou que seja considerada refugiado, de harmonia com as normas e processos de direito internacional ou nacional aplicáveis, quer se encontre só, quer acompanhada de seus pais ou de qualquer outra pessoa, beneficie de adequada protecção e assistência humanitária, de forma a permitir o gozo dos direitos reconhecidos pela presente Convenção e outros instrumentos internacionais relativos aos direitos do homem ou de carácter humanitário, de que os referidos Estados sejam Partes.

2. Para esse efeito, os Estados Partes cooperam, nos termos considerados adequados, nos esforços desenvolvidos pela Organização das Nações Unidas e por outras organizações intergovernamentais ou não governamentais competentes que colaborem com a Organização das Nações Unidas na protecção e assistência de crianças que se encontrem em tal situação, e na procura dos pais ou de outros membros da família da criança refugiada, de forma a obter as informações necessárias à reunificação familiar. No caso de não terem sido encontrados os pais ou outros membros da família, a criança deve beneficiar, à luz dos princípios

enunciados na presente Convenção, da protecção assegurada a toda a criança que, por qualquer motivo, se encontre privada temporária ou definitivamente do seu ambiente familiar.

ARTIGO 23.º

1. Os Estados Partes reconhecem à criança mental e fisicamente deficiente o direito a uma vida plena e decente em condições que garantam a sua dignidade, favoreçam a sua autonomia e facilitem a sua participação activa na vida da comunidade.

2. Os Estados Partes reconhecem à criança deficiente o direito de beneficiar de cuidados especiais e encorajam e asseguram, na medida dos recursos disponíveis, a prestação à criança que reúna as condições requeridas e àqueles que a tenham a seu cargo de uma assistência correspondente ao pedido formulado e adaptada ao estado da criança e à situação dos pais ou daqueles que a tiverem a seu cargo.

3. Atendendo às necessidades particulares da criança deficiente, a assistência fornecida nos termos do n.º 2 será gratuita sempre que tal seja possível, atendendo aos recursos financeiros dos pais ou daqueles que tiverem a criança a seu cargo, e é concebida de maneira a que a criança deficiente tenha efectivo acesso à educação, à formação, aos cuidados de saúde, à reabilitação, à preparação para o emprego e a actividades recreativas, e beneficie desses serviços de forma a assegurar uma integração social tão completa quanto possível e o desenvolvimento pessoal, incluindo nos domínios cultural e espiritual.

4. Num espírito de cooperação internacional, os Estados Partes promovem a troca de informações pertinentes no domínio dos cuidados preventivos de saúde e do tratamento médico, psicológico e funcional das crianças deficientes, incluindo a difusão de informações respeitantes aos métodos de reabilitação e aos serviços de formação profissional, bem como o acesso a esses dados, com vista a permitir que os Estados Partes melhorem as suas capacidades e qualificações e alarguem a sua experiência nesses domínios. A este respeito atender-se-á de forma particular às necessidades dos países em desenvolvimento.

ARTIGO 24.º

1. Os Estados Partes reconhecem à criança o direito a gozar do melhor estado de saúde possível e a beneficiar de serviços médicos e de

reeducação. Os Estados Partes velam pela garantia de que nenhuma criança seja privada do direito de acesso a tais serviços de saúde.

2. Os Estados Partes prosseguem a realização integral deste direito e, nomeadamente, tomam medidas adequadas para:

a) Fazer baixar a mortalidade entre as crianças de tenra idade e a mortalidade infantil;
b) Assegurar a assistência médica e os cuidados de saúde necessários a todas as crianças, enfatizando o desenvolvimento dos cuidados de saúde primários;
c) Combater a doença e a má nutrição, no quadro dos cuidados de saúde primários, graças nomeadamente à utilização de técnicas facilmente disponíveis e ao fornecimento de alimentos nutritivos e de água potável, tendo em consideração os perigos e riscos da poluição do ambiente;
d) Assegurar às mães os cuidados de saúde, antes e depois do nascimento;
e) Assegurar que todos os grupos da população, nomeadamente os pais e as crianças, sejam informados, tenham acesso e sejam apoiados na utilização de conhecimentos básicos sobre a saúde e a nutrição da criança, as vantagens do aleitamento materno, a higiene e a salubridade do ambiente, bem como a prevenção de acidentes;
f) Desenvolver os cuidados preventivos de saúde, os conselhos aos pais e a educação sobre planeamento familiar e os serviços respectivos.

3. Os Estados Partes tomam todas as medidas eficazes e adequadas com vista a abolir as práticas tradicionais prejudiciais à saúde das crianças.

4. Os Estados Partes comprometem-se a promover e a encorajar a cooperação internacional, de forma a garantir progressivamente a plena realização do direito reconhecido no presente artigo. A este respeito atender-se-á de forma particular às necessidades dos países em desenvolvimento.

ARTIGO 25.º

Os Estados Partes reconhecem à criança que foi objecto de uma medida de colocação num estabelecimento pelas autoridades competentes, para fins de assistência, protecção ou tratamento físico ou mental, o direito à revisão periódica do tratamento a que foi submetida e de quaisquer outras circunstâncias ligadas à sua colocação.

ARTIGO 26.º

1. Os Estados Partes reconhecem à criança o direito de beneficiar da segurança social e tomam todas as medidas necessárias para assegurar a plena realização deste direito, nos termos da sua legislação nacional.
2. As prestações, se a elas houver lugar, devem ser atribuídas tendo em conta os recursos e a situação da criança e das pessoas responsáveis pela sua manutenção, assim como qualquer outra consideração relativa ao pedido de prestação feito pela criança ou em seu nome.

ARTIGO 27.º

1. Os Estados Partes reconhecem à criança o direito a um nível de vida suficiente, de forma a permitir o seu desenvolvimento físico, mental, espiritual, moral e social.
2. Cabe primacialmente aos pais e às pessoas que têm a criança a seu cargo a responsabilidade de assegurar, dentro das suas possibilidades e disponibilidades económicas, as condições de vida necessárias ao desenvolvimento da criança.
3. Os Estados Partes, tendo em conta as condições nacionais e na medida dos seus meios, tomam as medidas adequadas para ajudar os pais e outras pessoas que tenham a criança a seu cargo a realizar este direito e asseguram, em caso de necessidade, auxílio material e programas de apoio, nomeadamente no que respeita à alimentação, vestuário e alojamento.
4. Os Estados Partes tomam todas as medidas adequadas tendentes a assegurar a cobrança da pensão alimentar devida à criança, de seus pais ou de outras pessoas que tenham a criança economicamente a seu cargo, tanto no seu território quanto no estrangeiro. Nomeadamente, quando a pessoa que tem a criança economicamente a seu cargo vive num Estado diferente do da criança, os Estados Partes devem promover a adesão a acordos internacionais ou a conclusão de tais acordos, assim como a adopção de quaisquer outras medidas julgadas adequadas.

ARTIGO 28.º

1. Os Estados Partes reconhecem o direito da criança à educação e tendo, nomeadamente, em vista assegurar progressivamente o exercício desse direito na base da igualdade de oportunidades:

a) Tornam o ensino primário obrigatório e gratuito para todos;
b) Encorajam a organização de diferentes sistemas de ensino secundário, geral e profissional, tornam estes públicos e acessíveis a todas as crianças e tomam medidas adequadas, tais como a introdução da gratuitidade do ensino e a oferta de auxílio financeiro em caso de necessidade;
c) Tornam o ensino superior acessível a todos, em função das capacidades de cada um, por todos os meios adequados;
d) Tornam a informação e a orientação escolar e profissional públicas e acessíveis a todas as crianças;
e) Tomam medidas para encorajar a frequência escolar regular e a redução das taxas de abandono escolar.

2. Os Estados Partes tomam as medidas adequadas para velar por que a disciplina escolar seja assegurada de forma compatível com a dignidade humana da criança e nos termos da presente Convenção.

3. Os Estados Partes promovem e encorajam a cooperação internacional no domínio da educação, nomeadamente de forma a contribuir para a eliminação da ignorância e do analfabetismo no mundo e a facilitar o acesso aos conhecimentos científicos e técnicos e aos modernos métodos de ensino. A este respeito atender-se-á de forma particular às necessidades dos países em desenvolvimento.

ARTIGO 29.º

1. Os Estados Partes acordam em que a educação da criança deve destinar-se a:

a) Promover o desenvolvimento da personalidade da criança, dos seus dons e aptidões mentais e físicos na medida das suas potencialidades;
b) Inculcar na criança o respeito pelos direitos do homem e liberdades fundamentais e pelos princípios consagrados na Carta das Nações Unidas;

c) Inculcar na criança o respeito pelos pais, pela sua identidade cultural, língua e valores, pelos valores nacionais do país em que vive, do país de origem e pelas civilizações diferentes da sua;
d) Preparar a criança para assumir as responsabilidades da vida numa sociedade livre, num espírito de compreensão, paz, tolerância, igualdade entre os sexos e de amizade entre todos os povos, grupos étnicos, nacionais e religiosos e com pessoas de origem indígena;
e) Promover o respeito da criança pelo meio ambiente.

2. Nenhuma disposição deste artigo ou do artigo 28.º pode ser interpretada de forma a ofender a liberdade dos indivíduos ou das pessoas colectivas de criar e dirigir estabelecimentos de ensino, desde que sejam respeitados os princípios enunciados no n.º 1 do presente artigo e que a educação ministrada nesses estabelecimentos seja conforme às regras mínimas prescritas pelo Estado.

ARTIGO 30.º

Nos Estados em que existam minorias étnicas, religiosas ou linguísticas ou pessoas de origem indígena, nenhuma criança indígena ou que pertença a uma dessas minorias poderá ser privada do direito de, conjuntamente com membros do seu grupo, ter a sua própria vida cultural, professar e praticar a sua própria religião ou utilizar a sua própria língua.

ARTIGO 31.º

1. Os Estados Partes reconhecem à criança o direito ao repouso e aos tempos livres, o direito de participar em jogos e actividades recreativas próprias da sua idade e de participar livremente na vida cultural e artística.

2. Os Estados Partes respeitam e promovem o direito da criança de participar plenamente na vida cultural e artística e encorajam a organização, em seu benefício, de formas adequadas de tempos livres e de actividades recreativas, artísticas e culturais, em condições de igualdade.

ARTIGO 32.º

1. Os Estados Partes reconhecem à criança o direito de ser protegida contra a exploração económica ou a sujeição a trabalhos perigosos ou capazes de comprometer a sua educação, prejudicar a sua saúde ou o seu desenvolvimento físico, mental, espiritual, moral ou social.
2. Os Estados Partes tomam medidas legislativas, administrativas, sociais e educativas para assegurar a aplicação deste artigo. Para esse efeito, e tendo em conta as disposições relevantes de outros instrumentos jurídicos internacionais, os Estados Partes devem, nomeadamente:

a) Fixar uma idade mínima ou idades mínimas para a admissão a um emprego;
b) Adoptar regulamentos próprios relativos à duração e às condições de trabalho; e
c) Prever penas ou outras sanções adequadas para assegurar uma efectiva aplicação deste artigo.

ARTIGO 33.º

Os Estados Partes adoptam todas as medidas adequadas, incluindo medidas legislativas, administrativas, sociais e educativas para proteger as crianças contra o consumo ilícito de estupefacientes e de substâncias psicotrópicas, tais como definidos nas convenções internacionais aplicáveis, e para prevenir a utilização de crianças na produção e no tráfico ilícitos de tais substâncias.

ARTIGO 34.º

Os Estados Partes comprometem-se a proteger a criança contra todas as formas de exploração e de violência sexuais. Para esse efeito, os Estados Partes devem, nomeadamente, tomar todas as medidas adequadas, nos planos nacional, bilateral e multilateral para impedir:

a) Que a criança seja incitada ou coagida a dedicar-se a uma actividade sexual ilícita;
b) Que a criança seja explorada para fins de prostituição ou de outras práticas sexuais ilícitas;
c) Que a criança seja explorada na produção de espectáculos ou de material de natureza pornográfica.

ARTIGO 35.º

Os Estados Partes tomam todas as medidas adequadas, nos planos nacional, bilateral e multilateral, para impedir o rapto, a venda ou o tráfico de crianças, independentemente do seu fim ou forma.

ARTIGO 36.º

Os Estados Partes protegem a criança contra todas as formas de exploração prejudiciais a qualquer aspecto do seu bem-estar.

ARTIGO 37.º

Os Estados Partes garantem que:
a) Nenhuma criança será submetida à tortura ou a penas ou tratamentos cruéis, desumanos ou degradantes. A pena de morte e a prisão perpétua sem possibilidade de libertação não serão impostas por infracções cometidas por pessoas com menos de 18 anos;
b) Nenhuma criança será privada de liberdade de forma ilegal ou arbitrária: a captura, detenção ou prisão de uma criança devem ser conformes à lei, serão utilizadas unicamente como medida de último recurso e terão a duração mais breve possível;
c) A criança privada de liberdade deve ser tratada com a humanidade e o respeito devidos à dignidade da pessoa humana e de forma consentânea com as necessidades das pessoas da sua idade. Nomeadamente, a criança privada de liberdade deve ser separada dos adultos, a menos que, no superior interesse da criança, tal não pareça aconselhável, e tem o direito de manter contacto com a sua família através de correspondência e visitas, salvo em circunstâncias excepcionais;
d) A criança privada de liberdade tem o direito de aceder rapidamente à assistência jurídica ou a outra assistência adequada e o direito de impugnar a legalidade da sua privação de liberdade perante um tribunal ou outra autoridade competente, independente e imparcial, bem como o direito a uma rápida decisão sobre tal matéria.

ARTIGO 38.º

1. Os Estados Partes comprometem-se a respeitar e a fazer respeitar as normas de direito humanitário internacional que lhes sejam aplicáveis em caso de conflito armado e que se mostrem relevantes para a criança.
2. Os Estados Partes devem tomar todas as medidas possíveis na prática para garantir que nenhuma criança com menos de 15 anos participe directamente nas hostilidades.
3. Os Estados Partes devem abster-se de incorporar nas forças armadas as pessoas que não tenham a idade de 15 anos. No caso de incorporação de pessoas de idade superior a 15 anos e inferior a 18 anos, os Estados Partes devem incorporar prioritariamente os mais velhos.
4. Nos termos das obrigações contraídas à luz do direito internacional humanitário para a protecção da população civil em caso de conflito armado, os Estados Partes na presente Convenção devem tomar todas as medidas possíveis na prática para assegurar protecção e assistência às crianças afectadas por um conflito armado.

ARTIGO 39.º

Os Estados Partes tomam todas as medidas adequadas para promover a recuperação física e psicológica e a reinserção social da criança vítima de qualquer forma de negligência, exploração ou sevícias, de tortura ou qualquer outra pena ou tratamento cruéis, desumanos ou degradantes ou de conflito armado. Essas recuperação e reinserção devem ter lugar num ambiente que favoreça a saúde, o respeito por si próprio e a dignidade da criança.

ARTIGO 40.º

1. Os Estados Partes reconhecem à criança suspeita, acusada ou que se reconheceu ter infringido a lei penal o direito a um tratamento capaz de favorecer o seu sentido de dignidade e valor, reforçar o seu respeito pelos direitos do homem e as liberdades fundamentais de terceiros e que tenha em conta a sua idade e a necessidade de facilitar a sua reintegração social e o assumir de um papel construtivo no seio da sociedade.

2. Para esse feito, e atendendo às disposições pertinentes dos instrumentos jurídicos internacionais, os Estados Partes garantem, nomeadamente, que:
   a) Nenhuma criança seja suspeita, acusada ou reconhecida como tendo infringido a lei penal por acções ou omissões que, no momento da sua prática, não eram proibidas pelo direito nacional ou internacional;
   b) A criança suspeita ou acusada de ter infringido a lei penal tenha, no mínimo, direito às garantias seguintes:
      i) Presumir-se inocente até que a sua culpabilidade tenha sido legalmente estabelecida;
      ii) A ser informada pronta e directamente das acusações formuladas contra si ou, se necessário, através de seus pais ou representantes legais, e beneficiar de assistência jurídica ou de outra assistência adequada para a preparação e apresentação da sua defesa;
      iii) A sua causa ser examinada sem demora por uma autoridade competente, independente e imparcial ou por um tribunal, de forma equitativa nos termos da lei, na presença do seu defensor ou de outrem assegurando assistência adequada e, a menos que tal se mostre contrário ao interesse superior da criança, nomeadamente atendendo à sua idade ou situação, na presença de seus pais ou representantes legais;
      iv) A não ser obrigada a testemunhar ou a confessar-se culpada; a interrogar ou fazer interrogar as testemunhas de acusação e a obter a comparência e o interrogatório das testemunhas de defesa em condições de igualdade;
      v) No caso de se considerar que infringiu a lei penal, a recorrer dessa decisão e das medidas impostas em sequência desta para uma autoridade superior, competente, independente e imparcial, ou uma autoridade judicial, nos termos da lei;
      vi) A fazer-se assistir gratuitamente por um intérprete, se não compreender ou falar a língua utilizada;
      vii) A ver plenamente respeitada a sua vida privada em todos os momentos do processo.

3. Os Estados Partes procuram promover o estabelecimento de leis, processos, autoridades e instituições especificamente adequadas a crianças

suspeitas, acusadas ou reconhecidas como tendo infringido a lei penal, e, nomeadamente:
   a) O estabelecimento de uma idade mínima abaixo da qual se presume que as crianças não têm capacidade para infringir a lei penal;
   b) Quando tal se mostre possível e desejável, a adopção de medidas relativas a essas crianças sem recurso ao processo judicial, assegurando-se o pleno respeito dos direitos do homem e das garantias previstas pela lei.

4. Um conjunto de disposições relativas, nomeadamente, à assistência, orientação e controlo, conselhos, regime de prova, colocação familiar, programas de educação geral e profissional, bem como outras soluções alternativas às institucionais, serão previstas de forma a assegurar às crianças um tratamento adequado ao seu bem-estar e proporcionado à sua situação e à infracção.

ARTIGO 41.º

Nenhuma disposição da presente Convenção afecta as disposições mais favoráveis à realização dos direitos da criança que possam figurar:
   a) Na legislação de um Estado Parte;
   b) No direito internacional em vigor para esse Estado.

PARTE II

ARTIGO 42.º

Os Estados Partes comprometem-se a tornar amplamente conhecidos, por meios activos e adequados, os princípios e as disposições da presente Convenção, tanto pelos adultos como pelas crianças.

ARTIGO 43.º

1. Com o fim de examinar os progressos realizados pelos Estados Partes no cumprimento das obrigações que lhes cabem nos termos da presente Convenção, é instituído um Comité dos Direitos da Criança, que desempenha as funções seguidamente definidas.

2. O Comité é composto de 10 peritos de alta autoridade moral e de reconhecida competência no domínio abrangido pela presente Convenção. Os membros do Comité são eleitos pelos Estados Partes de entre os seus nacionais e exercem as suas funções a título pessoal, tendo em consideração a necessidade de assegurar uma repartição geográfica equitativa e atendendo aos principais sistemas jurídicos.

3. Os membros do Comité são eleitos por escrutínio secreto de entre uma lista de candidatos designados pelos Estados Partes. Cada Estado Parte pode designar um perito de entre os seus nacionais.

4. A primeira eleição tem lugar nos seis meses seguintes à data da entrada em vigor da presente Convenção e, depois disso, todos os dois anos. Pelo menos quatro meses antes da data de cada eleição, o Secretário-Geral da Organização das Nações Unidas convida, por escrito, os Estados Partes a proporem os seus candidatos num prazo de dois meses. O Secretário-Geral elabora, em seguida, a lista alfabética dos candidatos assim apresentados, indicando por que Estado foram designados, e comunica-a aos Estados Partes na presente Convenção.

5. As eleições realizam-se aquando das reuniões dos Estados Partes convocadas pelo Secretário-Geral para a sede da Organização das Nações Unidas. Nestas reuniões, em que o quórum é constituído por dois terços dos Estados Partes, são eleitos para o Comité os candidatos que obtiverem o maior número de votos e a maioria absoluta dos votos dos representantes dos Estados Partes presentes e votantes.

6. Os membros do Comité são eleitos por um período de quatro anos. São reelegíveis no caso de recandidatura. O mandato de cinco dos membros eleitos na primeira eleição termina ao fim de dois anos. O presidente da reunião tira à sorte, imediatamente após a primeira eleição, os nomes destes cinco elementos.

7. Em caso de morte ou de demissão de um membro do Comité ou se, por qualquer outra razão, um membro declarar que não pode continuar a exercer funções no seio do Comité, o Estado Parte que havia proposto a sua candidatura designa um outro perito, de entre os seus nacionais, para preencher a vaga até ao termo do mandato, sujeito a aprovação do Comité.

8. O Comité adopta o seu regulamento interno.

9. O Comité elege o seu secretariado por um período de dois anos.

10. As reuniões do Comité têm habitualmente lugar na sede da Organização das Nações Unidas ou em qualquer outro lugar julgado

conveniente e determinado pelo Comité. O Comité reúne em regra anualmente. A duração das sessões do Comité é determinada, e se necessário revista, por uma reunião dos Estados Partes na presente Convenção, sujeita à aprovação da Assembleia Geral.

11. O Secretário-Geral da Organização das Nações Unidas põe à disposição do Comité o pessoal e as instalações necessárias para o desempenho eficaz das funções que lhe são confiadas ao abrigo da presente Convenção.

12. Os membros do Comité instituído pela presente Convenção recebem, com a aprovação da Assembleia Geral, emolumentos provenientes dos recursos financeiros das Nações Unidas, segundo as condições e modalidades fixadas pela Assembleia Geral.

ARTIGO 44.º

1. Os Estados Partes comprometem-se a apresentar ao Comité, através do Secretário-Geral da Organização das Nações Unidas, relatórios sobre as medidas que hajam adoptado para dar aplicação aos direitos reconhecidos pela Convenção e sobre os progressos realizados no gozo desses direitos:

a) Nos dois anos subsequentes à data da entrada em vigor da presente Convenção para os Estados Partes;
b) Em seguida, de cinco em cinco anos.

2. Os relatórios apresentados em aplicação do presente artigo devem indicar os factores e as dificuldades, se a elas houver lugar, que impeçam o cumprimento, pelos Estados Partes, das obrigações decorrentes da presente Convenção. Devem igualmente conter informações suficientes para dar ao Comité uma ideia precisa da aplicação da Convenção no referido país.

3. Os Estados Partes que tenham apresentado ao Comité um relatório inicial completo não necessitam de repetir, nos relatórios subsequentes, submetidos nos termos do n.º 1, alínea b), as informações de base anteriormente comunicadas.

4. O Comité pode solicitar aos Estados Partes informações complementares relevantes para a aplicação da Convenção.

5. O Comité submete de dois em dois anos à Assembleia Geral, através do Conselho Económico e Social, um relatório das suas actividades.

6. Os Estados Partes asseguram aos seus relatórios uma larga difusão nos seus próprios países.

ARTIGO 45.º

De forma a promover a aplicação efectiva da Convenção e a encorajar a cooperação internacional no domínio coberto pela Convenção:
   a) As agências especializadas, a UNICEF e outros órgãos das Nações Unidas podem fazer-se representar quando for apreciada a aplicação de disposições da presente Convenção que se inscrevam no seu mandato. O Comité pode convidar as agências especializadas, a UNICEF e outros organismos competentes considerados relevantes a fornecer o seu parecer técnico sobre a aplicação da convenção no âmbito dos seus respectivos mandatos. O Comité pode convidar as agências especializadas, a UNICEF e outros órgãos das Nações Unidas a apresentar relatórios sobre a aplicação da Convenção nas áreas relativas aos seus domínios de actividade;
   b) O Comité transmite, se o julgar necessário, às agências especializadas, à UNICEF e a outros organismos competentes os relatórios dos Estados Partes que contenham pedidos ou indiquem necessidades de conselho ou de assistência técnicos, acompanhados de eventuais observações e sugestões do Comité relativos àqueles pedidos ou indicações;
   c) O Comité pode recomendar à Assembleia Geral que solicite ao Secretário-Geral a realização, para o Comité, de estudos sobre questões específicas relativas aos direitos da criança;
   d) O Comité pode fazer sugestões e recomendações de ordem geral com base nas informações recebidas em aplicação dos artigos 44.º e 45.º da presente Convenção. Essas sugestões e recomendações de ordem geral são transmitidas aos Estados interessados e levadas ao conhecimento da Assembleia Geral, acompanhadas, se necessário, dos comentários dos Estados Partes.

PARTE III

ARTIGO 46.º

A presente Convenção está aberta à assinatura de todos os Estados.

ARTIGO 47.º

A presente Convenção está sujeita a ratificação. Os instrumentos de ratificação serão depositados junto do Secretário-Geral da Organização das Nações Unidas.

ARTIGO 48.º

A presente Convenção está aberta a adesão de todos os Estados. A adesão far-se-á pelo depósito de um instrumento de adesão junto do Secretário-Geral da Organização das Nações Unidas.

ARTIGO 49.º

1. A presente Convenção entrará em vigor no 30.º dia após a data do depósito junto do Secretário-Geral da Organização das Nações Unidas do 20.º instrumento de ratificação ou de adesão.

2. Para cada um dos Estados que ratificarem a presente Convenção ou a ela aderirem após o depósito do 20.º instrumento de ratificação ou de adesão, a Convenção entrará em vigor no 30.º dia após a data do depósito, por parte desse Estado, do seu instrumento de ratificação ou de adesão.

ARTIGO 50.º

1. Qualquer Estado Parte pode propor uma emenda e depositar o seu texto junto do Secretário-Geral da Organização das Nações Unidas. O Secretário-Geral transmite, em seguida, a proposta de emenda aos Estados Partes na presente Convenção, solicitando que lhe seja comunicado se são favoráveis à convocação de uma conferência de Estados Partes para apreciação e votação da proposta. Se, nos quatro meses subsequentes a essa comunicação, pelo menos um terço dos Estados Partes se declarar a favor da realização da referida conferência, o Secretário-Geral

convocá-la-á sob os auspícios da Organização das Nações Unidas. As emendas adoptadas pela maioria dos Estados Partes presentes e votantes na conferência são submetidas à Assembleia Geral das Nações Unidas para aprovação.

2. As emendas adoptadas nos termos do disposto no n.º 1 do presente artigo entram em vigor quando aprovadas pela Assembleia Geral das Nações Unidas e aceites por uma maioria de dois terços dos Estados Partes.

3. Quando uma emenda entrar em vigor, terá força vinculativa para os Estados que a hajam aceite, ficando os outros Estados Partes ligados pelas disposições da presente Convenção e por todas as emendas anteriores que tenham aceite.

ARTIGO 51.º

1. O Secretário-Geral da Organização das Nações Unidas recebe e comunica a todos os Estados o texto das reservas que forem feitas pelos Estados no momento da ratificação ou da adesão.

2. Não é autorizada nenhuma reserva incompatível com o objecto e com o fim da presente Convenção.

3. As reservas podem ser retiradas em qualquer momento por via de notificação dirigida ao Secretário-Geral da Organização das Nações Unidas, o qual informará todos os Estados Partes na Convenção. A notificação produz efeitos na data da sua recepção pelo Secretário-Geral.

ARTIGO 52.º

Um Estado Parte pode denunciar a presente Convenção por notificação escrita dirigida ao Secretário-Geral da Organização das Nações Unidas. A denúncia produz efeitos um ano após a data de recepção da notificação pelo Secretário-Geral.

ARTIGO 53.º

O Secretário-Geral da Organização das Nações Unidas é designado como depositário da presente Convenção.

ARTIGO 54.º

A presente Convenção, cujos textos em inglês, árabe, chinês, espanhol, francês e russo fazem igualmente fé, será depositada junto do Secretário-Geral da Organização das Nações Unidas.

Em fé do que os plenipotenciários abaixo assinados, devidamente habilitados pelos seus governos respectivos, assinaram a Convenção.

LEI DE BASES DO SISTEMA EDUCATIVO

CAPÍTULO I
Âmbito e princípios

ARTIGO 1.º
Âmbito e definição

1 – A presente lei estabelece o quadro geral do sistema educativo.

2 – O sistema educativo é o conjunto de meios pelo qual se concretiza o direito à educação, que se exprime pela garantia de uma permanente acção formativa orientada para favorecer o desenvolvimento global da personalidade, o progresso social e a democratização da sociedade.

3 – O sistema educativo desenvolve-se segundo um conjunto organizado de estruturas e de acções diversificadas, por iniciativa e sob responsabilidade de diferentes instituições e entidades públicas, particulares e cooperativas.

4 – O sistema educativo tem por âmbito geográfico a totalidade do território português – continente e regiões autónomas –, mas deve ter uma expressão suficientemente flexível e diversificada, de modo a abranger a generalidade dos países e dos locais em que vivam comunidades de portugueses ou em que se verifique acentuado interesse pelo desenvolvimento e divulgação da cultura portuguesa.

5 – A coordenação da política relativa ao sistema educativo, independentemente das instituições que o compõem, incumbe a um ministério especialmente vocacionado para o efeito.

ARTIGO 2.º
Princípios gerais

1 – Todos os portugueses têm direito à educação e à cultura, nos termos da Constituição da República.

2 – É da especial responsabilidade do Estado promover a democratização do ensino, garantindo o direito a uma justa e efectiva igualdade de oportunidades no acesso e sucesso escolares.

3 – No acesso à educação e na sua prática é garantido a todos os portugueses o respeito pelo princípio da liberdade de aprender e de ensinar, com tolerância para com as escolhas possíveis, tendo em conta, designadamente, os seguintes princípios:

- a) O Estado não pode atribuir-se o direito de programar a educação e a cultura segundo quaisquer directrizes filosóficas, estéticas políticas, ideológicas ou religiosas;
- b) O ensino público não será confessional;
- c) É garantido o direito de criação de escolas particulares e cooperativas.

4 – O sistema educativo responde às necessidades resultantes da realidade social, contribuindo para o desenvolvimento pleno e harmonioso da personalidade dos indivíduos, incentivando a formação de cidadãos livres, responsáveis, autónomos e solidários e valorizando a dimensão humana do trabalho.

5 – A educação promove o desenvolvimento do espírito democrático e pluralista, respeitador dos outros e das suas ideias, aberto ao diálogo e à livre troca de opiniões, formando cidadãos capazes de julgarem com espírito crítico e criativo o meio social em que se integram e de se empenharem na sua transformação progressiva.

ARTIGO 3.º
Princípios organizativos

O sistema educativo organiza-se de forma a:

- a) Contribuir para a defesa da identidade nacional e para o reforço da fidelidade à matriz histórica de Portugal, através da consciencialização relativamente ao património cultural do povo português, no quadro da tradição universalista europeia e da crescente interdependência e necessária solidariedade entre todos os povos do Mundo;
- b) Contribuir para a realização do educando, através do pleno desenvolvimento da personalidade. da formação do carácter e da cida-

dania, preparando-o para uma reflexão consciente sobre os valores espirituais, estéticos, morais e cívicos e proporcionando-lhe um equilibrado desenvolvimento físico;
c) Assegurar a formação cívica e moral dos jovens;
d) Assegurar o direito à diferença, mercê do respeito pelas personalidades e pelos projectos individuais da existência, bem como da consideração e valorização dos diferentes saberes e culturas;
e) Desenvolver a capacidade para o trabalho e proporcionar, com base numa sólida formação geral, uma formação específica para a ocupação de um justo lugar na vida activa que permita ao indivíduo prestar o seu contributo ao progresso da sociedade em consonância com os seus interesses, capacidades e vocação;
f) Contribuir para a realização pessoal e comunitária dos indivíduos, não só pela formação para o sistema de ocupações socialmente úteis, mas ainda pela prática e aprendizagem da utilização criativa dos tempos livres;
g) Descentralizar, desconcentrar e diversificar as estruturas e acções educativas, de modo a proporcionar uma correcta adaptação às realidades, um elevado sentido de participação das populações, uma adequada inserção no meio comunitário e níveis de decisão eficientes;
h) Contribuir para a correcção das assimetrias de desenvolvimento regional e local, devendo incrementar em todas as regiões do País a igualdade no acesso aos benefícios da educação, da cultura e da ciência;
i) Assegurar uma escolaridade de segunda oportunidade aos que dela não usufruíram na idade própria, aos que procuram o sistema educativo por razões profissionais ou de promoção cultural, devidas, nomeadamente, a necessidades de reconversão ou aperfeiçoamento decorrentes da evolução dos conhecimentos científicos e tecnológicos;
j) Assegurar a igualdade de oportunidade para ambos os sexos, nomeadamente através das práticas de coeducação e da orientação escolar e profissional, e sensibilizar, para o efeito, o conjunto dos intervenientes no processo educativo;
l) Contribuir para desenvolver o espírito e a prática democráticos, através da adopção de estruturas e processos participativos na definição da política educativa, na administração e gestão do

sistema escolar e na experiência pedagógica quotidiana, em que se integram todos os intervenientes no processo educativo, em especial os alunos, os docentes e as famílias.

CAPÍTULO II
Organização do sistema educativo

ARTIGO 4.º
Organização geral do sistema educativo

1 – O sistema educativo compreende a educação pré-escolar, a educação escolar e a educação extra-escolar.

2 – A educação pré-escolar, no seu aspecto formativo, é complementar e ou supletiva da acção educativa da família, com a qual estabelece estreita cooperação

3 – A educação escolar compreende os ensinos básico, secundário e superior, integra modalidades especiais e inclui actividades de ocupação de tempos livres.

4 – A educação extra-escolar engloba actividades de alfabetização e de educação de base, de aperfeiçoamento e actualização cultural e científica e a iniciação, reconversão e aperfeiçoamento profissional e realiza--se num quadro aberto de iniciativas múltiplas, de natureza formal e não formal.

SECÇÃO I
Educação pré-escolar

ARTIGO 5.º
Educação pré-escolar

1 – São objectivos da educação pré-escolar:
a) Estimular as capacidades de cada criança e favorecer a sua formação e o desenvolvimento equilibrado de todas as suas potencialidades;
b) Contribuir para a estabilidade e segurança afectivas da criança;
c) Favorecer a observação e a compreensão do meio natural e humano para melhor integração e participação da criança;

d) Desenvolver a formação moral da criança e o sentido da responsabilidade, associado ao da liberdade;
e) Fomentar a integração da criança em grupos sociais diversos, complementares da família, tendo em vista o desenvolvimento da sociabilidade;
f) Desenvolver as capacidades de expressão e comunicação da criança, assim como a imaginação criativa, e estimular a actividade lúdica;
g) Incutir hábitos de higiene e de defesa da saúde pessoal e colectiva;
h) Proceder à despistagem de inadaptações, deficiências ou precocidades e promover a melhor orientação e encaminhamento da criança.

2 – A prossecução dos objectivos enunciados far-se-á de acordo com conteúdos, métodos e técnicas apropriados, tendo em conta a articulação com o meio familiar.

3 – A educação pré-escolar destina-se às crianças com idades compreendidas entre os 3 anos e a idade de ingresso no ensino básico.

4 – Incumbe ao Estado assegurar a existência de uma rede de educação pré-escolar.

5 – A rede de educação pré-escolar é constituída por instituições próprias, de iniciativa do poder central, regional ou local e de outras entidades, colectivas ou individuais, designadamente associações de pais e de moradores, organizações cívicas e confessionais, organizações sindicais e de empresa e instituições de solidariedade social.

6 – O Estado deve apoiar as instituições de educação pré-escolar integradas na rede pública subvencionando, pelo menos, uma parte dos seus custos de funcionamento.

7 – Ao ministério responsável pela coordenação da política educativa compete definir as normas gerais da educação pré-escolar, nomeadamente nos seus aspectos pedagógico e técnico, e apoiar e fiscalizar o seu cumprimento e aplicação

8 – A frequência da educação pré-escolar é facultativa no reconhecimento de que à família cabe um papel essencial no processo da educação pré-escolar.

SECÇÃO II
Educação escolar

SUBSECÇÃO I
Ensino básico

ARTIGO 6.º
Universalidade

1 – O ensino básico é universal, obrigatório e gratuito e tem a duração de nove anos.

2 – Ingressam no ensino básico as crianças que completem 6 anos de idade até 15 de Setembro.

3 – As crianças que completem os 6 anos de idade entre 16 de Setembro e 21 de Dezembro podem ingressar no ensino básico se tal for requerido pelo encarregado de educação, em termos a regulamentar.

4 – A obrigatoriedade de frequência do ensino básico termina aos 15 anos de idade.

5 – A gratuitidade no ensino básico abrange propinas, taxas e emolumentos relacionados com a matrícula frequência e certificação, podendo ainda os alunos dispor gratuitamente do uso de livros e material escolar, bem como de transporte, alimentação e alojamento, quando necessários.

ARTIGO 7.º
Objectivos

São objectivos do ensino básico:

a) Assegurar uma formação geral comum a todos os portugueses que lhes garanta a descoberta e o desenvolvimento dos seus interesses e aptidões, capacidade de raciocínio, memória e espírito crítico, criatividade, sentido moral e sensibilidade estética promovendo a realização individual em harmonia com os valores da solidariedade social;

b) Assegurar que nesta formação sejam equilibradamente inter--relacionados o saber e o saber fazer, a teoria e a prática a cultura escolar e a cultura do quotidiano;

c) Proporcionar o desenvolvimento físico e motor, valorizar as actividades manuais e promover a educação artística de modo a sensibilizar para as diversas formas de expressão estética, detectando e estimulando aptidões nesses domínios;
d) Proporcionar a aprendizagem de uma primeira língua estrangeira e a iniciação de uma segunda;
e) Proporcionar a aquisição dos conhecimentos basilares que permitam o prosseguimento de estudos ou a inserção do aluno em esquemas de formação profissional, bem como facilitar a aquisição e o desenvolvimento de métodos e instrumentos de trabalho pessoal e em grupo, valorizando a dimensão humana do trabalho;
f) Fomentar a consciência nacional aberta à realidade concreta numa perspectiva de humanismo universalista, de solidariedade e de cooperação internacional;
g) Desenvolver o conhecimento e o apreço pelos valores característicos da identidade, língua história e cultura portuguesas:
h) Proporcionar aos alunos experiências que favoreçam a sua maturidade cívica e sócio-afectiva, criando neles atitudes e hábitos positivos de relação e cooperação, quer no plano dos seus vínculos de família, quer no da intervenção consciente e responsável na realidade circundante;
i) Proporcionar a aquisição de atitudes autónomas, visando a formação de cidadãos civicamente responsáveis e democraticamente intervenientes na vida comunitária;
j) Assegurar às crianças com necessidades educativas específicas, devidas, designadamente, a deficiências físicas e mentais, condições adequadas ao seu desenvolvimento e pleno aproveitamento das suas capacidades;
l) Fomentar o gosto por uma constante actualização de conhecimentos;
m) Participar no processo de informação e orientação educacionais em colaboração com as famílias;
n) Proporcionar, em liberdade de consciência, a aquisição de noções de educação cívica e moral;
o) Criar condições de promoção do sucesso escolar e educativo a todos os alunos.

ARTIGO 8.º
Organização

1 – O ensino básico compreende três ciclos sequenciais, sendo o 1.º de quatro anos, o 2.º de dois anos e o 3.º de três anos, organizados nos seguintes termos:

   a) No 1.º ciclo, o ensino é globalizante, da responsabilidade de um professor único, que pode ser coadjuvado em áreas especializadas;
   b) No 2.º ciclo, o ensino organiza-se por áreas interdisciplinares de formação básica e desenvolve-se predominantemente em regime de professor por área;
   c) No 3.º ciclo, o ensino organiza-se segundo um plano curricular unificado, integrando áreas vocacionais diversificadas, e desenvolve-se em regime de um professor por disciplina ou grupo de disciplinas.

2 – A articulação entre os ciclos obedece a uma sequencialidade progressiva, conferindo a cada ciclo a função de completar, aprofundar e alargar o ciclo anterior, numa perspectiva de unidade global do ensino básico.

3 – Os objectivos específicos de cada ciclo integram-se nos objectivos gerais do ensino básico, nos termos dos números anteriores e de acordo com o desenvolvimento etário correspondente, tendo em atenção as seguintes particularidades:

   a) Para o 1.º ciclo, o desenvolvimento da linguagem oral e a iniciação e progressivo domínio da leitura e da escrita, das noções essenciais da aritmética e do cálculo, do meio físico e social, das expressões plástica, dramática, musical e motora;
   b) Para o 2.º ciclo, a formação humanística, artística, física e desportiva, científica e tecnológica e a educação moral e cívica, visando habilitar os alunos a assimilar e interpretar crítica e criativamente a informação, de modo a possibilitar a aquisição de métodos e instrumentos de trabalho e de conhecimento que permitam o prosseguimento da sua formação, numa perspectiva de desenvolvimento de atitudes activas e conscientes perante a comunidade e os seus problemas mais importantes;

c) Para o 3.º ciclo, a aquisição sistemática e diferenciada da cultura moderna, nas suas dimensões humanística, literária, artística, física e desportiva, científica e tecnológica, indispensável ao ingresso na vida activa e ao prosseguimento de estudos, bem como a orientação escolar e profissional que faculte a opção de formação subsequente ou de inserção na vida activa, com respeito pela realização autónoma da pessoa humana.

4 – Em escolas especializadas do ensino básico podem ser reforçadas componentes de ensino artístico ou de educação física e desportiva, sem prejuízo da formação básica.

5 – A conclusão com aproveitamento do ensino básico confere o direito à atribuição de um diploma, devendo igualmente ser certificado o aproveitamento de qualquer ano ou ciclo, quando solicitado.

SUBSECÇÃO II
Ensino secundário

ARTIGO 9.º
Objectivos

O ensino secundário tem por objectivos:

a) Assegurar o desenvolvimento do raciocínio, da reflexão e da curiosidade científica e o aprofundamento dos elementos fundamentais de uma cultura humanística, artística, científica e técnica que constituam suporte cognitivo e metodológico apropriado para o eventual prosseguimento de estudos e para a inserção na vida activa;

b) Facultar aos jovens conhecimentos necessários à compreensão das manifestações estéticas e culturais e possibilitar o aperfeiçoamento da sua expressão artística;

c) Fomentar a aquisição e aplicação de um saber cada vez mais aprofundado, assente no estudo, na reflexão crítica, na observação e na experimentação;

d) Formar, a partir da realidade concreta da vida regional e nacional, e no apreço pelos valores permanentes da sociedade, em geral, e da cultura portuguesa, em particular, jovens interessados na resolução dos problemas do País e sensibilizados para os problemas da comunidade internacional;

e) Facultar contactos e experiências com o mundo do trabalho, fortalecendo os mecanismos de aproximação entre a escola a vida activa e a comunidade e dinamizando a função inovadora e interventora da escola;
f) Favorecer a orientação e formação profissional dos jovens, através da preparação técnica e tecnológica, com vista à entrada no mundo do trabalho;
g) Criar hábitos de trabalho, individual e em grupo, e favorecer o desenvolvimento de atitudes de reflexão metódica de abertura de espírito, de sensibilidade e de disponibilidade e adaptação à mudança.

ARTIGO 10.º
Organização

1 – Têm acesso a qualquer curso do ensino secundário os que completarem com aproveitamento o ensino básico.

2 – Os cursos do ensino secundário têm a duração de três anos.

3 – O ensino secundário organiza-se segundo formas diferenciados, contemplando a existência de cursos predominantemente orientados para a vida activa ou para o prosseguimento de estudos, contendo todas elas componentes de formação de sentido técnico, tecnológico e profissionalizante e de língua e cultura portuguesas adequadas à natureza dos diversos cursos.

4 – É garantida a permeabilidade entre os cursos predominantemente orientados para a vida activa e os cursos predominantemente orientados para o prosseguimento de estudos.

5 – A conclusão com aproveitamento do ensino secundário confere direito à atribuição de um diploma que certificará a formação adquirida e, nos casos dos cursos predominantemente orientados para a vida activa a qualificação obtida para efeitos do exercício de actividades profissionais determinadas.

6 – No ensino secundário cada professor é responsável, em princípio, por uma só disciplina.

7 – Podem ser criados estabelecimentos especializados destinados ao ensino e prática de cursos de natureza técnica e tecnológica ou de índole artística.

SUBSECÇÃO III
Ensino superior

ARTIGO 11.º
Âmbito e objectivos

1 – O ensino superior compreende o ensino universitário e o ensino politécnico.

2 – São objectivos do ensino superior:

a) Estimular a criação cultural e o desenvolvimento do espírito científico e do pensamento reflexivo;
b) Formar diplomados nas diferentes áreas de conhecimento, aptos para a inserção em sectores profissionais e para a participação no desenvolvimento da sociedade portuguesa e colaborar na sua formação contínua;
c) Incentivar o trabalho de pesquisa e investigação científica, visando o desenvolvimento da ciência e da tecnologia e a criação e difusão da cultura e, desse modo, desenvolver o entendimento do homem e do meio em que vive;
d) Promover a divulgação de conhecimentos culturais, científicos e técnicos que constituem património da humanidade e comunicar o saber através do ensino, de publicações ou de outras formas de comunicação;
e) Suscitar o desejo permanente de aperfeiçoamento cultural e profissional e possibilitar a correspondente concretização, integrando os conhecimentos que vão sendo adquiridos numa estrutura intelectual sistematizadora do conhecimento de cada geração;
f) Estimular o conhecimento dos problemas do mundo de hoje, em particular os nacionais e regionais, prestar serviços especializados à comunidade e estabelecer com esta uma relação de reciprocidade;
g) Continuar a formação cultural e profissional dos cidadãos pela promoção de formas adequadas de extensão cultural.

3 – O ensino universitário visa assegurar uma sólida preparação científica e cultural e proporcionar uma formação técnica que habilite para o exercício de actividades profissionais e culturais e fomente o desenvolvimento das capacidades de concepção, de inovação e de análise crítica.

4 – O ensino politécnico visa proporcionar uma sólida formação cultural e técnica de nível superior, desenvolver a capacidade de inovação e de análise crítica e ministrar conhecimentos científicos de índole teórica e prática e as suas aplicações com vista ao exercício de actividades profissionais.

ARTIGO 12.º
Acesso
(Nova redacção dada pela Lei n.º 115/97)

1 – Têm acesso ao ensino superior os indivíduos habilitados com o curso do ensino secundário ou equivalente que façam prova de capacidade para a sua frequência.

2 – O Governo define, através de decreto-lei, os regimes de acesso e ingresso no ensino superior, em obediência aos seguintes princípios:
 a) Democraticidade, equidade e igualdade de oportunidades;
 b) Objectividade dos critérios utilizados para a selecção e seriação dos candidatos;
 c) Universalidade de regras para cada um dos subsistemas de ensino superior;
 d) Valorização do percurso educativo do candidato no ensino secundário, nas suas componentes de avaliação contínua e provas nacionais, traduzindo a relevância para o acesso ao ensino superior do sistema de certificação nacional do ensino secundário;
 e) Utilização obrigatória da classificação final do ensino secundário no processo de seriação;
 f) Coordenação dos estabelecimentos de ensino superior para a realização da avaliação, selecção e seriação por forma a evitar a proliferação de provas a que os candidatos venham a submeter-se;
 g) Carácter nacional do processo de candidatura à matrícula e inscrição nos estabelecimentos de ensino superior público, sem prejuízo da realização, em casos devidamente fundamentados, de concursos de natureza local;
 h) Realização das operações de candidatura pelos serviços da administração central e regional da educação.

3 – Nos limites definidos pelo número anterior, o processo de avaliação da capacidade para a frequência, bem como o de selecção e seriação

dos candidatos ao ingresso em cada curso e estabelecimento de ensino superior é da competência dos estabelecimentos de ensino superior.

4 – O Estado deve progressivamente assegurar a eliminação de restrições quantitativas de carácter global no acesso ao ensino superior (numerus clausus) e criar as condições para que os cursos existentes e a criar correspondam globalmente às necessidades em quadros qualificados, às aspirações individuais e à elevação do nível educativo, cultural e científico do País e para que seja garantida a qualidade do ensino ministrado.

5 – Têm igualmente acesso ao ensino superior os indivíduos maiores de 25 anos que, não estando habilitados com um curso do ensino secundário ou equivalente, e não sendo titulares de um curso do ensino superior, façam prova, especialmente adequada, de capacidade para a sua frequência.

6 – O Estado deve criar as condições que garantam aos cidadãos a possibilidade de frequentar o ensino superior, de forma a impedir os efeitos discriminatórios decorrentes das desigualdades económicas e regionais ou de desvantagens sociais prévias.

ARTIGO 13.º
Graus académicos e diplomas

(Nova redacção dada pela Lei n.º 115/97)

1 – No ensino superior são conferidos os graus académicos de bacharel, licenciado, mestre e doutor.

2 – No ensino universitário são conferidos os graus académicos de bacharel, licenciado, mestre e doutor.

3 – No ensino politécnico são conferidos os graus académicos de bacharel e de licenciado.

4 – Os cursos conducentes ao grau de bacharel têm a duração normal de três anos, podendo, em casos especiais, ter uma duração inferior em um a dois semestres.

5 – Os cursos conducentes ao grau de licenciado têm a duração normal de quatro anos, podendo, em casos especiais, ter uma duração de mais um a quatro semestres.

6 – O Governo regulará, através de decreto-lei, ouvidos os estabelecimentos de ensino superior, as condições de atribuição dos graus académicos de forma a garantir o nível científico da formação adquirida.

7 – Os estabelecimentos de ensino superior podem realizar cursos não conferentes de grau académico cuja conclusão com aproveitamento conduza à atribuição de um diploma.

8 – A mobilidade entre o ensino universitário e o ensino politécnico é assegurada com base no princípio do reconhecimento mútuo do valor da formação e das competências adquiridas.

ARTIGO 14.º
Estabelecimentos

1 – O ensino universitário realiza-se em universidades e em escolas universitárias não integradas

2 – O ensino politécnico realiza-se em escolas superiores especializadas nos domínios da tecnologia, das artes e da educação, entre outros.

3 – As universidades podem ser constituídas por escolas, institutos ou faculdades diferenciados e ou por departamentos ou outras unidades, podendo ainda integrar escolas superiores do ensino politécnico.

4 – As escolas superiores do ensino politécnico podem ser associadas em unidades mais amplas, com designações várias, segundo critérios de interesse regional e ou de natureza das escolas.

ARTIGO 15.º
Investigação científica

1 – O Estado deve assegurar as condições materiais e culturais de criação e investigação científicas

2 – Nas instituições de ensino superior serão criadas as condições para a promoção da investigação científica e para a realização de actividades de investigação e desenvolvimento.

3 – A investigação científica no ensino superior deve ter em conta os objectivos predominantes da instituição em que se insere, sem prejuízo da sua perspectivação em função do progresso, do saber e da resolução dos problemas postos pelo desenvolvimento social, económico e cultural do País.

4 – Devem garantir-se as condições de publicação dos trabalhos científicos e facilitar-se a divulgação dos novos conhecimentos e perspectivas do pensamento científico, dos avanços tecnológicos e da criação cultural.

5 – Compete ao Estado incentivar a colaboração entre as entidades públicas, privadas e cooperativas, no sentido de fomentar o desenvolvimento da ciência, da tecnologia e da cultura, tendo particularmente em vista os interesses da colectividade.

SUBSECÇÃO IV
Modalidades especiais de educação escolar

ARTIGO 16.º
Modalidades

1 – Constituem modalidades especiais de educação escolar:

a) A educação especial;
b) A formação profissional;
c) O ensino recorrente de adultos;
d) O ensino à distância;
e) O ensino português no estrangeiro.

2 – Cada uma destas modalidades é parte integrante da educação escolar, mas rege-se por disposições especiais.

ARTIGO 17.º
Âmbito e objectivos da educação especial

1 – A educação especial visa a recuperação e integração sócio--educativas dos indivíduos com necessidades educativas específicas devidas a deficiências físicas e mentais.

2 – A educação especial integra actividades dirigidas aos educandos e acções dirigidas às famílias, aos educadores e às comunidades.

3 – No âmbito dos objectivos do sistema educativo, em geral, assumem relevo na educação especial:

a) O desenvolvimento das potencialidades físicas e intelectuais;
b) A ajuda na aquisição da estabilidade emocional
c) O desenvolvimento das possibilidades de comunicação;
d) A redução das limitações provocadas pela deficiência;
e) O apoio na inserção familiar, escolar e social de crianças e jovens deficientes;

f) O desenvolvimento da independência a todos os níveis em que se possa processar;
g) A preparação para uma adequada formação profissional e integração na vida activa

ARTIGO 18.º
Organização da educação especial

1 – A educação especial organiza-se preferencialmente segundo modelos diversificados de integração em estabelecimentos regulares de ensino, tendo em conta as necessidades de atendimento específico, e com apoios de educadores especializados.

2 – A educação especial processar-se-á também em instituições específicas quando comprovadamente o exijam o tipo e o grau de deficiência do educando.

3 – São também organizadas formas de educação especial visando a integração profissional do deficiente.

4 – A escolaridade básica para crianças e jovens deficientes deve ter currículos e programas devidamente adaptados às características de cada tipo e grau de deficiência, assim como formas de avaliação adequadas às dificuldades específicas.

5 – Incumbe ao Estado promover e apoiar a educação especial para deficientes.

6 – As iniciativas de educação especial podem pertencer ao poder central, regional ou local ou a outras entidades colectivas, designadamente associações de pais e de moradores, organizações cívicas e confessionais, organizações sindicais e de empresa e instituições de solidariedade social.

7 – Ao ministério responsável pela coordenação da política educativa compete definir as normas gerais da educação especial, nomeadamente nos seus aspectos pedagógicos e técnicos, e apoiar e fiscalizar o seu cumprimento e aplicação.

8 – Ao Estado cabe promover, a nível nacional, acções que visem o esclarecimento, a prevenção e o tratamento precoce da deficiência.

ARTIGO 19.º
Formação profissional

1 – A formação profissional, para além de complementar a preparação para a vida activa iniciada no ensino básico, visa uma integração dinâmica no mundo do trabalho pela aquisição de conhecimentos e de competências profissionais, por forma a responder às necessidades nacionais de desenvolvimento e à evolução tecnológica.

2 – Têm acesso à formação profissional:
   a) Os que tenham concluído a escolaridade obrigatória;
   b) Os que não concluíram a escolaridade obrigatória até à idade limite desta;
   c) Os trabalhadores que pretendam o aperfeiçoamento ou a reconversão profissionais.

3 – A formação profissional estrutura-se segundo um modelo institucional e pedagógico suficientemente flexível que permita integrar os alunos com níveis de formação e características diferenciados.

4 – A formação profissional estrutura-se por forma a desenvolver acções de:
   a) Iniciação profissional;
   b) Qualificação profissional;
   c) Aperfeiçoamento profissional;
   d) Reconversão profissional.

5 – A organização dos cursos de formação profissional deve adequar-se às necessidades conjunturais nacionais e regionais de emprego, podendo integrar módulos de duração variável e combináveis entre si, com vista à obtenção de níveis profissionais sucessivamente mais elevados.

6 – O funcionamento dos cursos e módulos pode ser realizado segundo formas institucionais diversificadas, designadamente:
   a) Utilização de escolas de ensino básico e secundário;
   b) Protocolos com empresas e autarquias;
   c) Apoios a instituições e iniciativas estatais e não estatais;
   d) Dinamização de acções comunitárias e de serviços à comunidade;
   e) Criação de instituições específicas.

7 – A conclusão com aproveitamento de um módulo ou curso de formação profissional confere direito à atribuição da correspondente certificação.

8 – Serão estabelecidos processos que favoreçam a recorrência e a progressão no sistema de educação escolar dos que completarem cursos de formação profissional.

ARTIGO 20.º
Ensino recorrente de adultos

1 – Para os indivíduos que já não se encontram na idade normal de frequência dos ensinos básico e secundário é organizado um ensino recorrente.

2 – Este ensino é também destinado aos indivíduos que não tiveram oportunidade de se enquadrar no sistema de educação escolar na idade normal de formação, tendo em especial atenção a eliminação do analfabetismo.

3 – Têm acesso a esta modalidade de ensino os indivíduos:

a) Ao nível do ensino básico, a partir dos 15 anos;

b) Ao nível do ensino secundário, a partir dos 18 anos.

4 – Este ensino atribui os mesmos diplomas e certificados que os conferidos pelo ensino regular, sendo as formas de acesso e os planos e métodos de estudo organizados de modo distinto, tendo em conta os grupos etários a que se destinam, a experiência de vida entretanto adquirida e o nível de conhecimentos demonstrados.

5 – A formação profissional referida no artigo anterior pode ser também organizada de forma recorrente.

ARTIGO 21.º
Ensino à distância

1 – O ensino à distância, mediante o recurso aos multimédia e às novas tecnologias da informação, constitui não só uma forma complementar do ensino regular, mas pode constituir também uma modalidade alternativa da educação escolar.

2 – O ensino à distância terá particular incidência na educação recorrente e na formação contínua de professores.

3 – Dentro da modalidade de ensino a distância situa-se a universidade aberta.

ARTIGO 22.º
Ensino português no estrangeiro

1 – O Estado promoverá a divulgação e o estudo da língua e da cultura portuguesas no estrangeiro mediante acções e meios diversificados que visem nomeadamente, a sua inclusão nos planos curriculares de outros países e a criação e a manutenção de leitorados de português, sob orientação de professores portugueses, em universidades estrangeiras.

2 – Será incentivada a criação de escolas portuguesas nos países de língua oficial portuguesa e junto das comunidades de emigrantes portugueses.

3 – O ensino da língua e da cultura portuguesas aos trabalhadores emigrantes e seus filhos será assegurado através de cursos e actividades promovidos nos países de imigração em regime de integração ou de complementaridade relativamente aos respectivos sistemas educativos.

4 – Serão incentivadas e apoiadas pelo Estado as iniciativas de associações de portugueses e as de entidades estrangeiras, públicas e privadas que contribuam para a prossecução dos objectivos enunciados neste artigo.

SECÇÃO III
Educação extra-escolar

ARTIGO 23.º
Educação extra-escolar

1 – A educação extra-escolar tem como objectivo permitir a cada indivíduo aumentar os seus conhecimentos e desenvolver as suas potencialidades, em complemento da formação escolar ou em suprimento da sua carência.

2 – A educação extra-escolar integra-se numa perspectiva de educação permanente e visa a globalidade e a continuidade da acção educativa

3 – São vectores fundamentais da educação extra-escolar:

a) Eliminar o analfabetismo literal e funcional;
b) Contribuir para a efectiva igualdade de oportunidades educativas e profissionais dos que não frequentaram o sistema regular do ensino ou o abandonaram precocemente, designadamente através da alfabetização e da educação de base de adultos;

c) Favorecer atitudes de solidariedade social e de participação na vida da comunidade;
d) Preparar para o emprego, mediante acções de reconversão e de aperfeiçoamento profissionais, os adultos cujas qualificações ou treino profissional se tomem inadequados face ao desenvolvimento tecnológico;
e) Desenvolver as aptidões tecnológicas e o saber técnico que permitam ao adulto adaptar-se à vida contemporânea;
f) Assegurar a ocupação criativa dos tempos livres de jovens e adultos com actividades de natureza cultural.

4 – As actividades de educação extra-escolar podem realizar-se em estruturas de extensão cultural do sistema escolar, ou em sistemas abertos, com recurso a meios de comunicação social e a tecnologias educativas específicas e adequadas.

5 – Compete ao Estado promover a realização de actividades extra-escolares e apoiar as que, neste domínio, sejam da iniciativa das autarquias, associações culturais e recreativas, associações de pais, associações de estudantes e organismos juvenis, associações de educação popular, organizações sindicais e comissões de trabalhadores, organizações cívicas e confessionais e outras.

6 – O Estado, para além de atender à dimensão educativa da programação televisiva e radiofónica em geral, assegura a existência e funcionamento da rádio e da televisão educativas, numa perspectiva de pluralidade de programas, cobrindo tempos diários de emissão suficientemente alargados e em horários diversificados.

CAPÍTULO III
Apoios e complementos educativos

ARTIGO 24.º
Promoção do sucesso escolar

1 – São estabelecidas e desenvolvidas actividades e medidas de apoio e complemento educativos, visando contribuir para a igualdade de oportunidades de acesso e sucesso escolar.

2 – Os apoios e complementos educativos são aplicados prioritariamente na escolaridade obrigatória.

ARTIGO 25.º
Apoios a alunos com necessidades escolares específicas

Nos estabelecimentos de ensino básico é assegurada a existência de actividades de acompanhamento e complemento pedagógicos, de modo positivamente diferenciado, a alunos com necessidades escolares específicas.

ARTIGO 26.º
Apoio psicológico e orientação escolar e profissional

O apoio ao desenvolvimento psicológico dos alunos e à sua orientação escolar e profissional, bem como o apoio psicopedagógico às actividades educativas e ao sistema de relações da comunidade escolar, são realizados por serviços de psicologia e orientação escolar profissional inseridos em estruturas regionais escolares.

ARTIGO 27.º
Acção social escolar

1 – São desenvolvidos, no âmbito da educação pré-escolar e da educação escolar, serviços de acção social escolar, concretizados através da aplicação de critérios de discriminação positiva que visem a compensação social e educativa dos alunos economicamente mais carenciados.

2 – Os serviços de acção social escolar são traduzidos por um conjunto diversificado de acções, em que avultam a comparticipação em refeições, serviços de cantina, transportes, alojamento, manuais e material escolar, e pela concessão de bolsas de estudo.

ARTIGO 28.º
Apoio de saúde escolar

Será realizado o acompanhamento do saudável crescimento e desenvolvimento dos alunos, o qual é assegurado, em princípio, por serviços especializados dos centros comunitários de saúde em articulação com as estruturas escolares.

ARTIGO 29.º
Apoio a trabalhadores-estudantes

Aos trabalhadores-estudantes será proporcionado um regime especial de estudos que tenha em consideração a sua situação de trabalhadores e de estudantes e que lhes permita a aquisição de conhecimentos, a progressão no sistema do ensino e a criação de oportunidades de formação profissional adequadas à sua valorização pessoal.

CAPÍTULO IV
Recursos humanos

ARTIGO 30.º
Princípios gerais sobre a formação de educadores e professores

1 – A formação de educadores e professores assenta nos seguintes princípios:
   a) Formação inicial de nível superior, proporcionando aos educadores e professores de todos os níveis de educação e ensino a informação, os métodos e as técnicas científicos e pedagógicos de base, bem como a formação pessoal e social adequadas ao exercício da função;
   b) Formação contínua que complemente e actualize a formação inicial numa perspectiva de educação permanente;
   c) Formação flexível que permita a reconversão e mobilidade dos educadores e professores das diferentes níveis de educação e ensino, nomeadamente o necessário complemento de formação profissional;
   d) Formação integrada quer no plano da preparação científico-pedagógica quer no da articulação teórico-prática;
   e) Formação assente em práticas metodológicas afins das que o educador e o professor vierem a utilizar na prática pedagógica;
   f) Formação que, em referência à realidade social, estimule uma atitude simultaneamente crítica e actuante;
   g) Formação que favoreça e estimule a inovação e a investigação, nomeadamente em relação com a actividade educativa;
   h) Formação participada que conduza a uma prática reflexiva e continuada de auto-informação e auto-aprendizagem.

2 – A orientação e as actividades pedagógicas na educação pré-escolar são asseguradas por educadores de infância, sendo a docência em todos os níveis e ciclos de ensino assegurada por professores detentores de diploma que certifique a formação profissional específica com que se encontram devidamente habilitados para o efeito.

ARTIGO 31.º
Formação inicial de educadores de infância e de professores dos ensinos básico e secundário

(Nova redacção dada pela Lei n.º 115/97)

1 – Os educadores de infância e os professores dos ensinos básico e secundário adquirem a qualificação profissional através de cursos superiores que conferem o grau de licenciatura, organizados de acordo com as necessidades do desempenho profissional no respectivo nível de educação e ensino.

2 – O Governo define, por decreto-lei, os perfis de competência e de formação de educadores e professores para ingresso na carreira docente.

3 – A formação dos educadores de infância e dos professores dos 1.º, 2.º e 3.º ciclos do ensino básico realiza-se em escolas superiores de educação e em estabelecimentos de ensino universitário.

4 – O Governo define, por decreto-lei, os requisitos a que as escolas superiores de educação devem satisfazer para poderem ministrar cursos de formação inicial de professores do 3.º ciclo do ensino básico, nomeadamente no que se refere a recursos humanos e materiais, de forma que seja garantido o nível científico da formação adquirida.

5 – A formação dos professores do ensino secundário realiza-se em estabelecimentos de ensino universitário.

6 – A qualificação profissional dos professores de disciplinas de natureza profissional, vocacional ou artística dos ensinos básico ou secundário pode adquirir-se através de cursos de licenciatura que assegurem a formação na área da disciplina respectiva, complementados por formação pedagógica adequada.

7 – A qualificação profissional dos professores do ensino secundário pode ainda adquirir-se através de cursos de licenciatura que assegurem a formação científica na área de docência respectiva complementados por formação pedagógica adequada.

ARTIGO 32.º
Qualificação para professor do ensino superior

1 – Adquirem qualificação para a docência no ensino superior os habilitados com os graus de doutor ou de mestre, bem como os licenciados que tenham prestado provas de aptidão pedagógica e capacidade científica podendo ainda exercer a docência outras individualidades reconhecidamente qualificadas.

2 – Podem coadjuvar na docência do ensino superior os indivíduos habilitados com o grau de licenciado ou equivalente.

ARTIGO 33.º
Qualificação para outras funções educativas
(Nova redacção dada pela Lei n.º 115/97)

1 – Adquirem qualificação para a docência em educação especial os educadores de infância e os professores do ensino básico e secundário com prática de educação ou de ensino regular ou especial que obtenham aproveitamento em cursos especialmente vocacionados para o efeito realizados em estabelecimentos de ensino superior que disponham de recursos próprios nesse domínio.

2 – Nas instituições de formação referidas nos n.ºs 3 e 5 do artigo 31.º podem ainda ser ministrados cursos especializados de administração e inspecção escolares, de animação sócio-cultural, de educação de base de adultos e outros necessários ao desenvolvimento do sistema educativo.

3 – São qualificados para o exercício das actividades de apoio educativo os indivíduos habilitados com formação superior adequada.

ARTIGO 34.º
Pessoal auxiliar de educação

O pessoal auxiliar de educação deve possuir como habilitação mínima o ensino básico ou equivalente, devendo ser-lhe proporcionada uma formação complementar adequada.

ARTIGO 35.º
Formação contínua

1 – A todos os educadores, professores e outros profissionais da educação e reconhecido o direito à formação contínua.

2 – A formação contínua deve ser suficientemente diversificada de modo a assegurar o complemento, aprofundamento e actualização de conhecimentos e de competências profissionais, bem como a possibilitar a mobilidade e a progressão na carreira.

3 – A formação contínua é assegurada predominantemente pelas respectivas instituições de formação inicial, em estreita cooperação com os estabelecimentos onde os educadores e professores trabalham.

4 – Serão atribuídos aos docentes períodos especialmente destinados à formação contínua os quais poderão revestir a forma de anos sabáticos.

ARTIGO 36.º
Princípios gerais das carreiras de pessoal docente e de outrosprofissionais da educação

1 – Os educadores, professores e outros profissionais da educação têm direito a retribuição e carreira compatíveis com as suas habilitações e responsabilidades profissionais, sociais e culturais.

2 – A progressão na carreira deve estar ligada à avaliação de toda a actividade desenvolvida, individualmente ou em grupo, na instituição educativa, no plano da educação e do ensino e da prestação de outros serviços à comunidade, bem como às qualificações profissionais, pedagógicas e científicas.

3 – Aos educadores, professores e outros profissionais da educação é reconhecido o direito de recurso das decisões da avaliação referida no número anterior.

CAPÍTULO V
Recursos materiais

ARTIGO 37.º
Rede Escolar

1 – Compete ao Estado criar uma rede de estabelecimentos públicos de educação e ensino que cubra as necessidades de toda a população.

2 – O planeamento da rede de estabelecimentos escolares deve contribuir para a eliminação de desigualdades e assimetrias locais e regionais, por forma a assegurar a igualdade de oportunidades de educação e ensino a todas as crianças e jovens.

ARTIGO 38.º
Regionalização

O planeamento e reorganização da rede escolar, assim como a construção e manutenção dos edifícios escolares e seu equipamento, devem assentar numa política de regionalização efectiva, com definição clara das competências dos intervenientes, que, para o efeito, devem contar com os recursos necessários.

ARTIGO 39.º
Edifícios escolares

1 – Os edifícios escolares devem ser planeados na óptica de um equipamento integrado e ter suficiente flexibilidade para permitir, sempre que possível, a sua utilização em diferentes actividades da comunidade e a sua adaptação em função das alterações dos diferentes níveis de ensino, dos currículos e métodos educativos.

2 – A estrutura dos edifícios escolares deve ter em conta, para além das actividades escolares, o desenvolvimento de actividades de ocupação de tempos livres e o envolvimento da escola em actividades extra-escolares.

3 – A densidade da rede e as dimensões dos edifícios escolares devem ser ajustadas às características e necessidades regionais e à capacidade de acolhimento de um número equilibrado de alunos, de forma a garantir as condições de uma boa prática pedagógica e a realização de uma verdadeira comunidade escolar.

4 – Na concepção dos edifícios e na escolha do equipamento devem ser tidas em conta as necessidades especiais dos deficientes.

5 – A gestão dos espaços deve obedecer ao imperativo de, também por esta via, se contribuir para o sucesso educativo e escolar dos alunos.

ARTIGO 40.º
Estabelecimentos de educação e de ensino

1 – A educação pré-escolar realiza-se em unidades distintas ou incluídas em unidades escolares onde também seja ministrado o 1.º ciclo do ensino básico ou ainda em edifícios onde se realizem outras actividades sociais, nomeadamente de educação extra-escolar.

2 – O ensino básico é realizado em estabelecimentos com tipologias diversas que abarcam a totalidade ou parte dos ciclos que o constituem, podendo, por necessidade de racionalização de recursos, ser ainda realizado neles o ensino secundário.

3 – O ensino secundário realiza-se em escolas secundárias pluricurriculares, sem prejuízo de, relativamente a certas matérias, se poder recorrer à utilização de instalações de entidades privadas ou de outras entidades públicas não responsáveis pela rede de ensino público para a realização de aulas ou outras acções de ensino e formação.

4 – A rede escolar do ensino secundário deve ser organizada de modo que em cada região se garanta a maior diversidade possível de cursos, tendo em conta os interesses locais ou regionais.

5 – O ensino secundário deve ser predominantemente realizado em estabelecimentos distintos, podendo, com o objectivo de racionalização dos respectivos recursos, ser aí realizados ciclos do ensino básico, especialmente o 3.º.

6 – As diversas unidades que integram a mesma instituição de ensino superior podem dispersar-se geograficamente, em função da sua adequação às necessidades de desenvolvimento da região em que se inserem.

7 – A flexibilidade da utilização dos edifícios prevista neste artigo em caso algum se poderá concretizar em colisão com o n.º 3 do artigo anterior.

ARTIGO 41.º
Recursos educativos

1 – Constituem recursos educativos todos os meios materiais utilizados para conveniente realização da actividade educativa.

2 – São recursos educativos privilegiados, a exigirem especial atenção:

a) Os manuais escolares;
b) As bibliotecas e mediatecas escolares;
c) Os equipamentos laboratoriais e oficinais;
d) Os equipamentos para educação física e desportos;
e) Os equipamentos para educação musical e plástica;
f) Os centros regionais de recursos educativos.

3 – Para o apoio e complementaridade dos recursos educativos existentes nas escolas e ainda com o objectivo de racionalizar o uso dos meios disponíveis será incentivada a criação de centros regionais que disponham de recursos apropriados e de meios que permitam criar outros, de acordo com as necessidades de inovação educativa.

ARTIGO 42.º
Financiamento da educação

1 – A educação será considerada, na elaboração do Plano e do Orçamento do Estado, como uma das prioridades nacionais.

2 – As verbas destinadas à educação devem ser distribuídas em função das prioridades estratégicas do desenvolvimento do sistema educativa.

CAPÍTULO VI
Administração do sistema educativo

ARTIGO 43.º
Princípios gerais

1 – A administração e gestão do sistema educativo devem assegurar o pleno respeito pelas regras de democraticidade e de participação que visem a consecução de objectivos pedagógicos e educativos, nomeadamente no domínio da formação social e cívica.

2 – O sistema educativo deve ser dotado de estruturas administrativas de âmbito nacional, regional autónomo, regional e local, que assegurem a sua interligação com a comunidade mediante adequados graus de participação dos professores, dos alunos, das famílias, das autarquias, de entidades representativas das actividades sociais, económicas e culturais e ainda de instituições de carácter científico.

3 – Para os efeitos do número anterior serão adoptadas orgânicas e formas de descentralização e de desconcentração dos serviços, cabendo ao Estado através do ministério responsável pela coordenação da política educativa, garantir a necessária eficácia e unidade de acção.

ARTIGO 44.º
Níveis de administração

1 – Leis especiais regulamentarão a delimitação e articulação de competências entre os diferentes níveis de administração, tendo em atenção que serão da responsabilidade da administração central, designadamente, as funções de:

a) Concepção, planeamento e definição normativa do sistema educativo, com vista a assegurar o seu sentido de unidade e adequação aos objectivos de âmbito nacional;
b) Coordenação global e avaliação da execução das medidas da política educativa a desenvolver de forma descentralizada ou desconcentrada;
c) Inspecção e tutela em geral, com vista, designadamente, a garantir a necessária qualidade do ensino;
d) Definição dos critérios gerais de implantação da rede escolar, da tipologia das escolas e seu apetrechamento, bem como das normas pedagógicas a que deve obedecer a construção de edifícios escolares;
e) Garantia da qualidade pedagógica e técnica dos vários meios didácticos, incluindo os manuais escolares.

2 – A nível regional, e com o objectivo de integrar, coordenar e acompanhar a actividade educativa será criado em cada região um departamento regional de educação, em termos a regulamentar por decreto--lei.

ARTIGO 45.º
Administração e gestão dos estabelecimentos de educação e ensino

1 – O funcionamento dos estabelecimentos educação e ensino, nos diferentes níveis, orienta-se por uma perspectiva de integração comunitária sendo, nesse sentido, favorecida a fixação local dos respectivos docentes.

2 – Em cada estabelecimento ou grupo de estabelecimentos de educação e ensino a administração e gestão orientam-se por princípios de democraticidade e de participação de todos os implicados no processo educativo, tendo em atenção as características específicas de cada nível de educação e ensino.

3 – Na administração e gestão dos estabelecimentos de educação e ensino devem prevalecer critérios de natureza pedagógica e científica sobre critérios de natureza administrativa

4 – A direcção de cada estabelecimento ou grupo de estabelecimentos dos ensinos básico e secundário assegurada por órgãos próprios, para os quais são democraticamente eleitos os representantes de professores, alunos e pessoal não docente, e apoiada por órgãos consultivos e por serviços especializados, num e noutro caso segundo modalidades a regulamentar para cada nível de ensino.

5 – A participação dos alunos nos órgãos referidos no número anterior circunscreve-se ao ensino secundário.

6 – A direcção de todos os estabelecimentos de ensino superior orienta-se pelos princípios de democraticidade e representatividade e de participação comunitária.

7 – Os estabelecimentos de ensino superior gozam de autonomia científica, pedagógica e administrativa.

8 – As universidades gozam ainda de autonomia financeira, sem prejuízo da acção fiscalizadora do Estada

9 – A autonomia dos estabelecimentos de ensino superior será compatibilizada com a inserção destes no desenvolvimento da região e do País.

ARTIGO 46.º
Conselho Nacional de Educação

É instituído o Conselho Nacional de Educação, com funções consultivas, sem prejuízo das competências próprias dos órgãos de soberania, para efeitos de participação das várias forças sociais, culturais e económicas na procura de consensos alargados relativamente à política, em termos a regular por lei.

CAPÍTULO VII
Desenvolvimento e avaliação do sistema educativo

ARTIGO 47.º
Desenvolvimento curricular

1 – A organização curricular da educação escolar terá em conta a promoção de uma equilibrada harmonia, nos planos horizontal e vertical, entre os níveis de desenvolvimento físico e motor, cognitivo, afectivo, estético, social e moral dos alunos.

2 – Os planos curriculares do ensino básico incluirão, em todos os ciclos e de forma adequada, uma área de formação pessoal e social que pode ter como componentes a educação ecológica, a educação do consumidor, a educação familiar, a educação sexual, a prevenção de acidentes, a educação para a saúde, a educação para a participação nas instituições, serviços cívicos e outros do mesmo âmbito.

3 – Os planos curriculares dos ensinos básico e secundário integram ainda o ensino da moral e da religião católica, a título facultativo, no respeito dos princípios constitucionais da separação das igrejas e do Estado e da não confessionalidade do ensino público.

4 – Os planos curriculares do ensino básico devem ser estabelecidos à escala nacional, sem prejuízo da existência de conteúdos flexíveis, integrando componentes regionais.

5 – Os planos curriculares do ensino secundário terão uma estrutura de âmbito nacional, podendo as suas componentes apresentar características de índole regional e local, justificadas nomeadamente pelas condições sócio-económicas e pelas necessidades em pessoal qualificado.

6 – Os planos curriculares do ensino superior respeitam a cada uma das instituições de ensino que ministram os respectivos cursos estabelecidos, ou a estabelecer, de acordo com as necessidades nacionais e regionais e com uma perspectiva de planeamento integrado da respectiva rede.

7 – O ensino-aprendizagem da língua materna deve ser estruturado de forma que todas as outras componentes curriculares dos ensinos básico

e secundário contribuam de forma sistemática para o desenvolvimento das capacidades do aluno ao nível da compreensão e produção de enunciados orais e escritos em português.

ARTIGO 48.º
Ocupação dos tempos livres e desporto escolar

1 – As actividades curriculares dos diferentes níveis de ensino devem ser complementadas por acções orientadas para a formação integral e a realização pessoal dos educandos no sentido da utilização criativa e formativa dos seus tempos livres.

2 – Estas actividades de complemento curricular visam, nomeadamente, o enriquecimento cultural e cívico, a educação física e desportiva, a educação artística e a inserção dos educandos na comunidade.

3 – As actividades de complemento curricular podem ter âmbito nacional, regional ou local e, nos dois últimos casos, ser da iniciativa de cada escola ou grupo de escolas.

4 – As actividades de ocupação dos tempos livres devem valorizar a participação e o envolvimento das crianças e dos jovens na sua organização, desenvolvimento e avaliação.

5 – O desporto escolar visa especificamente a promoção da saúde e condição física, a aquisição de hábitos e condutas motoras e o entendimento do desporto como factor de cultura, estimulando sentimentos de solidariedade, cooperação, autonomia e criatividade, devendo ser fomentada a sua gestão pelos estudantes praticantes, salvaguardando-se a orientação por profissionais qualificados.

ARTIGO 49.º
Avaliação do sistema educativo

1 – O sistema educativo deve ser objecto de avaliação continuada, que deve ter em conta os aspectos educativos e pedagógicos, psicológicos e sociológicos, organizacionais, económicos e financeiros e ainda os de natureza político-administrativa e cultural.

2 – Esta avaliação incide, em especial, sobre o desenvolvimento, regulamentação e aplicação da presente lei.

ARTIGO 50.º
Investigação em educação

A investigação em educação destina-se a avaliar e interpretar cientificamente a actividade desenvolvida no sistema educativo, devendo ser incentivada nomeadamente, nas instituições de ensino superior que possuem centros ou departamentos de ciências da educação, sem prejuízo da criação de centros autónomos especializados neste domínio.

ARTIGO 51.º
Estatísticas da educação

1 – As estatísticas da educação são instrumento fundamental para a avaliação e o planeamento do sistema educativo, devendo ser organizadas de modo a garantir a sua realização em tempo oportuno e de forma universal.

2 – Para este efeito devem ser estabelecidas as normas gerais e definidas as entidades responsáveis pela recolha, tratamento e difusão das estatísticas da educação.

ARTIGO 52.º
Estruturas de apoio

1 – O Governo criará estruturas adequadas que assegurem e apoiem actividades de desenvolvimento curricular, de fomento da inovação e de avaliação do sistema e das actividades educativas.

2 – Estas estruturas devem desenvolver a sua actividade em articulação com as escolas e com as instituições de investigação em educação e de formação de professores.

ARTIGO 53.º
Inspecção escolar

A inspecção escolar goza de autonomia no exercício da sua actividade e tem como função avaliar e fiscalizar a realização da educação escolar, tendo em vista a prossecução dos fins e objectivos estabelecidos na presente lei e demais legislação complementar.

CAPÍTULO VIII
Ensino particular e cooperativo

ARTIGO 54.º
Especificidade

1 – É reconhecido pelo Estado o valor do ensino particular e cooperativo, como uma expressão concreta da liberdade de aprender e ensinar e do direito da família a orientar a educação dos filhos.

2 – O ensino particular e cooperativo rege-se por legislação e estatuto próprios, que devem subordinar-se ao disposto na presente lei.

ARTIGO 55.º
Articulação com a rede escolar

1 – Os estabelecimentos do ensino particular e cooperativo que se enquadrem nos princípios gerais, finalidades, estruturas e objectivos do sistema educativo são considerados parte integrante da rede escolar.

2 – No alargamento ou no ajustamento da rede o Estado terá também em consideração as iniciativas e os estabelecimentos particulares e cooperativas, numa perspectiva de racionalização de meios, de aproveitamento de recursos e de garantia de qualidade.

ARTIGO 56.º
Funcionamento de estabelecimentos e cursos

1 – As instituições de ensino particular e cooperativo podem, no exercício da liberdade de ensinar e aprender, seguir os planos curriculares e conteúdos programáticos do ensino a cargo do Estado ou adoptar planos e programas próprios, salvaguardadas as disposições constantes do n.º 1 do artigo anterior.

2 – Quando o ensino particular e cooperativo adoptar planos e programas próprios, o seu reconhecimento oficial é concedido caso a caso, mediante avaliação positiva resultante da análise dos respectivas currículos e das condições pedagógicas da realização do ensino, segundo normas a estabelecer por decreto-lei.

3 – A autorização para a criação e funcionamento de instituições e cursos de ensino superior particular e cooperativo, bem como a aprovação

dos respectivos planos de estudos e o reconhecimento oficial dos correspondentes diplomas, faz-se, caso a caso, por decreto-lei.

ARTIGO 57.º
Pessoal docente

1 – A docência nos estabelecimentos de ensino particular e cooperativo integrados na rede escolar requer, para cada nível de educação e ensino, a qualificação académica e a formação profissional estabelecidas na presente lei.

2 – O Estado pode apoiar a formação contínua dos docentes em exercício nos estabelecimentos de ensino particular e cooperativo que se integram na rede escolar.

ARTIGO 58.º
Intervenção do Estado

1 – O Estado fiscaliza e apoia pedagógica e tecnicamente o ensino particular e cooperativo

2 – O Estado apoia financeiramente as iniciativas e os estabelecimentos de ensino particular e cooperativo quando, no desempenho efectivo de uma função de interesse público, se integrem no plano de desenvolvimento da educação, fiscalizando a aplicação das verbas concedidas.

CAPÍTULO IX
Disposições finais e transitórias

ARTIGO 59.º
Desenvolvimento da lei

1 – O Governo fará publicar no prazo de um ano, sob a forma de decreto-lei, a legislação complementar necessária para o desenvolvimento da presente lei que contemple, designadamente, os seguintes domínios:

    a) Gratuitidade da escolaridade obrigatória;
    b) Formação de pessoal docente;
    c) Carreiras de pessoal docente e de outros profissionais da educação;
    d) Administração e gestão escolares;

e) Planos curriculares dos ensinos básico e secundário;
f) Formação profissional;
g) Ensino recorrente de adultos;
h) Ensino à distância;
i) Ensino português no estrangeiro;
j) Apoios e complementos educativos;
l) Ensino particular e cooperativo;
m) Educação física e desporto escolar;
n) Educação artística.

2 – Quando as matérias referidas no número anterior já constarem de lei da Assembleia da República, deverá o Governo, em igual prazo, apresentar as necessários propostas de lei.

3 – O Conselho Nacional de Educação deve acompanhar a aplicação e o desenvolvimento do disposto na presente lei.

ARTIGO 60.º
Plano de desenvolvimento do sistema educativo

O Governo, no prazo de dois anos deve elaborar e apresentar, para aprovação na Assembleia da República, um plano de desenvolvimento do sistema educativo, com um horizonte temporal a médio prazo e limite no ano 2000, que assegure a realização faseada da presente lei e demais legislação complementar.

ARTIGO 61.º
Regime de transição

O regime de transição do sistema actual para o previsto na presente lei constará de disposições regulamentares a publicar em tempo útil pelo Governo, não podendo professores, alunos e pessoal não docente ser afectados nos direitos adquiridos.

ARTIGO 62.º
Disposições transitórias

1 – Serão tomadas medidas no sentido de dotar os ensinos básico e secundário com docentes habilitados profissionalmente, mediante modelos

de formação inicial conformes com o disposto na presente lei, de forma a tomar desnecessária a muito curto prazo a contratação em regime permanente de professores sem habilitação profissional.

2 – Será organizado um sistema de profissionalização em exercício para os docentes devidamente habilitados actualmente em exercício ou que venham a ingressar no ensino, de modo a garantir-lhes uma formação profissional equivalente à ministrada nas instituições de formação inicial para os respectivos níveis de ensino.

3 – Na determinação dos contingentes a estabelecer para os cursos de formação inicial de professores a entidade competente deve ter em consideração a relação entre o número de professores habilitados já em exercício e a previsão de vagas disponíveis no termo de um período transitório de cinco anos.

4 – Enquanto não forem criadas as regiões administrativas, as competências e o âmbito geográfico dos departamentos regionais de educação referidos no n.º 2 do artigo 44.º serão definidos por decreto-lei, a publicar no prazo de um ano.

5 – O Governo elaborará um plano de emergência de construção e recuperação de edifícios escolares e seu apetrechamento, no sentido de serem satisfeitas as necessidades da rede escolar, com prioridade para o ensino básico.

6 – No 1.º ciclo do ensino básico as funções dos actuais directores de distrito escolar e dos delegados escolares são exclusivamente de natureza administrativa.

ARTIGO 63.º
Disposições finais

1 – As disposições relativas à duração da escolaridade obrigatória aplicam-se aos alunos que se inscreveram no 1.º ano do ensino básico no ano lectivo de 1987-1988 e para os que o fizerem nos anos lectivos subsequentes.

2 – Lei especial determinará as funções de administração e apoio educativos que cabem aos municípios.

3 – O Governo deve definir por decreto-lei o sistema de equivalência entre os estudos, graus e diplomas do sistema educativo português e os de outros países, bem como as condições em que os alunos do ensino superior podem frequentar em instituições congéneres estrangeiras parte

dos seus cursos, assim como os critérios de determinação das unidades de crédito transferíveis.

4 – Devem ser criadas condições que facilitem aos jovens regressados a Portugal, filhos de emigrantes, a sua integração no sistema educativo.

ARTIGO 64.º
Norma revogatória

É revogada toda a legislação que contrarie o disposto na presente lei.

DECRETO-LEI N.º 115-A/98, DE 5 DE MAIO

ARTIGO 1.º
Objecto

É aprovado o regime de autonomia, administração e gestão dos estabelecimentos da educação pré-escolar e dos ensinos básico e secundário, publicado em anexo ao presente diploma e que dele faz parte integrante.

ARTIGO 2.º
Aplicação

1 – Sem prejuízo do disposto no artigo seguinte, o regime constante do presente diploma relativo ao funcionamento dos órgãos, estruturas e serviços das escolas aplica-se, no ano lectivo de 1998-1999:

  a) Nos estabelecimentos de educação e de ensino abrangidos pelos regimes de gestão constantes dos Decretos-Leis n.ºs 769-A/76, de 23 de Outubro, e 172/91, de 10 de Maio;
  b) Nos agrupamentos de escolas constituídos ao abrigo do disposto no Despacho Normativo n.º 27/97, de 2 de Junho, com respeito pelos princípios constantes dos artigos 5.º e 6.º do regime anexo ao presente diploma;
  c) Nas escolas básicas integradas constituídas ao abrigo do despacho conjunto n.º 19/SERE/SEAM/90, de 15 de Maio, e regulamentação subsequente.

2 – O disposto no presente diploma é igualmente aplicável, a partir do ano lectivo de 1998-1999, a estabelecimentos não incluídos no número anterior, em qualquer das seguintes situações:

  a) Sempre que o director regional de Educação, ouvidos os respectivos órgãos de gestão, verifique a adequação do regime constante do presente diploma à dimensão e ao projecto educativo do estabelecimento;
  b) Tenham sido colocados em regime de instalação no ano lectivo de 1997-1998 ou em anos lectivos anteriores.

3 – A aplicação do presente diploma aos estabelecimentos da educação pré-escolar e do 1.º ciclo do ensino básico será feita, gradualmente, até ao final do ano lectivo de 1999-2000.

ARTIGO 3.º
Transição

1 – A transição para o sistema de órgãos previsto no regime em anexo ao presente diploma é assegurada pelos membros dos conselhos directivos ou directores executivos em exercício à data da entrada em vigor do presente diploma.

2 – No caso de cessação dos mandatos dos órgãos previstos no número anterior, a transição é assegurada por uma comissão executiva instaladora, eleita nos termos do artigo 5.º

ARTIGO 4.º
Mandatos em vigor

1 – Os actuais membros dos conselhos directivos e os directores executivos completam os respectivos mandatos, nos termos da legislação que presidiu à sua constituição, sem prejuízo do disposto nos números seguintes.

2 – Compete aos órgãos de gestão referidos no número anterior desenvolver as acções necessárias à entrada em pleno funcionamento do regime em anexo ao presente diploma, no início do ano escolar subsequente ao da cessação dos respectivos mandatos.

3 – Para efeitos do disposto no número anterior, os órgãos de gestão devem realizar as operações previstas no n.º 3 do artigo seguinte até 31 de Maio do ano em que ocorre a cessação dos seus mandatos.

ARTIGO 5.º
Comissão executiva instaladora

1 – A comissão executiva instaladora é eleita pelo período de um ano escolar, sendo-lhe aplicável, com as necessárias adaptações, o disposto nos n.ºs 1 e 3 do artigo 16.º, nos n.ºs 2 e 3 do artigo 17.º, no artigo 18.º, nos n.ºs 1 e 2 do artigo 19.º e nos artigos 20.º, 21.º e 23.º do regime em anexo ao presente diploma.

2 – A comissão executiva instaladora é o órgão de administração e gestão da escola, mantendo-se, até à instalação dos novos órgãos e estruturas, os órgãos e estruturas actualmente em exercício, de acordo com o regime que presidiu à sua constituição.

3 – A comissão executiva instaladora tem como programa a instalação dos órgãos de administração e gestão, de acordo com o regime em anexo ao presente diploma, competindo-lhe:

  a) Promover a elaboração do primeiro regulamento interno, nos termos do artigo seguinte;
  b) Assegurar a entrada em funcionamento dos órgãos previstos nas alíneas a) e b) do artigo 7.º do regime em anexo ao presente diploma até 30 de Abril e 31 de Maio de 1999, respectivamente.

ARTIGO 6.º
Primeiro regulamento interno

1 – Para efeitos do disposto nos artigos anteriores, é aprovado em cada escola ou agrupamento de escolas, até 31 de Dezembro de 1998, um primeiro regulamento interno, através da eleição de uma assembleia constituinte, cuja composição e forma de organização devem respeitar o disposto nos artigos 8.º, 9.º, 12.º, 13.º e 43.º do regime em anexo ao presente diploma.

2 – A assembleia constituinte terá obrigatoriamente a participação de representantes dos docentes, dos pais e encarregados de educação, dos alunos do ensino secundário, do pessoal não docente e da autarquia local, competindo a definição da sua composição, em concreto, aos órgãos de gestão previstos nos artigos 4.º e 5.º do presente diploma, ouvidos os órgãos de coordenação pedagógica dos respectivos estabelecimentos, em funcionamento.

3 – O projecto de regulamento referido no n.º 1 é elaborado pelos órgãos de gestão referidos no número anterior ou por uma comissão por eles designada, constituída em cada escola com o apoio do respectivo director regional de Educação.

4 – Para aprovação do primeiro regulamento é exigida maioria qualificada de dois terços dos votos dos membros da assembleia a que se refere o n.º 1.

5 – O primeiro regulamento interno da escola é submetido, para homologação, ao respectivo director regional de Educação, que decidirá no prazo de 30 dias.

ARTIGO 7.º
Revisão do regulamento interno

No ano lectivo subsequente ao da aprovação do regulamento interno previsto no artigo anterior, a assembleia da escola ou do agrupamento de escolas verifica da conformidade do mesmo com o respectivo projecto educativo, podendo ser-lhe introduzidas, por maioria absoluta dos votos dos membros em efectividade de funções, as alterações consideradas convenientes.

ARTIGO 8.º
Ordenamento da rede educativa

1 – Compete ao director regional de Educação, ouvidos o Departamento de Avaliação, Prospectiva e Planeamento, do Ministério da Educação, os municípios e os órgãos de gestão das escolas envolvidos, apresentar propostas de criação de agrupamentos para integração de estabelecimentos da educação pré-escolar e do ensino básico, incluindo postos do ensino básico mediatizado de uma área geográfica, de modo a cumprir-se o prazo previsto no n.º 3 do artigo 2.º do presente diploma.

2 – No primeiro ano do seu funcionamento, a gestão dos agrupamentos previstos no número anterior é assegurada por uma comissão executiva instaladora, constituída nos termos do artigo 4.º do presente diploma.

3 – Até à entrada em funções do órgão previsto no número anterior, a administração e gestão dos estabelecimentos é assegurada pelos respectivos órgãos em exercício.

4 – As propostas a que se refere o n.º 1 integram o projecto de ordenamento anual da rede educativa, a apresentar pelo respectivo director regional de Educação para homologação do Ministro da Educação.

ARTIGO 9.º
Áreas escolares e escolas básicas integradas

Para efeitos de aplicação do regime em anexo ao presente diploma, consideram-se agrupamentos de escolas:

    a) As escolas básicas integradas que tenham resultado da associação de diversos estabelecimentos de educação e de ensino;

    b) As áreas escolares criadas na sequência do Decreto-Lei n.º 172/91, de 10 de Maio, até à sua reestruturação, de acordo com as normas referentes à organização da rede educativa.

ARTIGO 10.º
Novas escolas

Aos estabelecimentos de ensino que entrem em funcionamento a partir do ano lectivo de 1998-1999 é aplicável o regime em vigor para as escolas em regime de instalação, cabendo à respectiva comissão instaladora proceder em conformidade com o disposto nos n.ºs 2 e 3 do artigo 5.º do presente diploma, no segundo ano do regime de instalação.

ARTIGO 11.º
Processo de instalação

Aos directores regionais de Educação cabe, em articulação com os órgãos de administração e gestão das escolas e com os delegados escolares em exercício, a adopção das providências necessárias à instalação dos órgãos previstos no presente diploma.

ARTIGO 12.º
Serviços de administração escolar

1 – Até ao provimento dos lugares de chefe de serviços de administração escolar nos termos do estatuto do pessoal não docente, os directores regionais de educação poderão, com recurso à mobilidade prevista na lei geral, destacar para o exercício das respectivas funções chefes de serviços de administração escolar afectos a outras escolas ou designar, para o efeito, o oficial administrativo mais antigo e de categoria mais elevada, o qual exercerá o cargo em regime de substituição.

2 – Os funcionários previstos no número anterior passarão a integrar o conselho administrativo, nos termos previstos no regime em anexo ao presente diploma.

ARTIGO 13.º
Regiões Autónomas

O presente diploma aplica-se às Regiões Autónomas, sem prejuízo das competências dos respectivos órgãos de governo próprios.

ARTIGO 14.º
Norma revogatória

Sem prejuízo da sua aplicação transitória nos termos dos artigos 2.º e seguintes do presente diploma, é revogada toda a legislação em contrário, designadamente o Decreto-Lei n.º 769-A/76, de 23 de Outubro, e o Decreto-Lei n.º 172/91, de 10 de Maio.

ANEXO

REGIME DE AUTONOMIA, ADMINISTRAÇÃO E GESTÃO DOS ESTABELECIMENTOS DA EDUCAÇÃO PRÉ-ESCOLAR E DOS ENSINOS BÁSICO E SECUNDÁRIO

CAPÍTULO I
DISPOSIÇÕES GERAIS

ARTIGO 1.º
(Âmbito de aplicação)

1. O presente regime jurídico aplica-se aos estabelecimentos públicos da educação pré-escolar e dos ensinos básico e secundário, regular e especializado, bem como aos seus agrupamentos.

2. As referências a escolas constantes do presente diploma reportam-se aos estabelecimentos referidos no número anterior, bem como aos seus agrupamentos, salvo se resultar diversamente da letra ou do sentido geral da disposição.

ARTIGO 2.º
(Conselhos locais de educação)

Com base na iniciativa do município, serão criadas estruturas de participação dos diversos agentes e parceiros sociais, com vista à articulação da política educativa com outras políticas sociais, nomeadamente em matéria de apoio sócio-educativo, de organização de actividades de complemento curricular, de rede, horários e de transportes escolares.

ARTIGO 3.º
(Autonomia)

1. Autonomia é o poder reconhecido à escola pela administração educativa de tomar decisões nos domínios estratégico, pedagógico, administrativo, financeiro e organizacional, no quadro do seu projecto educativo e em função das competências e dos meios que lhe estão consignados.

2. O projecto educativo, o regulamento interno e o plano anual de actividades constituem instrumentos do processo de autonomia das escolas, sendo entendidos como:

a) Projecto educativo – o documento que consagra a orientação educativa da escola, elaborado e aprovado pelos seus órgãos de administração e gestão para um horizonte de três anos, no qual se explicitam os princípios, os valores, as metas e as estratégias segundo os quais a escola se propõe cumprir a sua função educativa;

b) Regulamento interno – o documento que define o regime de funcionamento da escola, de cada um dos seus órgãos de administração e gestão, das estruturas de orientação e dos serviços de apoio educativo, bem como os direitos e os deveres dos membros da comunidade escolar;

c) Plano anual de actividades – o documento de planeamento, elaborado e aprovado pelos órgãos de administração e gestão da escola, que define, em função do projecto educativo, os objectivos, as formas de organização e de programação das actividades, e que procede à identificação dos recursos envolvidos.

3. As escolas que disponham de órgãos de administração e gestão constituídos de acordo com o disposto no presente diploma gozam do regime de autonomia, definido no Decreto-Lei n.º 43/89, de 3 de Fevereiro, acrescido, no plano do desenvolvimento organizacional, de competências nos domínios da organização interna da escola, da regulamentação do seu funcionamento e da gestão e formação dos seus recursos humanos.

ARTIGO 4.º
(Princípios orientadores da administração das escolas)

1. A administração das escolas subordina-se aos seguintes princípios orientadores:

a) Democraticidade e participação de todos os intervenientes no processo educativo, de modo adequado às características específicas dos vários níveis de educação e de ensino;

b) Primado de critérios de natureza pedagógica e científica sobre critérios de natureza administrativa;

c) Representatividade dos órgãos de administração e gestão da escola, garantida pela eleição democrática de representantes da comunidade educativa;
d) Responsabilização do Estado e dos diversos intervenientes no processo educativo;
e) Estabilidade e eficiência da gestão escolar, garantindo a existência de mecanismos de comunicação e informação;
f) Transparência dos actos de administração e gestão.

2. No quadro dos princípios referidos no número anterior e no desenvolvimento da autonomia da escola, deve considerar-se:
   a) A integração comunitária, através da qual a escola se insere numa realidade social concreta, com características e recursos específicos;
   b) A iniciativa dos membros da comunidade educativa, na dupla perspectiva de satisfação dos objectivos do sistema educativo e da realidade social e cultural em que a escola se insere;
   c) A diversidade e a flexibilidade de soluções susceptíveis de legitimarem opções organizativas diferenciadas em função do grau de desenvolvimento das realidades escolares;
   d) O gradualismo no processo de transferência de competências da administração educativa para a escola;
   e) A qualidade do serviço público de educação prestado;
   f) A sustentabilidade dos processos de desenvolvimento da autonomia da escola;
   g) A equidade, visando a concretização da igualdade de oportunidades.

ARTIGO 5.º
(Agrupamento de escolas)

1. O agrupamento de escolas é uma unidade organizacional, dotada de órgãos próprios de administração e gestão, constituída por estabelecimentos de educação pré-escolar e de um ou mais níveis e ciclos de ensino, a partir de um projecto pedagógico comum, com vista à realização das finalidades seguintes:
   a) Favorecer um percurso sequencial e articulado dos alunos abrangidos pela escolaridade obrigatória numa dada área geográfica;

b) Superar situações de isolamento de estabelecimentos e prevenir a exclusão social;
c) Reforçar a capacidade pedagógica dos estabelecimentos que o integram e o aproveitamento racional dos recursos;
d) Garantir a aplicação de um regime de autonomia, administração e gestão, nos termos do presente diploma;
e) Valorizar e enquadrar experiências em curso.

2. Os requisitos necessários para a constituição de agrupamentos de escolas são definidos por decreto regulamentar, com respeito pelos princípios consagrados no artigo seguinte.

3. Aos agrupamentos de escolas, independentemente do tipo de estabelecimentos que os constituem, aplica-se o disposto no Decreto-Lei n.º 43/89, de 3 de Fevereiro, com os desenvolvimentos constantes do presente diploma e legislação complementar.

ARTIGO 6.º
(Princípios gerais sobre agrupamentos de escolas)

1. A constituição de agrupamentos de escolas considera, entre outros, critérios relativos à existência de projectos pedagógicos comuns, à construção de percursos escolares integrados, à articulação curricular entre níveis e ciclos educativos, à proximidade geográfica, à expansão da educação pré-escolar e à reorganização da rede educativa.

2. Cada um dos estabelecimentos que integra o agrupamento de escolas mantém a sua identidade e denominação próprias, recebendo o agrupamento uma designação que o identifique, nos termos da legislação em vigor.

3. O agrupamento de escolas integra estabelecimentos de educação e de ensino de um mesmo concelho, salvo em casos devidamente justificados e mediante parecer favorável das autarquias locais envolvidas.

4. No processo de constituição de um agrupamento de escolas deve garantir-se que nenhum estabelecimento fique em condições de isolamento que dificultem uma prática pedagógica de qualidade.

ARTIGO 7.º
(Administração e gestão das escolas)

1. A administração e gestão das escolas é assegurada por órgãos próprios, que se orientam segundo os princípios referidos no artigo 4.º.

2. São órgãos de administração e gestão das escolas os seguintes:
a) Assembleia;
b) Conselho executivo ou director;
c) Conselho pedagógico;
d) Conselho administrativo.

CAPÍTULO II
ÓRGÃOS

SECÇÃO I
ASSEMBLEIA

ARTIGO 8.º
(Assembleia)

1. A assembleia é o órgão responsável pela definição das linhas orientadoras da actividade da escola, com respeito pelos princípios consagrados na Constituição da República e na Lei de Bases do Sistema Educativo.

2. A assembleia é o órgão de participação e representação da comunidade educativa, devendo estar salvaguardada na sua composição a participação de representantes dos docentes, dos pais e encarregados de educação, dos alunos, do pessoal não docente e da autarquia local.

3. Por opção da escola, a inserir no respectivo regulamento interno, a assembleia pode ainda integrar representantes das actividades de carácter cultural, artístico, científico, ambiental e económico da respectiva área, com relevo para o projecto educativo da escola.

ARTIGO 9.º
(Composição)

1. A definição do número de elementos que compõe a assembleia é da responsabilidade de cada escola, nos termos do respectivo regulamento interno, não podendo o número total dos seus membros ser superior a 20.

2. O número total de representantes do corpo docente não poderá ser superior a 50% da totalidade dos membros da assembleia, devendo, nas

escolas em que funcione a educação pré-escolar ou o 1.º ciclo, conjuntamente com outros ciclos do ensino básico, integrar representantes dos educadores de infância e dos professores do 1.º ciclo.

3. A representação dos pais e encarregados de educação, bem como a do pessoal não docente não deve, em qualquer destes casos, ser inferior a 10% da totalidade dos membros da assembleia.

4. A participação dos alunos circunscreve-se ao ensino secundário, sem prejuízo da possibilidade de participação dos trabalhadores estudantes que frequentam o ensino básico recorrente.

5. Nas escolas onde não haja lugar à representação dos alunos, nos termos do número anterior, o regulamento interno poderá estabelecer a forma de participação dos alunos, sem direito a voto, nomeadamente, através das respectivas associações de estudantes.

6. O presidente do conselho executivo ou o director e o presidente do con-selho pedagógico participam nas reuniões da assembleia, sem direito a voto. (¹)

ARTIGO 10.º
(Competências)

1. À assembleia compete:
a) Eleger o respectivo presidente, de entre os seus membros docentes;
b) Aprovar o projecto educativo da escola e acompanhar e avaliar a sua execução;
c) Aprovar o regulamento interno da escola;
d) Emitir parecer sobre o plano anual de actividades, verificando da sua conformidade com o projecto educativo;
e) Apreciar os relatórios periódicos e o relatório final de execução do plano anual de actividades;
f) Aprovar as propostas de contratos de autonomia, ouvido o conselho pedagógico;
g) Definir as linhas orientadoras para a elaboração do orçamento;
h) Apreciar o relatório de contas de gerência;
i) Apreciar os resultados do processo de avaliação interna da escola;

(¹) Redacção dada pela Lei n.º 24/99, de 22 de Abril.

j) Promover e incentivar o relacionamento com a comunidade educativa;
l) Acompanhar a realização do processo eleitoral para a direcção executiva;
m) Exercer as demais competências que lhe forem atribuídas na lei e no regulamento interno.

2. No desempenho das suas competências, a assembleia tem a faculdade de requerer aos restantes órgãos as informações necessárias para realizar eficazmente o acompanhamento e a avaliação do funcionamento da instituição educativa, e de lhes dirigir recomendações, com vista ao desenvolvimento do projecto educativo e ao cumprimento do plano anual de actividades.

3. Para efeitos do disposto na alínea l) do número 1, a assembleia designa uma comissão de três dos seus membros encarregada de proceder à verificação dos requisitos relativos aos candidatos e à constituição das listas, bem como do apuramento final dos resultados da eleição.

4. As deliberações da comissão nas matérias referidas no número anterior são publicitadas, nos termos a definir no regulamento interno, delas cabendo recurso, com efeito suspensivo, a interpor no prazo de 5 dias para o director regional de Educação, que decidirá no prazo de 10 dias.

ARTIGO 11.º
(Reunião da assembleia)

A assembleia reúne, ordinariamente, uma vez por trimestre e, extraordinariamente, sempre que seja convocada pelo respectivo presidente, por sua iniciativa, a requerimento de um terço dos seus membros em efectividade de funções ou por solicitação do presidente do conselho executivo ou do director.

ARTIGO 12.º
(Designação de representantes)

1. Os representantes dos alunos, do pessoal docente e do pessoal não docente na assembleia são eleitos por distintos corpos eleitorais, constituídos, respectivamente, pelos alunos, pelo pessoal docente e pelo pessoal não docente em exercício efectivo de funções na escola.

2. Os representantes dos pais e encarregados de educação são indicados em assembleia geral de pais e encarregados de educação da escola, sob proposta das respectivas organizações representativas e, na falta das mesmas, nos termos a definir no regulamento interno.([2])

3. Os representantes da autarquia local são designados pela câmara municipal, podendo esta delegar tal competência nas juntas de freguesia.

4. Na situação prevista no número 3 do artigo 8.º do presente diploma, os representantes das actividades de carácter cultural, artístico, científico, ambiental e económico são cooptados pelos restantes membros.

ARTIGO 13.º
(Eleições)

1. Os representantes referidos no número 1 do artigo anterior candidatam-se à eleição, constituídos em listas separadas.

2. As listas devem conter a indicação dos candidatos a membros efectivos, em número igual ao dos respectivos representantes na assembleia, bem como dos candidatos a membros suplentes.

3. As listas do pessoal docente, nas escolas em que funciona a educação pré-escolar ou o 1.º ciclo, conjuntamente com outros ciclos do ensino básico, devem integrar também representantes dos educadores de infância e dos professores do 1.º ciclo.

4. A conversão dos votos em mandatos faz-se de acordo com o método de representação proporcional da média mais alta de Hondt.

5. Sempre que nas escolas referidas no número 3, por aplicação do método referido no número anterior, não resultar apurado um docente da educação pré-escolar ou do 1.º ciclo do ensino básico, o último mandato é atribuído ao primeiro candidato da lista mais votada que preencha tal requisito.

ARTIGO 14.º
(Mandato)

1. O mandato dos membros da assembleia tem a duração de três anos, sem prejuízo do disposto nos números seguintes.

([2]) Redacção dada pela Lei n.º 24/99, de 22 de Abril.

2. Salvo quando o regulamento interno fixar diversamente e dentro do limite referido no número anterior, o mandato dos representantes dos pais e encarregados de educação e dos alunos tem a duração de um ano lectivo.

3. Os membros da assembleia são substituídos no exercício do cargo se, entretanto, perderem a qualidade que determinou a respectiva eleição ou designação.

4. As vagas resultantes da cessação do mandato dos membros eleitos são preenchidas pelo primeiro candidato não eleito, segundo a respectiva ordem de precedência na lista a que pertencia o titular do mandato, com respeito pelo disposto no número 3 do artigo anterior.

SECÇÃO II
DIRECÇÃO EXECUTIVA

ARTIGO 15.º
(Direcção executiva)

1. A direcção executiva é assegurada por um conselho executivo ou por um director, que é o órgão de administração e gestão da escola nas áreas pedagógica, cultural, administrativa e financeira.

2. A opção por qualquer das formas referidas no número anterior compete à própria escola, nos termos do respectivo regulamento interno.

ARTIGO 16.º
(Composição)

1. O conselho executivo é constituído por um presidente e dois vice--presidentes.

2. No caso de a escola ter optado por um director, este é apoiado no exercício das suas funções por dois adjuntos.

3. Nas escolas em que funcione a educação pré-escolar ou o 1.º ciclo conjuntamente com o ensino básico, o número de vice-presidentes – adjuntos pode ser alargado até três, podendo este número ir até quatro quando funcione também o ensino secundário. [3]

---

[3] Redacção dada pela Lei n.º 24/99, de 22 de Abril.

4. Nas escolas em que funcione a educação pré-escolar, ou o 1.º ciclo conjuntamente com outros ciclos do ensino básico, dois dos membros do conselho executivo devem ser educador de infância um, e professor do 1.º ciclo, outro. (⁴)

ARTIGO 17.º
(**Competências**)

1. Ouvido o conselho pedagógico, compete à direcção executiva: (⁵)

a) Submeter à aprovação da assembleia o projecto educativo da escola; (⁶)
b) Elaborar e submeter à aprovação da assembleia o regulamento interno da escola; (⁷)
c) Elaborar e submeter à aprovação da assembleia as propostas de celebração de contratos de autonomia. (⁸)

2. No plano da gestão pedagógica, cultural, administrativa, financeira e patrimonial, compete à direcção executiva, em especial:

a) Definir o regime de funcionamento da escola;
b) Elaborar o projecto de orçamento, de acordo com as linhas orientadoras definidas pela assembleia;
c) Elaborar o plano anual de actividades e aprovar o respectivo documento final, de acordo com o parecer vinculativo da assembleia;
d) Elaborar os relatórios periódicos e final de execução do plano anual de actividades;
e) Superintender na constituição de turmas e na elaboração de horários;
f) Distribuir o serviço docente e não docente;
g) Designar os directores de turma;
h) Planear e assegurar a execução das actividades no domínio da acção social escolar;

(⁴) Aditado pela Lei n.º 24/99, de 22 de Abril.
(⁵) Redacção dada pela Lei n.º 24/99, de 22 de Abril.
(⁶) Redacção dada pela Lei n.º 24/99, de 22 de Abril.
(⁷) Redacção dada pela Lei n.º 24/99, de 22 de Abril.
(⁸) Redacção dada pela Lei n.º 24/99, de 22 de Abril.

i) Gerir as instalações, espaços e equipamentos, bem como os outros recursos educativos;
j) Estabelecer protocolos e celebrar acordos de cooperação ou de associação com outras escolas e instituições de formação, autarquias e colectividades;
l) Proceder à selecção e recrutamento de pessoal docente e não docente, salvaguardado o regime legal de concursos;
m) Exercer as demais competências que lhe forem atribuídas na lei e no regulamento interno.

3. O regimento interno do conselho executivo fixará as funções e competências a atribuir a cada um dos seus membros.

ARTIGO 18.º
(Presidente do conselho executivo e director)

1. Compete ao presidente do conselho executivo ou ao director, nos termos da legislação em vigor:
   a) Representar a escola;
   b) Coordenar as actividades decorrentes das competências próprias da direcção executiva;
   c) Exercer o poder hierárquico, designadamente em matéria disciplinar, em relação ao pessoal docente e não docente;
   d) Exercer o poder disciplinar em relação aos alunos;
   e) Proceder à avaliação do pessoal docente e não docente.

2. O presidente do conselho executivo pode delegar as suas competências num dos vice-presidentes.

3. Nas suas faltas e impedimentos, o director é substituído pelo adjunto por si indicado.

ARTIGO 19.º
(Recrutamento)

1. Os membros do conselho executivo ou o director são eleitos em assembleia eleitoral, a constituir para o efeito, integrada pela totalidade do pessoal docente e não docente em exercício efectivo de funções na escola, por representantes dos alunos no ensino secundário, bem como por representantes dos pais e encarregados de educação.

2. A forma de designação dos representantes dos alunos e dos pais e encarregados de educação será fixada no regulamento da escola, salvaguardando:
   a) No ensino básico, o direito à participação dos pais e encarregados de educação em número não superior ao número de turmas em funcionamento;
   b) No ensino secundário, o direito à participação de um aluno por turma e de dois pais ou encarregados de educação, por cada ano de escolaridade.

3. Os candidatos a presidente do conselho executivo ou a director são obrigatoriamente docentes dos quadros de nomeação definitiva, em exercício de funções na escola, com pelo menos cinco anos de serviço e qualificação para o exercício de funções de administração e gestão escolar, nos termos do número seguinte.

4. Consideram-se qualificados para o exercício de funções de administração e gestão escolar os docentes que preencham uma das seguintes condições:
   a) Sejam detentores de habilitação específica para o efeito, nos termos das alíneas b) e c) do número 1 do artigo 56.º do Estatuto da Carreira Docente, aprovado pelo Decreto-Lei n.º 1/98, de 2 de Janeiro;
   b) Possuam experiência correspondente a um mandato completo, no exercício de cargos de administração e gestão escolar.

5. Os candidatos a vice-presidente devem ser docentes dos quadros, em exercício de funções na escola a cuja direcção executiva se candidatam, com pelo menos três anos de serviço e, preferencialmente, qualificados para o exercício de outras funções educativas, nos termos do artigo 56.º do Estatuto da Carreira Docente, aprovado pelo Decreto-Lei n.º 1/98, de 2 de Janeiro.

6. Os adjuntos são nomeados pelo director, de entre os docentes nas condições referidas no número anterior. ([9])

([9]) Redacção dada pela Lei n.º 24/99, de 22 de Abril.

ARTIGO 20.º
(Eleição)

1. Os candidatos constituem-se em lista e apresentam um programa de acção.

2. Considera-se eleita a lista que obtenha maioria absoluta dos votos entrados nas urnas, os quais devem representar, pelo menos, 60% do número total de eleitores.

3. Quando nenhuma lista sair vencedora, nos termos do número anterior, realiza-se um segundo escrutínio, no prazo máximo de 5 dias úteis, entre as duas listas mais votadas, sendo, então, considerada eleita a lista que reunir maior número de votos entrados nas urnas.

ARTIGO 21.º
(Provimento)

O presidente da assembleia, após confirmação da regularidade do processo eleitoral, procede à homologação dos respectivos resultados, conferindo posse aos membros da direcção executiva, nos 30 dias subsequentes à eleição. ([10])

ARTIGO 22.º
(Mandato)

1. O mandato dos membros do conselho executivo ou do director tem a duração de três anos.

2. O mandato dos membros do conselho executivo ou do director pode cessar:

   a) No final do ano escolar, quando assim for deliberado, por mais de dois terços dos membros da assembleia em efectividade de funções, em caso de manifesta desadequação da respectiva gestão, fundada em factos provados e informações, devidamente fundamentadas, apresentados por qualquer membro da assembleia;

   b) A todo o momento, por despacho fundamentado do director regional de Educação, na sequência de processo disciplinar que tenha concluído pela aplicação de sanção disciplinar;

([10]) Redacção dada pela Lei n.º 24/99, de 22 de Abril.

c) A requerimento do interessado dirigido ao presidente da assembleia, com a antecedência mínima de 45 dias, fundamentado em motivos devidamente justificados. (¹¹)

3. A cessação do mandato de um dos vice-presidentes do conselho executivo determina a sua substituição por um docente que reúna as condições do número 5 do artigo 19.º do presente diploma, o qual será cooptado pelos restantes membros.

4. A cessação do mandato do presidente, de dois membros eleitos do conselho executivo ou do director determina a abertura de um novo processo eleitoral para este órgão.

ARTIGO 23.º
(Assessoria da direcção executiva)

1. Para apoio à actividade do conselho executivo ou do director e mediante proposta destes, a assembleia pode autorizar a constituição de assessorias técnico-pedagógicas, para as quais serão designados docentes em exercício de funções na escola.

2. Os critérios para a constituição e dotação das assessorias referidas no número anterior são definidos por despacho do Ministro da Educação, de acordo com a população escolar e o tipo e regime de funcionamento da escola.

SECÇÃO III
CONSELHO PEDAGÓGICO

ARTIGO 24.º
(Conselho pedagógico)

O conselho pedagógico é o órgão de coordenação e orientação educativa da escola, nomeadamente nos domínios pedagógico-didáctico, da orientação e acompanhamento dos alunos e da formação inicial e contínua do pessoal docente e não docente.

(¹¹) Redacção dada pela Lei n.º 24/99, de 22 de Abril.

ARTIGO 25.º
(Composição)

1. A composição do conselho pedagógico é da responsabilidade de cada escola, a definir no respectivo regulamento interno, devendo neste estar salvaguardada a participação de representantes das estruturas de orientação e dos serviços de apoio educativo, das associações de pais e encarregados de educação, dos alunos no ensino secundário, do pessoal não docente e dos projectos de desenvolvimento educativo, num máximo de 20 membros.

2. Na definição do número de elementos do conselho pedagógico, a escola deve ter em consideração a necessidade de conferir a maior eficácia a este órgão no desempenho das suas competências, designadamente, assegurando a articulação curricular, através de uma representação multidisciplinar.

3. O presidente do conselho executivo ou o director é membro do conselho pedagógico.

4. Nas reuniões em que sejam tratados assuntos que envolvam sigilo, designadamente sobre matéria de provas de exame ou de avaliação global, apenas participam os membros docentes.

5. Os representantes dos alunos, nos termos do número 1, são eleitos anualmente pela assembleia de delegados de turma, de entre os seus membros.

6. Quando não exista associação de pais e encarregados de educação, o regulamento interno fixará a forma de designação dos respectivos representantes.

ARTIGO 26.º
(Competências)

Ao conselho pedagógico compete:

a) Eleger o respectivo presidente de entre os seus membros docentes;
b) Elaborar a proposta do projecto da escola; ([12])
c) Apresentar propostas para a elaboração do plano anual de actividades e pronunciar-se sobre o respectivo projecto; ([13])
d) Pronunciar-se sobre a proposta de regulamento interno;

([12]) Aditada pela Lei n.º 24/99, de 22 de Abril.
([13]) Redacção dada pela Lei n.º 24/99, de 22 de Abril.

e) Pronunciar-se sobre as propostas de celebração de contratos de autonomia;
f) Elaborar o plano de formação e de actualização do pessoal docente e não docente, em articulação com o respectivo centro de formação de associação de escolas, e acompanhar a respectiva execução;
g) Definir critérios gerais nos domínios da informação e da orientação escolar e vocacional, do acompanhamento pedagógico e da avaliação dos alunos;
h) Propor aos órgãos competentes a criação de áreas disciplinares ou disciplinas de conteúdo regional e local, bem como as respectivas estruturas programáticas;
i) Definir princípios gerais nos domínios da articulação e diversificação curricular, dos apoios e complementos educativos e das modalidades especiais de educação escolar;
j) Adoptar os manuais escolares, ouvidos os departamentos curriculares e os conselhos de docentes;
l) Propor o desenvolvimento de experiências de inovação pedagógica e de formação, no âmbito da escola e em articulação com instituições ou estabelecimentos do ensino superior vocacionados para a formação e a investigação;
m) Incentivar e apoiar iniciativas de índole formativa e cultural;
n) Definir os critérios gerais a que deve obedecer a elaboração dos horários;
o) Definir os requisitos para a contratação de pessoal docente e não docente, de acordo com o disposto na legislação aplicável;
p) Intervir, nos termos da lei, no processo de avaliação do desempenho dos docentes;
q) Proceder ao acompanhamento e avaliação da execução das suas deliberações e recomendações.

ARTIGO 27.º
(Funcionamento)

O conselho pedagógico reúne, ordinariamente, uma vez por mês e, extraordinariamente, sempre que seja convocado pelo respectivo presidente, por sua iniciativa, a requerimento de um terço dos seus membros em efectividade de funções ou sempre que um pedido de parecer da assembleia ou da direcção executiva o justifique.

SECÇÃO IV
CONSELHO ADMINISTRATIVO

ARTIGO 28.º
(Conselho administrativo)

O conselho administrativo é o órgão deliberativo em matéria administrativo-financeira da escola, nos termos da legislação em vigor.

ARTIGO 29.º
(Composição)

1. O conselho administrativo é composto pelo presidente do conselho executivo ou pelo director, pelo chefe dos serviços de administração escolar, e por um dos vice-presidentes do conselho executivo ou um dos adjuntos do director, para o efeito designado por este.
2. O conselho administrativo é presidido pelo presidente do conselho executivo ou pelo director.

ARTIGO 30.º
(Competências)

Ao conselho administrativo compete:
a) Aprovar o projecto de orçamento anual da escola, em conformidade com as linhas orientadoras definidas pela assembleia;
b) Elaborar o relatório de contas de gerência;
c) Autorizar a realização de despesas e o respectivo pagamento, fiscalizar a cobrança de receitas e verificar a legalidade da gestão financeira da escola;
d) Zelar pela actualização do cadastro patrimonial da escola;
e) Exercer as demais competências que lhe estão legalmente cometidas.

ARTIGO 31.º
(Funcionamento)

O conselho administrativo reúne, ordinariamente, uma vez por mês e, extraordinariamente, sempre que o presidente o convoque, por sua iniciativa ou a requerimento de qualquer dos restantes membros.

CAPÍTULO III
COORDENAÇÃO DE ESTABELECIMENTO

ARTIGO 32.º
(Coordenador)

1. A coordenação de cada estabelecimento de educação ou de ensino integrado num agrupamento de escolas é assegurada por um coordenador.

2. Nos estabelecimentos em que funcione a sede do agrupamento, bem como nos que tenham menos de três docentes em exercício efectivo de funções, não há lugar à criação do cargo referido no número anterior.

3. O coordenador deve ser um docente dos quadros, em exercício de funções no estabelecimento, sendo eleito, por três anos, pela totalidade dos docentes em exercício efectivo de funções no mesmo estabelecimento.

ARTIGO 33.º
(Competências)

Compete, de um modo geral, ao coordenador:

a) Coordenar as actividades educativas do estabelecimento, em articulação com a direcção executiva;
b) Cumprir e fazer cumprir as decisões da direcção executiva e exercer as competências que por esta lhe forem delegadas;
c) Veicular as informações relativas a pessoal docente e não docente e aos alunos;
d) Promover e incentivar a participação dos pais e encarregados de educação, dos interesses locais e da autarquia nas actividades educativas.

CAPÍTULO IV
ESTRUTURAS DE ORIENTAÇÃO EDUCATIVA E SERVIÇOS ESPECIALIZADOS DE APOIO EDUCATIVO

SECÇÃO I
ESTRUTURAS DE ORIENTAÇÃO EDUCATIVA

ARTIGO 34.º
(Estruturas de orientação educativa)

1. Com vista ao desenvolvimento do projecto educativo da escola, são fixadas no regulamento interno as estruturas que colaboram com o conselho pedagógico e com a direcção executiva, no sentido de assegurar o acompanhamento eficaz do percurso escolar dos alunos na perspectiva da promoção da qualidade educativa.

2. A constituição de estruturas de orientação educativa visa, nomeadamente:

   a) O reforço da articulação curricular na aplicação dos planos de estudo definidos a nível nacional, bem como o desenvolvimento de componentes curriculares por iniciativa da escola;
   b) A organização, o acompanhamento e a avaliação das actividades de turma ou grupo de alunos;
   c) A coordenação pedagógica de cada ano, ciclo ou curso.

ARTIGO 35.º
(Articulação curricular)

1. Na educação pré-escolar e no 1.º ciclo do ensino básico, a articulação curricular é assegurada por conselhos de docentes que, em cada escola, integram os educadores de infância e os professores do 1.º ciclo.

2. Nos 2.º e 3.º ciclos do ensino básico e no ensino secundário, a articulação curricular é assegurada por departamentos curriculares, nos quais se encontram representados os agrupamentos de disciplinas e áreas disciplinares, de acordo com os cursos leccionados, o número de docentes por disciplina e as dinâmicas a desenvolver pela escola.

3. Os departamentos curriculares são coordenados por professores profissionalizados, eleitos de entre os docentes que os integram.

ARTIGO 36.º
(Organização das actividades de turma)

1. Em cada escola, a organização, o acompanhamento e a avaliação das actividades a desenvolver com as crianças ou com os alunos pressupõe a elaboração de um plano de trabalho, o qual deve integrar estratégias de diferenciação pedagógica e de adequação curricular para o contexto da sala de actividades ou da turma, destinadas a promover a melhoria das condições de aprendizagem e a articulação escola-família, sendo da responsabilidade:

   a) Dos educadores de infância, na educação pré-escolar;
   b) Dos professores titulares das turmas, no 1.º ciclo do ensino básico;
   c) Do conselho de turma, nos 2.º e 3.º ciclos do ensino básico e no ensino secundário, constituído pelos professores da turma, por um delegado dos alunos e por um representante dos pais e encarregados de educação.

2. Para coordenar o desenvolvimento do plano de trabalho referido na alínea c) do número anterior, a direcção executiva designa um director de turma, de entre os professores da mesma, sempre que possível, profissionalizado.

3. Nas reuniões do conselho de turma previstas na alínea c) do número 1, quando destinadas à avaliação sumativa dos alunos, apenas participam os membros docentes.

4. No âmbito do desenvolvimento contratual da sua autonomia, a escola pode, ainda, designar professores tutores que acompanharão, de modo especial, o processo educativo de um grupo de alunos.

ARTIGO 37.º
(Coordenação de ano, de ciclo ou de curso)

1. A coordenação pedagógica de cada ano, ciclo ou curso tem por finalidade a articulação das actividades das turmas, sendo assegurada por estruturas próprias, nos seguintes termos:

   a) Pelo conselho de docentes, no 1.º ciclo do ensino básico;
   b) Por conselhos de directores de turma, nos 2.º e 3.º ciclos do ensino básico e no ensino secundário.

2. No sentido de assegurar a coordenação pedagógica dos vários cursos do ensino secundário, a escola pode, ainda, encontrar formas alternativas ao disposto no número anterior, a consagrar no regulamento interno.

SECÇÃO II
**SERVIÇOS ESPECIALIZADOS
DE APOIO EDUCATIVO**

ARTIGO 38.º
(Serviços especializados de apoio educativo)

1. Os serviços especializados de apoio educativo destinam-se a promover a existência de condições que assegurem a plena integração escolar dos alunos, devendo conjugar a sua actividade com as estruturas de orientação educativa.
2. Constituem serviços especializados de apoio educativo:
a) Os Serviços de Psicologia e Orientação;
b) O Núcleo de Apoio Educativo;
c) Outros serviços organizados pela escola, nomeadamente no âmbito da acção social escolar, da organização de salas de estudo e de actividades de complemento curricular.

ARTIGO 39.º
(Funcionamento)

1. Sem prejuízo das atribuições genéricas que lhe estão legalmente cometidas, o modo de organização e funcionamento dos serviços especializados de apoio educativo consta do regulamento interno da escola, no qual se estabelecerá a sua articulação com outros serviços locais que prossigam idênticas finalidades.
2. Para a organização, acompanhamento e avaliação das suas actividades, a escola pode fazer intervir outros parceiros ou especialistas em domínios que considere relevantes para o processo de desenvolvimento e de formação dos alunos, designadamente no âmbito da saúde e da segurança social.

CAPÍTULO V
PARTICIPAÇÃO DOS PAIS E ALUNOS

ARTIGO 40.º
(Princípio geral)

Aos pais e alunos é reconhecido o direito de participação na vida da escola.

ARTIGO 41.º
(Representação)

1. O direito de participação dos pais na vida da escola processa-se de acordo com o disposto na Lei de Bases do Sistema Educativo e no Decreto-Lei n.º 372/90, de 27 de Novembro, e concretiza-se através da organização e da colaboração em iniciativas visando a promoção da melhoria da qualidade e da humanização das escolas, em acções motivadoras de aprendizagens e da assiduidade dos alunos e em projectos de desenvolvimento sócio-educativo da escola.

2. O direito à participação dos alunos na vida da escola processa-se de acordo com o disposto na Lei de Bases do Sistema Educativo e concretiza-se, para além do disposto no presente diploma e demais legislação aplicável, designadamente através dos delegados de turma, da assembleia de delegados de turma e das assembleias de alunos, em termos a definir no regulamento interno.

3. A definição dos períodos em que os encarregados de educação ou os seus representantes participam na vida da escola deve ser precedida de audição dos mesmos. ([14])

CAPÍTULO VI
DISPOSIÇÕES COMUNS

ARTIGO 42.º
(Responsabilidade)

No exercício das respectivas funções, os membros dos órgãos previstos no artigo 7.º deste diploma respondem, perante a administração educativa, nos termos gerais de direito.

([14]) Aditado pela Lei n.º 24/99, de 22 de Abril.

ARTIGO 43.º
(Processo eleitoral)

1. Sem prejuízo do disposto no presente diploma, as disposições referentes aos processos eleitorais para os órgãos de administração e gestão, para a cooordenação de estabelecimento e, quando for caso disso, para as estruturas de orientação educativa constam do regulamento interno.

2. As assembleias eleitorais são convocadas pelo presidente, em exercício de funções, do órgão a que respeitam ou por quem legalmente o substitua.

3. Os processos eleitorais realizam-se por sufrágio secreto e presencial.

4. Os resultados dos processos eleitorais para a assembleia, para o conselho executivo ou director e para o coordenador de estabelecimento produzem efeitos após comunicação ao director regional de Educação respectivo. ([15])

ARTIGO 44.º
(Mandatos de substituição)

Os titulares dos órgãos previstos no presente diploma, eleitos ou designados em substituição de anteriores titulares, terminam os seus mandatos na data prevista para a conclusão do mandato dos membros substituídos.

ARTIGO 45.º
(Inelegibilidade)

1. O pessoal docente e não docente a quem tenha sido aplicada pena disciplinar, superior a repreensão, não pode ser eleito ou designado para os órgãos e estruturas previstos no presente diploma, nos dois, três ou cinco anos posteriores ao cumprimento da sanção, consoante lhe tenha sido aplicada, respectivamente, pena de multa, suspensão ou de inactividade.

2. O disposto no número anterior não é aplicável ao pessoal docente e não docente reabilitado nos termos do Estatuto Disciplinar dos Funcionários e Agentes da Administração Central, Regional e Local.

([15]) Redacção dada pela Lei n.º 24/99, de 22 de Abril.

3. Os alunos a quem tenha sido aplicada sanção disciplinar igual ou superior à da exclusiva competência do presidente do conselho executivo ou do director não podem ser eleitos ou designados para os órgãos e estruturas previstos no presente diploma, nos dois anos seguintes ao termo do cumprimento da sanção.

ARTIGO 46.º
(Regimento)

1. Os órgãos colegiais de administração e gestão e as estruturas de orientação educativa previstos no presente diploma elaboram os seus próprios regimentos, definindo as respectivas regras de organização e de funcionamento, nos termos fixados no presente diploma e em conformidade com o regulamento interno da escola.

2. O regimento é elaborado ou revisto nos primeiros 30 dias do mandato do órgão ou estrutura a que respeita.

CAPÍTULO VII
CONTRATOS DE AUTONOMIA

ARTIGO 47.º
(Desenvolvimento da autonomia)

1. A autonomia da escola desenvolve-se e aprofunda-se com base na iniciativa desta e segundo um processo faseado em que lhe serão conferidos níveis de competência e de responsabilidade acrescidos, de acordo com a capacidade demonstrada para assegurar o respectivo exercício.

2. Os níveis de competência e de responsabilidade a atribuir em cada fase do processo de desenvolvimento da autonomia são objecto de negociação prévia entre a escola, o Ministério da Educação e a administração municipal, podendo conduzir à celebração de um contrato de autonomia, nos termos dos artigos seguintes.

ARTIGO 48.º
(Contratos de autonomia)

1. Por contrato de autonomia entende-se o acordo celebrado entre a escola, o Ministério da Educação, a administração municipal e, even-

tualmente, outros parceiros interessados, através do qual se definem objectivos e se fixam as condições que viabilizam o desenvolvimento do projecto educativo apresentado pelos órgãos de administração e gestão de uma escola ou de um agrupamento de escolas.

2. Do contrato devem constar as atribuições e competências a transferir e os meios que serão especificamente afectados à realização dos seus fins.

3. Constituem princípios orientadores da celebração e desenvolvimento dos contratos de autonomia:

a) Subordinação da autonomia aos objectivos do serviço público de educação e à qualidade da aprendizagem das crianças, dos jovens e dos adultos;

b) Compromisso do Estado e dos órgãos de administração e gestão na execução do projecto educativo e respectivos planos de actividades;

c) Consagração de mecanismos de participação do pessoal docente e não docente, dos alunos no ensino secundário, dos pais e de representantes da comunidade;

d) Reforço da responsabilização dos órgãos de administração e gestão, designadamente através do desenvolvimento de instrumentos de avaliação do desempenho da escola que permitam acompanhar a melhoria do serviço público de educação;

e) Adequação dos recursos atribuídos às condições específicas da escola ou do agrupamento de escolas e ao projecto que pretende desenvolver;

f) Garantia de que o alargamento da autonomia respeita a coerência do sistema educativo e a equidade do serviço prestado.

4. Constitui requisito para a apresentação de propostas de contratos de autonomia:

a) Na primeira fase, o funcionamento de órgãos de administração e gestão, de acordo com o regime definido no presente diploma;

b) Na segunda fase, uma avaliação favorável realizada pela administração educativa central e municipal, no final do contrato de autonomia da primeira fase, bem como o funcionamento de serviços adequados às finalidades visadas.

5. A avaliação referida na alínea b) do número anterior toma em consideração:

a) O modo como estão a ser prosseguidos os objectivos constantes do projecto educativo;
b) O grau de cumprimento do plano de actividades e dos objectivos correspondentes à primeira fase de autonomia.

ARTIGO 49.º
(Fases do processo de desenvolvimento da autonomia)

1. O desenvolvimento da autonomia processa-se em duas fases que se caracterizam pela atribuição de competências nos seguintes domínios:
   a) Gestão flexível do currículo, com possibilidade de inclusão de componentes regionais e locais, respeitando os núcleos essenciais definidos a nível nacional;
   b) Gestão de um crédito global de horas que inclua a componente lectiva, o exercício de cargos de administração, gestão e orientação educativa e ainda o desenvolvimento de projectos de acção e inovação;
   c) Adopção de normas próprias sobre horários, tempos lectivos, constituição de turmas e ocupação de espaços;
   d) Estabilização do pessoal docente, designadamente pela atribuição de uma quota anual de docentes não pertencentes aos quadros, de acordo com as necessidades da escola e respeitando o regime legal dos concursos;
   e) Intervenção no processo de selecção do pessoal não docente, nos termos da lei geral;
   f) Gestão e execução do orçamento, através de uma afectação global de meios;
   g) Possibilidade de autofinanciamento e gestão de receitas que lhe estão consignadas;
   h) Aquisição de bens e serviços e execução de obras, dentro de limites a definir;
   i) Associação com outras escolas e estabelecimento de parcerias com organizações e serviços locais.

2. A segunda fase da autonomia constitui um aprofundamento das competências e um alargamento dos meios disponíveis na primeira fase, tendo em vista objectivos de qualidade, democraticidade, equidade e eficácia.

ARTIGO 50.º
(Proposta de contrato)

A direcção executiva das escolas e agrupamentos de escolas que pretendam candidatar-se ao desenvolvimento da sua autonomia apresenta na respectiva direcção regional de educação uma proposta de contrato, aprovada pela assembleia e acompanhada dos seguintes elementos:

a) Projectos e actividades educativas e formativas a realizar;
b) Alterações a introduzir na actividade da escola nos domínios referidos no artigo anterior;
c) Atribuições e competências a transferir e órgãos a que incumbem;
d) Parcerias a estabelecer e responsabilidades dos diversos parceiros envolvidos;
e) Recursos a afectar.

ARTIGO 51.º
(Análise das candidaturas)

Em cada direcção regional de Educação serão constituídas comissões para proceder à análise global do mérito das propostas e da existência de condições para a sua concretização, com base nos seguintes critérios:

a) Adequação da proposta ao projecto educativo da escola;
b) Capacidade de mobilização de agentes e recursos locais;
c) Contribuição para a qualidade educativa das crianças, jovens e adultos da comunidade abrangida e para o desenvolvimento social e integração comunitária;
d) Comprometimento dos órgãos e dos parceiros envolvidos na execução dos planos de actividades;
e) Adequação dos recursos a afectar à consecução dos objectivos da proposta e às condições específicas da escola e do meio;
f) Mecanismos e instrumentos que possibilitem a sua realização.

ARTIGO 52.º
(Celebração do contrato)

1. Com base na análise efectuada sobre a viabilidade da proposta e, caso a mesma seja favorável, é elaborado o instrumento do acordo, do qual constarão as obrigações a que as partes reciprocamente ficam vin-

culadas e onde se deverá proceder a uma delimitação e articulação das competências da escola, dos restantes níveis da administração e dos demais parceiros.

2. O contrato de autonomia é subscrito pelo director regional de Educação, pelo presidente do conselho executivo ou pelo director e pelos restantes parceiros envolvidos.

3. A não homologação da proposta de celebração de um contrato de autonomia é feita mediante despacho fundamentado do director regional de Educação.

4. A matriz dos contratos de autonomia é aprovada por portaria do Ministro da Educação.

ARTIGO 53.º
(Coordenação, acompanhamento e avaliação)

1. O desenvolvimento do processo de contratualização da autonomia é coordenado, acompanhado e avaliado, a nível nacional e regional, pelas competentes estruturas do Ministério da Educação.

2. As escolas que não reúnam os requisitos para acesso à primeira fase de desenvolvimento da autonomia serão objecto de um processo de intervenção específica por parte da administração educativa, visando ultrapassar as dificuldades e os constrangimentos detectados.

CAPÍTULO VIII
DISPOSIÇÕES FINAIS

ARTIGO 54.º
(Formação)

1. A realização de acções de formação que visem a qualificação de docentes para o exercício das funções previstas no presente diploma assume carácter prioritário, em termos a definir por despacho do Ministro da Educação.

2. Nas acções de formação previstas no número anterior devem estar envolvidos, designadamente os centros de formação de associações de escolas, estabelecimentos de ensino superior e as organizações de professores. ([16])

([16]) Redacção dada pela Lei n.º 24/99, de 22 de Abril.

ARTIGO 55.º
(Regime de exercício de funções)

O regime de exercício de funções nos órgãos e nas estruturas previstos no presente diploma é estabelecido por decreto regulamentar, sem prejuízo do disposto no Estatuto da Carreira dos Educadores de Infância e dos Professores dos Ensinos Básico e Secundário.

ARTIGO 56.º
(Avaliação)

Por despacho do Ministro da Educação será constituída uma comissão à qual competirá proceder à avaliação anual dos resultados da aplicação do regime de autonomia, administração e gestão estabelecido no presente diploma. ([17])

ARTIGO 57.º
(Comissão provisória)

1. Nos casos em que não seja possível realizar as operações conducentes à eleição da direcção executiva da escola, a mesma é assegurada por uma comissão provisória constituída por três docentes, de preferência profissionalizados, nomeada pelo director regional de Educação respectivo, pelo período de um ano.
2. Compete ao órgão de gestão referido no número anterior desenvolver as acções necessárias à entrada em pleno funcionamento do regime previsto no presente diploma, no início do ano escolar subsequente ao da cessação do respectivo mandato.

ARTIGO 58.º
(Regime subsidiário)

Em matéria de processo, aplica-se, subsidiariamente, o disposto no Código do Procedimento Administrativo, naquilo que não se encontre especialmente regulado no presente diploma.

([17]) Redacção dada pela Lei n.º 24/99, de 22 de Abril.

ARTIGO 59.º
(Comissão)

Será constituída uma comissão composta por membros nomeados pelos Ministros das Finanças e da Educação para estudar as implicações financeiras dos princípios previstos no presente diploma.

DECRETO REGULAMENTAR N.º 10/99, DE 21 DE JULHO

O regime de autonomia, administração e gestão dos estabelecimentos de educação pré-escolar e dos ensinos básico e secundário, aprovado pelo Decreto-Lei n.º 115-A/98, de 4 de Maio, prevê no artigo 55.º a regulamentação do exercício de funções nos órgãos e estruturas de administração e gestão, o que obteve satisfação parcial através do Decreto-Lei n.º 355-A/98, de 13 de Novembro, relativamente às funções de direcção executiva e de coordenação de estabelecimentos integrados em agrupamentos de escolas, tendo sido aprovado o respectivo regime de exercício e condições de remuneração.

Importa, agora, definir as condições de funcionamento e respectiva coordenação das estruturas de orientação educativa prevista nos artigos 34.º a 37.º do referido regime de autonomia, quer quanto às competências que, em geral, lhes são atribuídas quer quanto ao modo como a escola poderá gerir a sua organização.

No quadro de autonomia da escola, as estruturas de orientação educativa constituem formas de organização pedagógica da escola, tendo em vista a coordenação pedagógica e necessária articulação curricular na aplicação dos planos de estudo, bem como o acompanhamento do percurso escolar dos alunos ao nível de turma, ano ou ciclo de escolaridade em ligação com os pais e encarregados de educação. Enquanto estruturas de gestão intermédia, desenvolvem a sua acção numa base de cooperação dos docentes entre si e destes com os órgãos de administração e gestão da escola, assegurando a adequação do processo de ensino e aprendizagem às características e necessidades dos alunos que a frequentam.

Ao abrigo do disposto no artigo 55.º do regime de autonomia, administração e gestão dos estabelecimentos de educação pré-escolar e dos ensinos básico e secundário, aprovado pelo Decreto-Lei n.º 115-A/98, de

4 de Maio, e nos termos da alínea c) do artigo 199.º da Constituição, o Governo decreta o seguinte:

ARTIGO 1.º
Objecto e âmbito

1 – O presente diploma estabelece o quadro de competências das estruturas de orientação educativa previstas no Decreto-Lei n.º 115-A/98, de 4 de Maio.

2 – O presente diploma estabelece igualmente o regime de exercício de funções de coordenação das estruturas referidas no número anterior, bem como de outras actividades de coordenação estabelecidas no regulamento interno da escola ou do agrupamento de escolas, designado no presente diploma como regulamento interno.

ARTIGO 2.º
Estruturas de orientação educativa

1 – As estruturas que colaboram com o conselho pedagógico e com a direcção executiva, responsáveis pela coordenação das actividades a desenvolver pelos docentes, no domínio científico-pedagógico, e com os alunos, no acompanhamento do processo de ensino e aprendizagem e da interacção da escola com a família, são definidas no regulamento interno.

2 – Às estruturas de orientação educativa incumbe, em especial:

a) A articulação curricular através do desenvolvimento e gestão dos planos de estudo e programas definidos ao nível nacional e de componentes curriculares de âmbito local;
b) A organização, o acompanhamento e a avaliação das actividades a desenvolver em contexto de sala de aula;
c) A coordenação pedagógica de cada ano, ciclo ou curso.

3 – A constituição de estruturas de orientação educativa é estabelecida no regulamento interno, o qual definirá a sua composição e a duração dos mandatos dos respectivos coordenadores.

4 – O mandato dos coordenadores de cada uma das estruturas de orientação educativa pode cessar, a todo o tempo, por decisão fundamentada do presidente do conselho executivo ou do director, ouvido o conselho pedagógico, ou a pedido do interessado no final do ano lectivo.

5 – Cada estrutura de orientação educativa elabora, em conformidade com o regulamento interno, o seu próprio regimento, donde constam as respectivas regras de organização interna e de funcionamento.

ARTIGO 3.º
Articulação curricular

1 – A articulação curricular deve promover a cooperação entre os docentes da escola ou do agrupamento de escolas, procurando adequar o currículo aos interesses e necessidades específicos dos alunos.

2 – A articulação curricular é assegurada através de:

a) Conselhos de docentes, na educação pré-escolar e no 1.º ciclo do ensino básico, constituídos, respectivamente, pela totalidade dos educadores de infância e pelos professores do 1.º ciclo, em cada escola ou agrupamento de escolas;

b) Departamentos curriculares, nos 2.º e 3.º ciclos do ensino básico e no ensino secundário, constituídos pela totalidade dos docentes das disciplinas e áreas disciplinares ou de cursos, de acordo com as dinâmicas da própria escola.

3 – Com vista à adopção de medidas de pedagogia diferenciada e de reforço da articulação interdisciplinar, os conselhos de docentes podem incluir, ainda, outros docentes, designadamente de disciplinas ou áreas disciplinares, de apoio educativo e de educação especial.

4 – O número de estruturas destinadas a articulação curricular deve resultar de uma gestão equilibrada entre o crédito de horas lectivas semanais previsto no artigo 13.º do presente diploma e o número de representantes no conselho pedagógico.

ARTIGO 4.º
Conselho de docentes e departamento curricular

Sem prejuízo de outras competências a fixar no regulamento interno, cabe em geral ao conselho de docentes e ao departamento curricular:

a) Planificar e adequar à realidade da escola ou do agrupamento de escolas a aplicação dos planos de estudo estabelecidos ao nível nacional;

b) Elaborar e aplicar medidas de reforço no domínio das didácticas específicas das disciplinas;
c) Assegurar, de forma articulada com outras estruturas de orientação educativa da escola ou do agrupamento de escolas, a adopção de metodologias específicas destinadas ao desenvolvimento quer dos planos de estudo quer das componentes de âmbito local do currículo;
d) Analisar a oportunidade de adopção de medidas de gestão flexível dos currículos e de outras medidas destinadas a melhorar as aprendizagens e a prevenir a exclusão;
e) Elaborar propostas curriculares diversificadas, em função da especificidade de grupos de alunos;
f) Assegurar a coordenação de procedimentos e formas de actuação nos domínios da aplicação de estratégias de diferenciação pedagógica e da avaliação das aprendizagens;
g) Identificar necessidades de formação dos docentes;
h) Analisar e reflectir sobre as práticas educativas e o seu contexto.

ARTIGO 5.º
Coordenação

1 – A coordenação dos conselhos de docentes e dos departamentos curriculares é realizada por docentes profissionalizados, eleitos de entre os docentes que os integram e que possuam, preferencialmente, formação especializada em organização e desenvolvimento curricular ou em supervisão pedagógica e formação de formadores.

2 – Sem prejuízo de outras competências a fixar no regulamento interno, cabe ao coordenador:
a) Promover a troca de experiências e a cooperação entre todos os docentes que integram o conselho de docentes ou o departamento curricular;
b) Assegurar a coordenação das orientações curriculares e dos programas de estudo, promovendo a adequação dos seus objectivos e conteúdos à situação concreta da escola ou do agrupamento de escolas;
c) Promover a articulação com outras estruturas ou serviços da escola ou do agrupamento de escolas, com vista ao desenvolvimento de estratégias de diferenciação pedagógica;

d) Propor ao conselho pedagógico o desenvolvimento de componentes curriculares locais e a adopção de medidas destinadas a melhorar as aprendizagens dos alunos;
e) Cooperar na elaboração, desenvolvimento e avaliação dos instrumentos de autonomia da escola ou do agrupamento de escolas;
f) Promover a realização de actividades de investigação, reflexão e de estudo, visando a melhoria da qualidade das práticas educativas;
g) Apresentar à direcção executiva um relatório crítico, anual, do trabalho desenvolvido.

ARTIGO 6.º
Coordenação de turma

1 – A organização, o acompanhamento e a avaliação das actividades a desenvolver na sala com as crianças, na educação pré-escolar, ou na turma, com os alunos dos ensinos básico e secundário, são da responsabilidade:

a) Dos respectivos educadores de infância, na educação pré-escolar;
b) Dos professores titulares de turma, no 1.º Ciclo do ensino básico;
c) Do conselho de turma, nos 2.º e 3.º ciclos do ensino básico e no ensino secundário.

2 – Compete aos educadores de infância planificar as actividades tendo em conta o nível de desenvolvimento das crianças e promover as melhores condições de aprendizagem em articulação com a família.

3 – Aos professores titulares de turma e ao conselho de turma compete:

a) Analisar a situação da turma e identificar características específicas dos alunos a ter em conta no processo de ensino e aprendizagem;
b) Planificar o desenvolvimento das actividades a realizar com os alunos em contexto de sala de aula;
c) Identificar diferentes ritmos de aprendizagem e necessidades educativas especiais dos alunos, promovendo a articulação com os respectivos serviços especializados de apoio educativo, em ordem à sua superação;

d) Assegurar a adequação do currículo às características específicas dos alunos, estabelecendo prioridades, níveis de aprofundamento e sequências adequadas;
e) Adoptar estratégias de diferenciação pedagógica que favoreçam as aprendizagens dos alunos;
f) Conceber e delinear actividades em complemento do currículo proposto;
g) Preparar informação adequada, a disponibilizar aos pais e encarregados de educação, relativa ao processo de aprendizagem e avaliação dos alunos.

4 – O disposto nos números anteriores não prejudica o exercício de outras competências que lhes estejam atribuídas na lei ou no regulamento interno.

ARTIGO 7.º
Director de turma

1 – A coordenação das actividades do conselho de turma é realizada pelo director de turma, o qual é designado pela direcção executiva de entre os professores da turma, sendo escolhido, preferencialmente, um docente profissionalizado.

2 – Sem prejuízo de outras competências fixadas na lei e no regulamento interno, ao director de turma compete:
a) Assegurar a articulação entre os professores da turma e com os alunos, pais e encarregados de educação;
b) Promover a comunicação e formas de trabalho cooperativo entre professores e alunos;
c) Coordenar, em colaboração com os docentes da turma, a adequação de actividades, conteúdos, estratégias e métodos de trabalho à situação concreta do grupo e à especificidade de cada aluno;
d) Articular as actividades da turma com os pais e encarregados de educação promovendo a sua participação;
e) Coordenar o processo de avaliação dos alunos garantindo o seu carácter globalizante e integrador;
f) Apresentar à direcção executiva um relatório crítico, anual, do trabalho desenvolvido.

ARTIGO 8.º
Coordenação de ano, de ciclo ou de curso

1 – A coordenação pedagógica destina-se a articular e harmonizar as actividades desenvolvidas pelas turmas de um mesmo ano de escolaridade, de um ciclo de ensino ou de um curso, mediante opção a inscrever no regulamento interno.

2 – A coordenação referida no número anterior é realizada pelo conselho de docentes titulares de turma, no 1.º ciclo do ensino básico, e pelo conselho de directores de turma, nos 2.º e 3.º ciclos do ensino básico e no ensino secundário.

3 – No ensino secundário, a coordenação pedagógica pode, ainda, de acordo com as características da escola e em termos a fixar no respectivo regulamento interno, destinar-se a articular e harmonizar as actividades desenvolvidas pelas turmas, quer dos vários anos de escolaridade de um curso, quer de dois ou mais cursos.

4 – Sem prejuízo de outras competências a fixar no regulamento interno, aos conselhos de docentes compete:

   a) Planificar as actividades e projectos a desenvolver, anualmente, de acordo com as orientações do conselho pedagógico;
   b) Articular com os diferentes departamentos curriculares o desenvolvimento de conteúdos programáticos e objectivos de aprendizagem;
   c) Cooperar com outras estruturas de orientação educativa e com os serviços especializados de apoio educativo na gestão adequada de recursos e na adopção de medidas pedagógicas destinadas a melhorar as aprendizagens;
   d) Dinamizar e coordenar a realização de projectos interdisciplinares das turmas;
   e) Identificar necessidades de formação no âmbito da direcção de turma;
   f) Conceber e desencadear mecanismos de formação e apoio aos directores de turma em exercício e de outros docentes da escola ou do agrupamento de escolas para o desempenho dessas funções;
   g) Propor ao conselho pedagógico a realização de acções de formação no domínio da orientação educativa e da coordenação das actividades das turmas.

ARTIGO 9.º
Coordenador de ano, de ciclo ou de curso

1 – O coordenador de ano, de ciclo ou de curso é um docente eleito de entre os membros que integram, respectivamente, o conselho de docentes e o conselho de directores de turma, de preferência com formação especializada na área da orientação educativa ou da coordenação pedagógica.

2 – Sem prejuízo de outras competências a fixar no regulamento interno, ao coordenador compete:

- a) Coordenar a acção do respectivo conselho, articulando estratégias e procedimentos;
- b) Submeter ao conselho pedagógico as propostas do conselho que coordena;
- c) Apresentar à direcção executiva um relatório crítico, anual, do trabalho desenvolvido.

ARTIGO 10.º
Professor tutor

1 – A direcção executiva pode designar, no âmbito do desenvolvimento contratual da autonomia da escola ou do agrupamento de escolas, professores tutores responsáveis pelo acompanhamento, de forma individualizada, do processo educativo de um grupo de alunos, de preferência ao longo do seu percurso escolar.

2 – As funções de tutoria devem ser realizadas por docentes profissionalizados com experiência adequada e, de preferência, com formação especializada em orientação educativa ou em coordenação pedagógica.

3 – Sem prejuízo de outras competências a fixar no regulamento interno, aos professores tutores compete:

- a) Desenvolver medidas de apoio aos alunos, designadamente de integração na turma e na escola e de aconselhamento e orientação no estudo e nas tarefas escolares;
- b) Promover a articulação das actividades escolares dos alunos com outras actividades formativas;
- c) Desenvolver a sua actividade de forma articulada, quer com a família, quer com os serviços especializados de apoio educativo, designadamente os serviços de psicologia e orientação e com outras estruturas de orientação educativa.

ARTIGO 11.º
Outras actividades de coordenação

1 – O regulamento interno pode estabelecer a coordenação de outras actividades, designadamente no que respeita a projectos de desenvolvimento e aos serviços especializados de apoio educativo, com vista a assegurar a sua articulação e a eficácia da representação legalmente prevista no conselho pedagógico, bem como a participação na assembleia.

2 – A gestão de instalações específicas deve ser assegurada pela direcção executiva, nos termos a definir no regulamento interno, podendo aquela delegar o desempenho das referidas funções num dos seus assessores técnico-pedagógicos ou designar um docente, da escola ou do agrupamento de escolas, de preferência profissionalizado.

ARTIGO 12.º
Incompatibilidade

Salvo em casos devidamente fundamentados e mediante parecer favorável da assembleia da escola ou do agrupamento de escolas, não pode verificar-se o desempenho simultâneo de mais de um cargo ou função a que se refere o presente diploma, sempre que daí resulte a designação da mesma pessoa em mais de um órgão de administração e gestão.

ARTIGO 13.º
Crédito global

1 – Às escolas e agrupamentos de escolas é atribuído um crédito global de horas lectivas semanais para exercício das funções de coordenação previstas nos artigos 5.º, 7.º, 9.º e 11.º do presente diploma.

2 – O crédito global previsto no número anterior é fixado por despacho do Ministro da Educação, nos termos do n.º 3 do artigo 80.º do Estatuto da Carreira dos Educadores de Infância e dos Professores dos Ensinos Básico e Secundário (Estatuto da Carreira Docente), tendo em conta as características da escola ou do agrupamento de escolas, o número de turmas, as actividades de educação e ensino ministradas e o serviço lectivo curricular diurno.

ARTIGO 14.º
Gestão do crédito global

1 – A gestão do crédito global previsto no artigo anterior é da responsabilidade da escola ou do agrupamento de escolas, competindo a sua atribuição, a cada cargo ou função, ao presidente do conselho executivo ou ao director, de acordo com critérios a estabelecer no regulamento interno e com o disposto nos números seguintes.

2 – O crédito horário correspondente ao desempenho das funções de coordenação previstas no presente diploma por educadores de infância e docentes do 1.º ciclo do ensino básico é substituído pela atribuição de um suplemento de carácter remuneratório a fixar nos termos do artigo 60.º do Estatuto da Carreira Docente.

3 – No caso do pessoal docente dos 2.º e 3.º ciclos do ensino básico e do ensino secundário, o crédito horário é convertido em redução da componente lectiva.

4 – As horas correspondentes à redução da componente lectiva previstas no número anterior são marcadas nos respectivos horários dos professores dos 2.º e 3.º ciclos do ensino básico e do ensino secundário, podendo o director regional de educação, em situações devidamente fundamentadas e sob proposta do presidente do conselho executivo ou director, autorizar a sua marcação parcial, em percentagem não inferior a 50%.

ARTIGO 15.º
Revisão do regulamento interno

1 – O processo de revisão do regulamento interno, a que se refere o artigo 7.º do Decreto-Lei n.º 115-A/98, de 4 de Maio, deve contemplar o disposto no presente diploma e legislação complementar.

2 – O regulamento interno resultante de um processo de revisão deve ser remetido ao respectivo director regional de educação, para verificação da conformidade, com o disposto na lei.

ARTIGO 16.º
Norma revogatória

Sem prejuízo da sua aplicação transitória, durante o ano escolar de 1998-1999, é revogada toda a legislação em contrário, designadamente o disposto no Despacho n.º 8/SERE/89, de 8 de Fevereiro, na Portaria n.º 921/92, de 23 de Setembro, no Despacho n.º 115/ME/93, de 23 de Junho, e no Despacho n.º 233/ME/93, de 10 de Dezembro.

ARTIGO 17.º
Produção de efeitos

O presente diploma produz efeitos relativamente ao crédito global e consequências remuneratórias a partir do ano escolar de 1999-2000.

DECRETO-LEI N.º 301/93, DE 31 DE AGOSTO

CAPÍTULO I
Princípios gerais

ARTIGO 1.º
Objecto

O presente diploma estabelece o regime de matrícula e de frequência no ensino básico para as crianças e jovens em idade escolar.

ARTIGO 2.º
Obrigatoriedade de matrícula e de frequência

1 – A frequência do ensino básico é obrigatória para todas as crianças e jovens em idade escolar.

2 – Consideram-se em idade escolar as crianças e jovens entre os 6 e os 15 anos de idade.

3 – O ensino básico tem a duração de nove anos e compreende três ciclos sequenciais, sendo o 1.º ciclo de quatro anos, o 2.º ciclo de dois anos e o 3.º ciclo de três anos.

4 – A obrigatoriedade a que se refere o n.º 1 determina, para o encarregado de educação, o dever de proceder à matrícula do seu educando e, para este, o dever de frequência.

5 – A escolaridade obrigatória pode ser cumprida em escolas públicas ou em escolas particulares e cooperativas.

6 – A obrigatoriedade de matrícula e frequência cessa:

a) Com a obtenção do diploma do ensino básico;
b) Independentemente da obtenção do diploma, no final do ano lectivo em que os alunos perfazem 15 anos de idade, com excepção das situações em que é permitido o adiamento da matrícula.

7 – Tem carácter facultativo a frequência do ensino básico após a cessação da escolaridade obrigatória.

ARTIGO 3.º
Alunos com necessidades educativas especiais

1 – Os alunos com necessidades educativas especiais estão sujeitos ao cumprimento do dever de frequência da escolaridade obrigatória.

2 – O regime educativo aplicável aos alunos com necessidades educativas especiais consta de diploma próprio.

ARTIGO 4.º
Cumprimento dos deveres de matrícula e frequência

O cumprimento do dever de matrícula e do dever de frequência é controlado nos termos previstos no presente diploma e deve ser verificado pelos órgãos e serviços competentes.

CAPÍTULO II
Matrícula

ARTIGO 5.º
Dever de matrícula

Constitui dever dos encarregados de educação proceder à primeira matrícula das crianças e jovens em idade escolar a seu cargo.

ARTIGO 6.º
Primeira matrícula

1 – A primeira matrícula no ensino básico é obrigatória em relação às crianças que completem 6 anos de idade até 15 de Setembro e realiza--se no primeiro ano do 1.º ciclo.

2 – A matrícula no ensino básico é efectuada na escola da área pedagógica da residência do aluno.

3 – A requerimento do encarregado de educação ao órgão de gestão da escola, é admitida a antecipação da primeira matrícula no ensino básico em relação às crianças que completem 6 anos de idade entre 15 de Setembro e 31 de Dezembro do ano em que se inicia o ano lectivo.

4 – A requerimento do encarregado de educação, dirigido ao director regional de educação, é admitido o adiamento da primeira matrícula no ensino básico às crianças e jovens com necessidades educativas especiais.

ARTIGO 7.º
Renovação da matrícula

1 – A matrícula é renovada anualmente.

2 – A renovação da matrícula opera-se oficiosamente na escola frequentada pelo aluno no ano lectivo findo.

3 – O prazo da matrícula e da sua renovação, bem como os termos em que as mesmas se processam, são definidos por despacho do Ministro da Educação.

ARTIGO 8.º
Mudança de ciclo

Quando tenha lugar a mudança de ciclo, são oficiosamente remetidos aos órgãos de gestão da escola para que o aluno transita o processo individual e o registo biográfico do aluno.

ARTIGO 9.º
Transferências

1 – A requerimento do encarregado de educação, é admitida a transferência dos alunos entre escolas públicas do ensino básico, desde que a escola para a qual os alunos pretendam transferir-se corresponda à área pedagógica da residência ou da actividade profissional dos pais ou encarregados de educação.

2 – Em caso de transferência é aplicável o disposto no artigo anterior.

3 – A transferência de alunos de escolas particulares e cooperativas para escolas públicas obedece ao disposto no estatuto do ensino particular e cooperativo.

4 – Os prazos e outras condições de realização da transferência são definidos por despacho do Ministro da Educação.

ARTIGO 10.º
Controlo das matrículas

1 – O controlo do cumprimento do dever de matrícula é efectuado com base nos seguintes elementos:
   a) Listas de matrícula enviadas por todas as escolas integradas na área de coordenação regional;
   b) Listas de nascimento apresentadas pelas conservatórias de registo civil;
   c) Listas de residentes apresentadas pelas juntas de freguesia;
   d) Listas de abono de família enviadas pelos centros regionais de segurança social e demais departamentos processadores de abono de família.

2 – O controlo das matrículas compete:
   a) Quanto à primeira matrícula no ensino básico, aos centros de área educativa das direcções regionais de educação;
   b) Quanto às renovações de matrícula, aos órgãos de gestão das respectivas escolas.

ARTIGO 11.º
Diligências complementares em caso de falta de matrícula ou da sua renovação

1 – Sempre que se verifique a falta de matrícula, ou da sua renovação quanto a uma criança ou jovem em idade escolar, será ouvido, pelos órgãos de gestão da área escolar ou pelos órgãos de gestão da escola, o encarregado de educação.

2 – Tendo em vista a concretização da matrícula, as entidades referidas no número anterior solicitam a colaboração dos serviços de assistência social e das autarquias locais e informam os serviços com competência fiscalizadora em matéria laboral.

3 – Quando se mostre conveniente, é ainda enviada comunicação aos serviços com competência para o acompanhamento de crianças e jovens em risco e de assistência e segurança social.

4 – Depois de efectuada a diligência referida no n.º 1, e subsistindo a falta de matrícula, o encarregado de educação é notificado, por escrito, no sentido de proceder à matrícula no prazo de oito dias.

CAPÍTULO III
Frequência

ARTIGO 12.º
Dever de frequência

1 – Constitui dever do aluno a frequência das aulas e das actividades escolares obrigatórias.

2 – Cabe ao encarregado de educação assegurar o cumprimento do dever de frequência por parte do seu educando.

3 – Cabe à escola, nomeadamente através dos professores, dos órgãos e estruturas de orientação educativa e do órgão de gestão, verificar o cumprimento do dever de frequência:

   a) Adoptando ou promovendo a adopção de medidas que se mostrem necessárias à sua efectivação;
   b) Informando e comunicando aos encarregados de educação a assiduidade dos respectivos educandos.

4 – O Estado assegura a prestação de serviços de acção social, de saúde e de psicologia e orientação escolar, para apoiar e tornar efectivo o cumprimento do dever de frequência assídua dos alunos.

ARTIGO 13.º
Faltas

(Revogado pela Lei 30/02, de 20.12)

ARTIGO 14.º
Faltas justificadas

(Revogado pela Lei 30/02, de 20.12)

ARTIGO 15.º
Faltas de material didáctico

(Revogado pela Lei 30/02, de 20.12)

ARTIGO 16.º
Justificação de faltas

(Revogado pela Lei 30/02, de 20.12)

ARTIGO 17.º
Momento da justificação

(Revogado pela Lei 30/02, de 20.12)

ARTIGO 18.º
Comprovação

(Revogado pela Lei 30/02, de 20.12)

ARTIGO 19.º
Faltas injustificadas

(Revogado pela Lei 30/02, de 20.12)

ARTIGO 20.º
Comunicação aos encarregados de educação

(Revogado pela Lei 30/02, de 20.12)

ARTIGO 21.º
Limite de faltas injustificadas

(Revogado pela Lei 30/02, de 20.12)

ARTIGO 22.º
Efeitos da falta de assiduidade

(Revogado pela Lei 30/02, de 20.12)

ARTIGO 23.º
Retenção no 1.º ciclo do ensino básico

(Revogado pela Lei 30/02, de 20.12)

ARTIGO 24.º
Retenção nos 2.º e 3.º ciclos do ensino básico
(Revogado pela Lei 30/02, de 20.12)

ARTIGO 25.º
Exclusão de frequência
(Revogado pela Lei 30/02, de 20.12)

CAPÍTULO IV
Disposições finais

ARTIGO 26.º
Instrumentos de registo

1 – Constituem instrumentos de registo da escolaridade de cada aluno:

a) O processo individual;
b) O registo biográfico;
c) A caderneta escolar;
d) A ficha trimestral de avaliação.

2 – O processo individual contém os elementos relativos ao percurso escolar do aluno, devendo acompanhá-lo ao longo de toda a escolaridade básica e ser devolvido, no termo da mesma, aos encarregados de educação.

3 – O registo biográfico contém os elementos relativos à assiduidade e aproveitamento do aluno, cabendo à escola a sua organização, conservação e gestão.

4 – A caderneta escolar contém as informações da escola e do encarregado de educação, bem como outros elementos relevantes para a comunicação entre a escola e os pais e encarregados de educação, sendo propriedade do aluno e devendo ser por este conservada.

5 – A ficha de avaliação contém um juízo globalizante sobre o desenvolvimento dos conhecimentos e competências, capacidades e atitudes do aluno e é entregue no final de cada período escolar ao encarregado de educação pelo professor, no 1º ciclo, ou, nos 2.º e 3.º ciclos, pelo director de turma.

6 – Os modelos do processo individual, registo biográfico, caderneta do aluno e ficha de avaliação são definidos por despacho do Ministro da Educação.

ARTIGO 27.º
Controlo de frequência

1 – A assiduidade deve ser analisada no âmbito da avaliação formativa dos alunos, com o objectivo de determinar as medidas pedagógicas mais adequadas à sua efectivação.

2 – Sempre que tal se mostre aconselhável, o professor, no 1.º ciclo, e o director de turma, nos 2.º e 3.º ciclos, solicitam a intervenção dos serviços de assistência social e dos restantes intervenientes no processo educativo, no sentido de serem determinadas as causas das faltas e de se conseguir a sua eliminação.

3 – Para além das medidas de apoio e complemento educativo e de orientação a adoptar pela escola, os órgãos de gestão da escola devem requerer a colaboração dos serviços de acção social, de saúde e de psicologia e orientação escolar, de modo a assegurar o aproveitamento do aluno nos anos lectivos seguintes.

4 – Para o efeito previsto nos números anteriores, será comunicada a falta de frequência do aluno aos serviços do Estado com competência fiscalizadora em matéria laboral.

5 – Sempre que se mostre conveniente, será ainda enviada comunicação aos serviços competentes em matéria de acompanhamento de crianças e jovens em risco e de assistência e segurança social.

ARTIGO 28.º
Certificação

1 – Ao aluno que atingir a idade limite da escolaridade obrigatória sem aproveitamento e que frequentou a escola com assiduidade será passado certificado do cumprimento da escolaridade obrigatória, a requerimento do próprio ou do respectivo encarregado de educação, pelo órgão de gestão da escola.

2 – Poderão ser passados pelos órgãos de gestão das escolas, mediante requerimento, outros certificados de frequência e de aproveitamento escolar.

3 – Ao aluno do ensino público ou do ensino particular e cooperativo com paralelismo pedagógico que obtiver aprovação na avaliação sumativa final do 3.º ciclo será atribuído, pelo órgão de gestão da escola, o diploma do ensino básico.

4 – Poderá igualmente ser emitido o diploma do ensino básico aos alunos que tenham frequentado escolas de ensino particular e cooperativo sem autonomia pedagógica ou escolas de ensino no estrangeiro, mediante reconhecimento de equivalências.

5 – O aluno que tenha cumprido a escolaridade obrigatória sem aprovação na avaliação sumativa final do 3.º ciclo pode candidatar-se à obtenção do diploma do ensino básico, mediante a prestação de provas de exame realizadas a nível da escola.

ARTIGO 29.º
Condições de emissão de certificado

1 – Considera-se que um aluno frequentou com assiduidade os nove anos de escolaridade obrigatória se, durante o seu cumprimento, não foi retido no mesmo ano de escolaridade por excesso de faltas injustificadas, de acordo com o disposto no artigo 22.º.

2 – O disposto no número anterior não prejudica a obtenção do certificado de cumprimento da escolaridade obrigatória por parte do aluno que, tendo ficado retido no mesmo ano de escolaridade por falta de assiduidade, venha a frequentar, com assiduidade, um ano lectivo suplementar por cada ano de retenção.

ARTIGO 30.º
Modelo

Os modelos do diploma do ensino básico e do certificado de cumprimento da escolaridade obrigatória são definidos por despacho do Ministro da Educação.

ARTIGO 31.º
Ensino recorrente

Para os alunos que excedam a idade normal de frequência do ensino básico sem terem completado, com sucesso, o 3.º ciclo, serão organizados pelas escolas cursos do ensino básico, na modalidade de ensino recorrente, podendo os alunos candidatar-se à obtenção do respectivo diploma.

CAPÍTULO V
Disposições transitórias e revogação

ARTIGO 32.º
Norma transitória

As funções atribuídas pelo presente diploma ao coordenador de núcleo serão desempenhadas pelo director da escola até à entrada em funcionamento das áreas escolares previstas no Decreto-Lei n.º 172/91, de 10 de Maio, e pelo encarregado de posto, no ensino básico mediatizado.

ARTIGO 33.º
Disposições sobre duração de escolaridade obrigatória

1 – As disposições relativas à duração da escolaridade obrigatória aplicam-se, nos termos do n.º 1 do artigo 63.º da Lei n.º 46/86, de 14 de Outubro, aos alunos inscritos no 1.º ano do ensino básico, no ano escolar de 1987-1988 e anos lectivos subsequentes.

2 – O disposto no presente diploma aplica-se ainda ao ensino básico, após a idade em que cessa o ensino obrigatório e ao ensino secundário, nomeadamente quanto a:

a) Transferências;
b) Dever de frequência;
c) Registo e justificação de faltas.

ARTIGO 34.º
Norma revogatória

É revogado o Decreto-Lei n.º 301/84, de 7 de Setembro, com as alterações introduzidas pelo Decreto-Lei n.º 243/87, de 15 de Junho, e respectiva legislação complementar.

DESPACHO N.º 14 026/2007

A organização da vida nas escolas e a regularidade do seu funcionamento pressupõem a existência de um conjunto de orientações relativas a matrículas, distribuição dos alunos por escolas e agrupamentos, regime de funcionamento das escolas e constituição de turmas.

A reorganização curricular do ensino básico, aprovada em 2001, e a revisão curricular do ensino secundário, aprovada em 2004 e que a partir do ano lectivo de 2004-2005 começou a ser progressivamente aplicada nas escolas, implicaram a alteração de algumas das normas gerais estabelecidas no despacho conjunto n.º 373/2002, de 23 de Abril, as quais foram contempladas no despacho n.º 13 765/2004, de 13 de Julho.

A experiência justifica o ajustamento de algumas das normas estabelecidas no despacho n.º 13 765/2004, de 13 de Julho, designadamente no que se refere à simplificação de procedimentos para matrícula e renovação de matrícula e constituição e desdobramento de turmas.

Assim, e tendo presente os princípios consignados no regime de autonomia, administração e gestão dos estabelecimentos da educação pré-escolar e dos ensinos básico e secundário aprovado pelo Decreto-Lei n.º 115-A/98, de 4 de Maio, e alterado pela Lei n.º 24/99, de 22 de Abril, e o disposto no Decreto-Lei n.º 301/93, de 31 de Agosto, determina-se:

1 – Âmbito:

1.1 – O presente despacho aplica-se às escolas e aos agrupamentos de escolas dos ensinos básico e secundário públicas, particulares e cooperativas e estabelece as normas a observar na matrícula e sua renovação, na distribuição dos alunos, no período de funcionamento dos cursos e na constituição das turmas, no ensino básico e nos cursos científico-humanísticos, tecnológicos e artísticos especializados nos domínios das artes visuais e dos áudio-visuais, de nível secundário de educação, incluindo os de ensino recorrente, criados ao abrigo do Decreto-Lei n.º 74/2004, de 26 de Março.

1.2 – Para os efeitos do disposto no presente despacho, considera--se encarregado de educação quem tiver menores à sua guarda:
   a) Pelo exercício do poder paternal;
   b) Por decisão judicial;
   c) Pelo exercício de funções executivas na direcção de instituições que tenham menores, a qualquer título, à sua responsabilidade;
   d) Por delegação, devidamente comprovada, por parte de qualquer das entidades referidas nas alíneas anteriores.

2 – Matrículas e renovação de matrículas:

2.1 – A frequência das escolas e dos agrupamentos de escolas do ensino público e do ensino particular e cooperativo implica a prática de um dos seguintes actos:
   a) Matrícula;
   b) Renovação de matrícula.

2.2 – A matrícula tem lugar para ingresso, pela primeira vez, no ensino básico, no ensino secundário ou no ensino recorrente.

2.3 – Há ainda lugar a matrícula em caso de ingresso em qualquer ano de escolaridade dos níveis e modalidades de ensino referidas no número anterior por parte dos candidatos titulares de habilitações adquiridas em países estrangeiros, bem como daqueles que, por via de mudança de curso, nas situações e nas condições em que são legalmente permitidas, pretendam alterar o seu percurso formativo.

2.4 – No ensino básico, o pedido de matrícula é apresentado, presencialmente ou via online, na escola ou agrupamento de escolas do ensino público da área da residência do aluno ou da actividade profissional dos pais ou encarregado de educação ou ainda, no caso dos alunos que pretendam frequentar o ensino particular e cooperativo, na escola pretendida.

2.5 – Para a concretização do disposto no número anterior, o pedido de matrícula decorre do início de Janeiro até 31 de Maio do ano lectivo anterior.

2.6 – As crianças que completem os seis anos de idade entre 16 de Setembro e 31 de Dezembro são autorizadas a efectuar o pedido de matrículas nas condições estabelecidas nos números anteriores, se tal for requerido pelo encarregado de educação.

2.7 – No ensino secundário, o pedido de matrícula pode ser efectuado presencialmente ou via online, sendo dirigido à escola ou agrupamento de escolas onde o aluno concluiu o ensino básico, em prazo a definir pela escola, não podendo ultrapassar a data limite de 15 de Julho.

2.8 – Para os candidatos titulares de habilitações adquiridas em países estrangeiros, quer se trate do ensino básico ou do ensino secundário, o pedido de matrícula, com base na equivalência concedida, será dirigido à escola ou agrupamento de escolas pretendido pelo candidato, podendo o mesmo ser aceite fora dos períodos estabelecidos nos números anteriores.

2.8.1 – Aos candidatos referidos no n.º 2.8 é concedida a possibilidade de requererem a matrícula em ano de escolaridade imediatamente inferior àquele a que corresponderia a matrícula relativa à habilitação concedida através de equivalência, dentro do mesmo ciclo de ensino.

2.8.2 – O pedido, formulado pelo encarregado de educação ou pelo aluno, quando maior, é apresentado no estabelecimento de ensino que o aluno pretenda frequentar e deve ser devidamente justificado com base em dificuldades de integração no sistema de ensino português, cabendo a decisão sobre o mesmo ao órgão de direcção executiva/direcção pedagógica da escola ou agrupamento em que seja efectivada a matrícula.

2.9 – No ensino recorrente, os candidatos podem apresentar o pedido de matrícula, presencialmente ou via online, em qualquer escola ou agrupamento de escolas, à sua escolha, onde seja ministrada a referida modalidade de ensino.

2.9.1 – Os candidatos à frequência de cursos do ensino recorrente a funcionarem fora das escolas devem apresentar o seu pedido de matrícula na escola ou agrupamento de escolas da área de abrangência do local onde decorrerão as actividades lectivas.

2.10 – A renovação de matrícula tem lugar, nos anos lectivos subsequentes ao da matrícula até à conclusão do respectivo nível de ensino e para prosseguimento de estudos, em prazo a definir pela escola, não podendo ultrapassar a data limite de 15 de Julho ou o 3.º dia útil subsequente à definição da situação escolar do aluno, sem prejuízo do legalmente disposto para os cursos de ensino recorrente.

2.11 – No ensino básico, a renovação de matrícula realiza-se automaticamente na escola ou agrupamento de escolas frequentado pelo aluno, devendo, quando justificável, ser facultada ao encarregado de educação a informação disponível que lhe permita verificar a sua correcção ou a efectivação de alterações necessárias, em suporte papel ou online.

2.12 – No ensino secundário, a renovação de matrícula realiza-se na escola ou agrupamento de escolas frequentado pelo aluno, devendo, quando justificável, ser facultada ao encarregado de educação, ou ao aluno quando maior de idade, a informação disponível que lhe permita verificar a sua correcção ou a efectivação de alterações necessárias, em suporte papel ou online.

2.13 – A matrícula ou a sua renovação deve considerar-se condicional, só se tornando definitiva quando estiver concluído o processo de distribuição dos alunos pelos estabelecimentos de ensino.

2.14 – Expirados os prazos fixados nos n.ᵒˢ 2.7 e 2.10 podem ainda ser aceites, em condições excepcionais e devidamente justificadas, matrículas ou renovações de matrícula no ensino secundário, nas condições seguintes:

a) Nos oito dias úteis imediatamente seguintes, mediante o pagamento de propina suplementar, estabelecida pela escola;

b) Terminado o prazo fixado na alínea anterior, até 31 de Dezembro, mediante existência de vaga nas turmas constituídas e pagamento de propina suplementar estabelecida pela escola.

3 – Distribuição dos alunos por escolas e agrupamentos de escolas:

3.1 – No acto de matrícula ou de renovação de matrícula, o aluno ou o encarregado de educação deve indicar, por ordem de preferência e sempre que o número de estabelecimentos de ensino existentes na área o permita ou justifique, cinco estabelecimentos de ensino que o aluno pretende frequentar, devendo a mesma subordinar-se:

a) No caso do ensino básico, à proximidade da área da sua residência, ou da actividade profissional dos pais ou encarregados de educação, ou ainda ao percurso sequencial do aluno com excepção das situações previstas nas alíneas *a)*, *c)* e *d)* do n.º 3.2;

b) No caso do ensino secundário, à existência de curso, opções ou especificações pretendidas, devendo os serviços das escolas informar previamente os alunos ou os encarregados de educação da rede educativa existente.

3.2 – No ensino básico, as vagas existentes em cada escola ou agrupamento de escolas para matrícula ou renovação de matrícula são preenchidas dando-se prioridade, sucessivamente, aos alunos:

a) Com necessidades educativas especiais resultantes de deficiências ou incapacidade e que careçam de adequação das instalações e ou da existência de apoio especializado às exigências da acção educativa ou de ensino especial;

b) Com necessidades educativas especiais resultantes de deficiências ou incapacidade não abrangidos nas condições referidas na alínea anterior;

c) Que frequentaram, no ano lectivo anterior, a educação pré-escolar ou o ensino básico no mesmo estabelecimento;

d) Com irmãos já matriculados no ensino básico no estabelecimento de ensino;

e) Que frequentaram, no ano lectivo anterior, a educação pré-escolar ou o ensino básico em outro estabelecimento do mesmo agrupamento de escolas;

f) Cuja residência ou actividade profissional, devidamente comprovadas, dos pais ou encarregado de educação se situe na área de influência do estabelecimento de ensino;

g) Mais velhos, no caso da primeira matrícula, e mais novos, nas restantes situações;

h) Que completem os seis anos de idade entre 16 de Setembro e 31 de Dezembro, tendo prioridade os alunos mais velhos.

3.3 – No ensino secundário, as vagas existentes em cada escola para matrícula ou renovação de matrícula são preenchidas dando-se prioridade, sucessivamente, aos alunos:

a) Com necessidades educativas especiais resultantes de deficiências ou incapacidade;

b) Que frequentaram a escola no ensino secundário no ano lectivo anterior;

c) Que se candidatem à matrícula, pela primeira vez, no 10.º ano de escolaridade, em função do curso pretendido.

3.4 – Aos candidatos referidos na alínea *c)* do número anterior é dada prioridade em função do curso pretendido de acordo com os seguintes critérios:

a) Alunos com necessidades educativas especiais resultantes de deficiências ou incapacidade;

b) Alunos que frequentaram a escola no ano anterior;

c) Alunos com irmãos já matriculados na escola ou agrupamento de escolas;

d) Alunos cuja residência ou actividade profissional dos pais ou encarregado de educação se situe na área geográfica do estabelecimento de ensino;

e) Alunos mais novos.

3.4.1 – No caso dos cursos artísticos especializados nos domínios das artes visuais e dos áudio-visuais, aos candidatos à matrícula pela primeira vez nestes cursos no 10.º ano de escolaridade é dada prioridade aos alunos com melhor classificação final na disciplina de Educação Visual, aplicando-se, em caso de igualdade de classificações, sucessivamente, os critérios referidos no número anterior.

3.5 – Nos ensinos básico e secundário recorrente, as vagas existentes em cada escola ou agrupamento de escolas para matrícula ou renovação de matrícula são preenchidas dando-se prioridade, sucessivamente, aos alunos com necessidades educativas especiais resultantes de deficiências ou incapacidade; à maior proximidade geográfica da respectiva residência ou local de actividade profissional, sem prejuízo da aplicação complementar de outros critérios estabelecidos pela escola ou agrupamento de escolas.

3.6 – Sem prejuízo da observância das regras e condicionalismos referidos nos números anteriores, podem os órgãos de direcção executiva/ /direcção pedagógica dos estabelecimentos com ensino secundário aceitar as matrículas ou os pedidos de transferência de alunos que manifestem interesse em inscrever-se no estabelecimento pretendido com fundamento no seu projecto educativo.

3.7 – Decorrente do estabelecido nos números anteriores, a direcção executiva de cada escola ou agrupamento de escolas elabora uma lista de alunos que requereram a primeira matrícula:

a) Até 5 de Julho, no caso do ensino básico;

b) Até 25 de Julho, no ensino secundário.

3.8 – Em cada estabelecimento de ensino as listas dos candidatos admitidos nos ensinos básico e secundário devem ser afixadas até 31 de Julho.

3.9 – Sempre que se verifiquem dificuldades na colocação do aluno em todas as escolas ou agrupamentos de escolas da sua preferência, após a aplicação dos critérios de selecção referidos nos n.ºs 3.2, 3.3 e 3.4 do presente despacho, o pedido de matrícula ou de renovação de matrícula fica a aguardar decisão, a proferir até 31 de Julho, no estabelecimento de ensino indicado em última opção, devendo este, em colaboração com a direcção regional de educação respectiva, encontrar as soluções mais adequadas, tendo sempre em conta a prioridade do aluno em vagas recuperadas em todas as outras escolas pretendidas.

3.10 – O processo do aluno deverá permanecer na escola de origem, à qual será solicitado pelo estabelecimento de ensino onde vier a ser colocado.

3.11 – Durante a frequência de cada um dos ciclos do ensino básico ou do ensino secundário não devem ser permitidas transferências de alunos, a não ser por razões de natureza excepcional devidamente ponderadas pelo órgão de direcção executiva/direcção pedagógica e decorrentes da vontade expressa e fundamentada do encarregado de educação ou do aluno quando maior, ou em situações de mudança de residência ou de local de trabalho, ou ainda da mudança de curso ou escolha de disciplina de opção ou especificação.

3.12 – A autorização de mudança de curso, solicitada pelo encarregado de educação ou pelo aluno, quando maior, dentro da mesma ou para outra modalidade de ensino, pode ser concedida até 31 de Dezembro, desde que exista vaga nas turmas constituídas.

3.12.1 – O disposto no número anterior não se aplica no caso de outras modalidades de ensino para as quais esteja explicitamente prevista diferente regulamentação.

3.13 – Os alunos que não hajam solicitado mudança de estabelecimento de ensino só podem ser transferidos para escolas ou agrupamentos de escolas diferentes depois de ouvidos os encarregados de educação ou os próprios alunos, quando maiores, e mediante acordo fundamentado entre os órgãos de direcção executiva das respectivas escolas ou agrupamentos de escolas ou, em segunda instância, mediante autorização da respectiva direcção regional de educação.

3.14 – Aos candidatos habilitados com qualquer curso do ensino secundário é permitida a frequência de outro curso, bem como uma nova matrícula e inscrição em outras disciplinas do curso já concluído ou de outros cursos, desde que, feita a distribuição dos alunos, exista vaga nas turmas constituídas.

3.15 – Aos candidatos habilitados com qualquer curso do ensino recorrente é permitida a frequência de outro curso da mesma modalidade de ensino ou de outras disciplinas do curso já concluído nas condições mencionadas no número anterior.

3.16 – A classificação obtida em outras disciplinas do curso já concluído pode contar, por opção do aluno, para efeitos de cálculo da média final de curso, desde que a frequência seja iniciada no ano lectivo seguinte ao da conclusão do curso e a disciplina concluída no período correspondente ao ciclo de estudos da mesma.

3.17 – A realização de disciplinas do ensino secundário após os prazos referidos anteriormente é regulada pelo regime de avaliação em vigor aquando da sua realização e, embora não produza efeitos no diploma do ensino secundário, é sempre certificada.

4 – Período de funcionamento das escolas:

4.1 – A definição do período de funcionamento dos estabelecimentos de ensino, incluindo actividades lectivas e não lectivas, deve ter sempre em consideração o número de turmas a acolher, sem prejuízo do disposto nos n.ᵒˢ 5 e 6 do despacho n.º 12 591/2006, de 16 de Junho, no caso do 1.º ciclo do ensino básico.

4.2 – Por decisão do órgão de direcção executiva, ouvida a assembleia de escola e procurando assegurar, em especial para o ensino básico, um horário comum de início e termo das actividades escolares para todos os alunos, as escolas e os agrupamentos de escolas organizam as suas actividades em regime normal, as quais decorrem de segunda-feira a sexta-feira.

4.2.1 – Excepcionalmente, sempre que as instalações não permitam o funcionamento em regime normal, as actividades do 1.º ciclo do ensino básico poderão ser organizadas em regime duplo, com um turno de manhã e outro de tarde, de acordo com o disposto no n.º 4 do despacho n.º 12 591/2006, de 16 de Junho.

4.3 – Sempre que as actividades escolares decorram nos períodos da manhã e da tarde, o intervalo do almoço não poderá ser inferior a uma hora para estabelecimentos de ensino dotados de refeitório e de uma hora e trinta minutos para os restantes.

4.4 – As aulas de Educação Física só poderão iniciar-se uma hora depois de findo o período definido para almoço no horário do respectivo grupo/turma.

5 – Constituição de turmas:

5.1 – Na constituição das turmas devem prevalecer critérios de natureza pedagógica definidos no projecto educativo da escola, competindo à direcção executiva/direcção pedagógica aplicá-los no quadro de uma eficaz gestão e rentabilização de recursos humanos e materiais existentes e no respeito pelas regras constantes do presente despacho.

5.2 – As turmas do 1.º ciclo do ensino básico são constituídas por 24 alunos, não podendo ultrapassar esse limite.

5.2.1 – As turmas do 1.º ciclo do ensino básico, nas escolas de lugar único que incluam alunos de mais de dois anos de escolaridade, são constituídas por 18 alunos.

5.2.2 – As turmas do 1.º ciclo do ensino básico, nas escolas com mais de um lugar, que incluam alunos de mais de dois anos de escolaridade, são constituídas por 22 alunos.

5.3 – As turmas dos 5.º ao 12.º anos de escolaridade são constituídas por um número mínimo de 24 alunos e um máximo de 28 alunos.

5.4 – As turmas com alunos com necessidades educativas especiais resultantes de deficiências ou incapacidade comprovadamente inibidora da sua formação de qualquer nível de ensino são constituídas por 20 alunos, não podendo incluir mais de 2 alunos nestas condições.

5.5 – No 9.º ano de escolaridade, o número mínimo para a abertura de uma disciplina de opção do conjunto das disciplinas que integram as componentes curriculares artística e tecnológica é de 10 alunos.

5.6 – Nos cursos científico-humanísticos, nos cursos tecnológicos e nos cursos artísticos especializados, nos domínios das artes visuais e dos áudio-visuais, incluindo de ensino recorrente, no nível secundário de educação, o número mínimo para abertura de um curso é de 24 alunos e de uma disciplina de opção é de 10 alunos.

5.6.1 – É de 15 alunos o número para abertura de uma especificação nos cursos tecnológicos e de uma especialização nos cursos artísticos especializados.

5.6.2 – Se o número de alunos inscritos for superior ao previsto no número anterior, é permitida a abertura de duas ou mais turmas de uma mesma especificação ou a abertura de outra especificação do mesmo curso tecnológico, não podendo o número de alunos em cada uma delas ser inferior a oito.

5.6.3 – Na especialização dos cursos artísticos especializados, o número de alunos não pode ser inferior a oito, independentemente do curso de que sejam oriundos.

5.7 – O reforço nas disciplinas da componente de formação específica ou de formação científico-tecnológica decorrente do regime de permeabilidade previsto na legislação em vigor pode funcionar com qualquer número de alunos, depois de esgotadas as hipóteses de articulação e de coordenação entre escolas da mesma área pedagógica.

5.8 – É autorizado o desdobramento de turmas nas disciplinas dos ensinos básico e secundário de acordo com as condições constantes do anexo I ao presente despacho, de que faz parte integrante.

5.9 – As turmas dos anos sequenciais do ensino básico e dos cursos de nível secundário de educação, incluindo os do ensino recorrente, bem como das disciplinas de continuidade obrigatória, podem funcionar com um número de alunos inferior ao previsto nos números anteriores, desde que se trate de assegurar o prosseguimento de estudos aos alunos que, no ano lectivo anterior, frequentaram a escola com aproveitamento e tendo sempre em consideração que cada turma ou disciplina só pode funcionar com qualquer número de alunos quando for única.

5.10 – Não poderão ser constituídas turmas apenas com alunos em situação de retenção, devendo ser respeitada, em cada turma, a heterogeneidade do público escolar, com excepção de projectos devidamente fundamentados pelo órgão de direcção executiva/direcção pedagógica dos estabelecimentos de ensino, ouvido o conselho pedagógico.

5.11 – A constituição, a título excepcional, de turmas com número inferior ou superior ao estabelecido nos números anteriores carece de autorização da respectiva direcção regional de educação, mediante análise de proposta fundamentada do órgão de direcção executiva do estabelecimento de ensino, ouvido o conselho pedagógico.

6 – Rede escolar:

6.1 – Compete às direcções regionais de educação, em colaboração com o conselho executivo de cada escola, fixar caso a caso a capacidade máxima das instalações das escolas.

6.2 – Compete às direcções regionais proceder à divulgação da rede escolar pública do ensino secundário e do ensino recorrente devendo a mesma ocorrer até ao dia 30 de Junho de cada ano.

7 – Disposições finais:

7.1 – São revogados o despacho n.º 373/2002, de 23 de Abril, na redacção dada pelo despacho n.º 13 765/2004, de 13 de Julho, e o despacho n.º 16 068/2005, de 22 de Julho.

7.2 – O presente despacho entra em vigor no dia seguinte ao da sua publicação, aplicando-se a todas as actividades e decisões respeitantes à preparação do ano escolar de 2007-2008 e aos anos lectivos subsequentes e referentes a todos os níveis, graus e modalidades de ensino nele previstas.

11 de Junho de 2007. – O Secretário de Estado da Educação, *Valter Victorino Lemos.*

ANEXO I

1 – Áreas curriculares disciplinares do ensino básico em que é autorizado o desdobramento quando o número de alunos da turma for superior a 15:

1.1 – Nas disciplinas da área de Ciências Físicas e Naturais – Ciências da Natureza, Ciências Naturais e Físico-Química – no tempo correspondente a um bloco de noventa minutos, de modo a permitir a realização de trabalho experimental;

1.2 – Na disciplina de Educação Tecnológica e na segunda disciplina de Educação Artística, oferta da escola, nos 7.º e 8.º anos de escolaridade, as turmas poderão ser desdobradas em dois turnos, de organização semestral, para que metade dos alunos trabalhe em Educação Tecnológica e a outra metade na segunda disciplina de Educação Artística, trocando, depois, numa gestão equitativa ao longo do ano lectivo. Em cada uma das disciplinas a leccionação do turno respectivo estará a cargo de um único professor.

2 – Disciplinas dos cursos do ensino secundário em que é autorizado o desdobramento da turma:

2.1 – Nos cursos científico-humanísticos até uma unidade lectiva semanal acrescida de um tempo de quarenta e cinco minutos quando o número de alunos da turma for superior a 15, nas seguintes disciplinas:

Biologia e Geologia;
Biologia;
Desenho A;
Física;
Física e Química A;
Geologia; Língua Estrangeira (na formação específica do curso de Línguas e Humanidades e de Línguas e Literaturas);
Materiais e Tecnologias;
Química.

2.2 – Na componente de formação específica dos cursos científico--humanísticos até uma unidade lectiva semanal acrescida de um tempo de quarenta e cinco minutos quando o número de alunos da turma for superior a 15 e inferior ou igual a 22, e na totalidade da carga horária semanal, quando o número de alunos for superior a 22, nas seguintes disciplinas:

Oficina de Artes;
Oficina Multimédia B.

2.3 – Na componente de formação específica dos cursos científico-humanísticos e na componente de formação tecnológica dos cursos tecnológicos, até uma unidade lectiva semanal, quando o número de alunos da turma for superior a 22, nas seguintes disciplinas:
Aplicações Informáticas A;
Aplicações Informáticas B;
Bases de Programação;
Sistemas de Informação Aplicada;
Tecnologias Informáticas.

2.4 – Na componente de formação específica dos cursos científico-humanísticos e na componente de formação tecnológica dos cursos tecnológicos, na totalidade da carga horária semanal, quando o número de alunos for superior a 22, nas seguintes disciplinas: Oficina de Design de Equipamento; Oficina de Multimédia A; Tecnologias de Multimédia.

2.5 – Nos cursos tecnológicos até uma unidade lectiva semanal quando o número de alunos da turma for superior a 15, nas seguintes disciplinas:
Biologia Humana;
Ecologia;
Física e Química B;
Técnicas de Ordenamento do Território;

2.6 – Na componente de formação tecnológica dos cursos tecnológicos, na totalidade da carga horária semanal, quando o número de alunos da turma for superior a 15 alunos, nas seguintes disciplinas:
Práticas de Construção;
Práticas Laboratoriais de Electrotecnia/Electrónica;
Aplicações Tecnológicas de Electrotecnia/Electrónica.

DESPACHO N.º 25 650/2006

ESCOLA SEGURA

As escolas são um espaço privilegiado de liberdade, convívio e segurança onde se reproduzem os valores fundamentais de uma sociedade democrática.

Contudo, a ocorrência de comportamentos desviantes e ou anti-sociais pode criar, junto de pais, alunos e professores, pessoal não docente e opinião pública em geral, a percepção das escolas como um meio social violento, com repercussões negativas no processo de ensino/aprendizagem e nas dinâmicas de inclusão social.

A preservação de um ambiente favorável ao normal desenvolvimento da missão da escola é tarefa prioritária do Estado e das comunidades locais.

Considerando que não é possível uma educação de qualidade num ambiente escolar de violência ou insegurança, que inviabiliza o pleno exercício do direito à educação, direito constitucionalmente consagrado, têm vindo a ser desenvolvidas acções neste domínio, através do Programa Escola Segura, um instrumento de actuação preventiva, que visa reduzir ou erradicar as situações de violência e insegurança nas escolas e meio envolvente.

Considerando que se pretende que o Programa Escola Segura se consolide como fomentador de iniciativas e projectos direccionados para a promoção de valores de cidadania e de civismo no meio escolar, tendo em vista um desenvolvimento harmonioso por parte das crianças e jovens.

Considerando que se pretende que o Programa Escola Segura continue a promover parcerias e sinergias entre diversas entidades e actores, tanto ao nível nacional como local, de forma a garantir um ambiente seguro nos estabelecimentos de ensino e meio envolvente.

Considerando que foram detectadas algumas fragilidades na operacionalização do Programa Escola Segura, definido em termos jurídico-formais em sede de despacho conjunto n.º 105-A/2005, de 2 de Fevereiro, importa redefinir a estrutura organizacional do Programa Escola Segura, tendo por base as avaliações efectuadas e a experiência da aplicação do referido despacho.

Assim, determina-se:

1 – É aprovado o Regulamento do Programa Escola Segura, anexo ao presente despacho, do qual faz parte integrante.

2 – É revogado o despacho conjunto n.º 105-A/2005, de 19 de Janeiro, publicado no Diário da República, 2.ª série, n.º 23, de 2 de Fevereiro.

ANEXO

Regulamento do Programa Escola Segura

ARTIGO 1.º
Objecto

Pelo presente regulamento são definidas as regras do Programa Escola Segura.

ARTIGO 2.º
Âmbito

1 – O Programa constitui um modelo de actuação pró-activo, centrado nas escolas, que visa garantir a segurança, prevenindo e reduzindo a violência, comportamentos de risco e incivilidades, bem como melhorar o sentimento de segurança no meio escolar e envolvente, com a participação de toda a comunidade.

2 – O Programa tem âmbito nacional e inclui todos os estabelecimentos de educação e ensino, públicos, privados e cooperativos, com excepção dos estabelecimentos do ensino superior.

ARTIGO 3.º
Objectivos

O Programa tem como objectivos prioritários:

a) Promover uma cultura de segurança nas escolas;

b) Fomentar o civismo e a cidadania, contribuindo deste modo para a afirmação da comunidade escolar enquanto espaço privilegiado de integração e socialização;
c) Diagnosticar, prevenir e intervir nos problemas de segurança das escolas;
d) Determinar, prevenir e erradicar a ocorrência de comportamentos de risco e ou de ilícitos nas escolas e nas áreas envolventes;
e) Promover, de forma concertada com os respectivos parceiros, a realização de acções de sensibilização e de formação sobre a problemática da prevenção e da segurança em meio escolar, destinadas às forças de segurança, pessoal docente e não docente e demais elementos da comunidade educativa e à opinião pública em geral;
f) Recolher informações e dados estatísticos e realizar estudos que permitam dotar as entidades competentes de um conhecimento objectivo sobre a violência, os sentimentos de insegurança e a vitimação na comunidade educativa.

ARTIGO 4.º
Princípios estratégicos

O Programa assenta nos seguintes princípios estratégicos:
a) Territorialização do Programa ao nível local, centrando-o nas escolas, com a participação activa de toda a comunidade;
b) Promoção e desenvolvimento de parcerias quer ao nível nacional, quer ao nível local;
c) Formação destinada a todos os elementos da comunidade educativa e aos elementos das forças de segurança envolvidos no Programa;
d) Monitorização dos fenómenos de violência, comportamentos de risco e incivilidades nas escolas.

ARTIGO 5.º
Parceiros institucionais

O Programa é uma iniciativa conjunta dos Ministérios da Administração Interna e da Educação, que neste contexto se assumem como parceiros institucionais.

ARTIGO 6.º
Estrutura organizacional

A estrutura organizacional do programa assenta na existência deum grupo coordenador do Programa Escola Segura e de uma comissão consultiva do Programa Escola Segura.

ARTIGO 7.º
Grupo coordenador do Programa Escola Segura

1 – O grupo coordenador do Programa Escola Segura é constituído por:
a) Três representantes do Ministério da Administração Interna, sendo um da Guarda Nacional Republicana (GNR) e um da Polícia de Segurança Pública (PSP);
b) Três representantes do Ministério da Educação, sendo um do Gabinete de Segurança do Ministério da Educação.

2 – Ao grupo coordenador do Programa Escola Segura compete coordenar e acompanhar a nível nacional o Programa e propor às tutelas a adopção das medidas pertinentes, visando a consecução dos objectivos que se encontram definidos.

3 – A Direcção-Geral da Administração Interna, o Observatório de Segurança na Escola e o Gabinete de Informação e Avaliação do Sistema Educativo são parceiros privilegiados do grupo coordenador do Programa Escola Segura, podendo, sempre que for entendido por qualquer das partes, ter assento nas reuniões deste órgão.

4 – As atribuições do grupo coordenador do Programa Escola Segura desenvolvem-se mediante a prossecução das seguintes tarefas:
a) Planificação e coordenação do Programa a nível nacional;
b) Definição e dinamização dos modelos de formação;
c) Harmonização, a nível nacional, dos procedimentos de segurança entre os diferentes intervenientes do Programa Escola Segura;
d) Participação na definição dos modelos de recolha e tratamento de informação e de monitorização da situação de segurança nas escolas;
e) Promoção de contactos com outras entidades visando a prossecução dos objectivos do Programa.

5 – O grupo coordenador do Programa Escola Segura elabora e apresenta anualmente, às tutelas, um plano de actividades por ano lectivo e um relatório global referente ao mesmo período.

ARTIGO 8.º
Comissão consultiva do Programa Escola Segura

1 – A comissão consultiva do Programa Escola Segura é um órgão de consulta, competindo-lhe pronunciar-se sobre todas as questões relativas ao Programa, que lhe sejam submetidas pelo grupo coordenador do Programa Escola Segura, bem como apreciar os relatórios anuais do grupo coordenador.

2 – A comissão consultiva do Programa Escola Segura poderá propor ao grupo coordenador a análise de aspectos particulares deste e medidas que visem concretizar os seus objectivos.

3 – A comissão consultiva do Programa Escola Segura é constituída por:
a) Um representante do Ministério da Presidência (MP);
b) Um representante do Ministério da Saúde (MS);
c) Um representante do Ministério da Justiça (MJ);
d) Um representante do Ministério do Trabalho e da Solidariedade Social (MTSS);
e) Um representante da Confederação Nacional das Associações de Pais (CONFAP);
f) Um representante da Associação Nacional de Municípios Portugueses (ANMP).

4 – Podem ser também consultadas outras entidades, caso se revele pertinente.

ARTIGO 9.º
Escolas e agrupamentos de escolas

1 – É exigido, por parte dos conselhos executivos das escolas e agrupamentos de escolas, o cumprimento de directivas, orientações e procedimentos emanados do Ministério da Educação e das direcções regionais de educação no âmbito do Programa Escola Segura.

2 – No âmbito do Programa devem igualmente coordenar acções e cooperar de forma estreita com as forças de segurança e comunidades locais.

3 – Em consonância com o artigo 2.º deste despacho, compete aos conselhos executivos das escolas e agrupamentos de escolas a organização da segurança escolar em cada estabelecimento de educação e ensino e assegurar o dever de comunicação das ocorrências sobre segurança escolar, utilizando para tal os instrumentos criados para o efeito.

ARTIGO 10.º
Forças de segurança

Compete às forças de segurança, no âmbito das suas atribuições:
1) Garantir a segurança das áreas envolventes dos estabelecimentos de ensino;
2) Promover acções de sensibilização e prevenção junto das escolas em parceria com os conselhos executivos e a comunidade local;
3) Prosseguir os demais objectivos no âmbito do Programa.

ARTIGO 11.º
Outras entidades

As direcções regionais de educação e os governos civis, a nível regional e distrital, através das respectivas estruturas, colaboram na consecução dos objectivos do Programa.

ARTIGO 12.º
Financiamento

1 – O financiamento do Programa deverá ser assegurado pelos Ministérios da Administração Interna e da Educação, no âmbito das respectivas atribuições.

2 – A realização de actividades que visem prosseguir os objectivos do Programa poderá ser promovida mediante o recurso a outras formas de financiamento legal, nomeadamente o patrocínio.

ARTIGO 13.º
Acesso à informação

As regras de acesso à informação produzida no âmbito do sistema de informação de segurança na escola serão propostas pelo grupo coordenador do Programa Escola Segura e aprovadas pelos Ministros da Administração Interna e da Educação.

DESPACHO N.º 222/2007

A segurança nas escolas constitui um pressuposto do direito e da liberdade de aprender, enquanto factor determinante de um clima propício à acção dos agentes do sistema educativo e ao desenvolvimento equilibrado da personalidade dos alunos.

A criação de condições favoráveis ao desenvolvimento de um clima de segurança é indispensável para se alcançar o sucesso educativo de todos os alunos, em especial daqueles que se encontram em meios particularmente desfavorecidos, em situação de risco de exclusão social e escolar. O Programa dos Territórios Educativos de Intervenção Prioritária tem por objectivo dotar as escolas de recursos e meios adequados às suas especificidades.

A consecução de um clima de segurança e confiança reclama uma acção concertada de coordenação e execução de medidas atinentes à prevenção do risco e ao controlo da segurança nas escolas e meios envolventes, dando uma resposta cabal e de qualidade aos desafios que se colocam a toda a comunidade educativa.

As comunidades escolares têm necessidade de se adaptar, com celeridade, a novas situações, nomeadamente as que se prendem com a prevenção e o combate a comportamentos criminais e anti-sociais, e, numa estreita articulação com as forças policiais, potenciar o Programa Escola Segura, bem como desenvolver, ainda no âmbito deste Programa, acções especiais visando promover comportamentos de segurança.

Respeitando a toda a comunidade educativa o trabalho de desenvolver e aprofundar a formação para a cidadania e para o exercício responsável da liberdade individual, compete, em primeira linha, ao Governo praticar os actos e adoptar as providências necessárias à prestação de um serviço público que vise a preservação da segurança e da tranquilidade nas escolas.

O grau de qualidade desse serviço público tem de corresponder ao grau de exigência e às expectativas de uma sociedade cada vez mais informada, possibilitando o desenvolvimento e a aplicação de uma filosofia de gestão orientada para a racionalização e eficácia operacional, viabilizando a ênfase devida às modernas teses sobre a qualidade nos serviços públicos.

Nesse sentido, cumpre, desde logo, ao Ministério da Educação, chamando também a intervir, em função das matérias envolvidas, o Ministério da Administração Interna, empreender um esforço integrado que promova, de forma articulada e coerente, um conjunto de iniciativas que possibilitem a consecução destes propósitos.

Tendo em conta a natureza das acções a desenvolver, envolvendo formas de cooperação e de trabalho em rede com entidades diversas, privilegiadamente as forças de segurança, justifica-se a criação de uma equipa de missão, constituída predominantemente por oficiais oriundos dos quadros das forças de segurança, destinada a coordenar, articular, conceber, realizar e avaliar as iniciativas relativas à segurança nas escolas e que funcionará no âmbito do Ministério da Educação.

Neste contexto, a equipa de missão para a segurança escolar, trabalhando em articulação permanente com o Observatório de Segurança na Escola, avaliará, em função dos indicadores, técnica e cientificamente aferidos pelo Observatório, as ocorrências registadas pelas escolas e deverá propor o modelo de funcionamento do dispositivo para a segurança nas escolas e, bem assim, o modelo de operacionalização do respectivo órgão coordenador.

Assim, nos termos do artigo 28.º da Lei n.º 4/2004, de 15 de Janeiro, na redacção dada pela Lei n.º 51/2005, de 30 de Agosto, determina-se:

1 – É criada uma equipa de missão, denominada equipa de missão para a segurança escolar, a qual funciona na dependência da Ministra da Educação.

2 – A equipa tem como finalidade principal a concepção, desenvolvimento e concretização de um sistema de segurança nas escolas.

3 – Para a prossecução dos seus objectivos, compete à equipa de missão:

a) Elaborar um plano de acção nacional para avaliar a problemática da segurança escolar, tendo como base o trabalho até agora realizado e toda a informação já recolhida pelo Observatório de Segurança na Escola;

b) Elaborar e proceder à implementação das medidas necessárias, em função dos indicadores fornecidos pelo Observatório de Segurança na Escola, para combater situações de insegurança e violência escolar;

c) Avaliar a capacidade do Ministério da Educação para, atendendo aos recursos disponíveis, fazer face aos problemas diagnosticados;

d) Estabelecer prioridades de intervenção e parcerias com outros ministérios, câmaras municipais, associações e comunidade educativa em geral, tendo em conta a avaliação e o diagnóstico efectuados nos termos das alíneas anteriores;

e) Conceber, implementar e desenvolver procedimentos de monitorização e acompanhamento em matéria de segurança escolar;

f) Realizar um levantamento das escolas de maior risco para a avaliação da necessidade de serem ligadas a uma central pública de alarmes;

g) Produzir um plano de emergência tipo, a ser generalizado em todas as escolas com as devidas adaptações;

h) Promover a criação de programas de intervenção na área da segurança, garantindo a necessária articulação com o Programa Escola Segura;

i) Conceber instrumentos, procedimentos e recursos que visem ajudar a resolver os problemas identificados pelas escolas incluídas no Programa dos Territórios Educativos de Intervenção Prioritária, na área da segurança escolar;

j) Fomentar um conhecimento aprofundado da realidade, através de visitas e reuniões de trabalho nas escolas, em articulação com as respectivas direcções regionais;

l) Criar um fórum de discussão, via Internet, para colocação de questões e recolha de opiniões e sugestões nesta área;

m) Organizar acções de formação específicas sobre segurança escolar, no Ministério da Educação;

n) Promover e assegurar a realização periódica de exercícios e de simulacros, não só para testar os meios exteriores envolvidos, como para fomentar uma maior consciencialização da segurança escolar e uma habituação aos planos de segurança;

o) Acompanhar experiências e modelos de intervenção em execução noutros países.

4 – A equipa de missão tem um mandato de três anos, extinguindo-se automaticamente findo esse prazo.

5 – É nomeada coordenadora da equipa de missão a intendente Paula Cristina da Graça Peneda, oficial da Polícia de Segurança Pública, para o efeito requisitada a este corpo policial, equiparada, para efeitos remuneratórios, a titular de cargo de direcção superior de 1.º grau.

6 – A equipa integra ainda um máximo de três elementos, que são designados por despacho conjunto dos Ministros da Administração Interna, das Finanças e da Educação.

7 – À coordenadora da equipa de missão compete:

a) Representar a equipa de missão;

b) Coordenar e acompanhar o desenvolvimento dos trabalhos da equipa de missão;

c) Definir as prioridades dos trabalhos a realizar, tendo em consideração os objectivos estabelecidos e a orçamentação dos mesmos;

d) Prestar assessoria técnica e participar em comissões ou grupos de trabalho que exijam conhecimentos especializados na matéria;

e) Manter uma permanente articulação e cooperação com as estruturas conexas em matéria de segurança nas escolas, designadamente o Observatório de Segurança na Escola e o Programa Escola Segura;

f) Praticar todos os actos que, embora não explicitamente referidos, se mostrem necessários e inerentes ao cabal desempenho da missão definida e à prossecução dos objectivos da equipa de missão.

8 – O coordenador pode ainda convidar especialistas para apresentarem propostas ou para se pronunciarem sobre as análises e propostas em estudo.

9 – Compete aos elementos que coadjuvam o coordenador a prática de todos os actos necessários à concretização das tarefas que lhe forem atribuídas pela coordenadora da equipa de missão.

10 – O apoio logístico à instalação e funcionamento da equipa de missão, bem como os encargos orçamentais inerentes, é assegurado pela Secretaria-Geral do Ministério da Educação.

11 – O apoio técnico e administrativo à equipa de missão é assegurado por funcionários ou agentes do Ministério da Educação ou da administração pública central, em regime de mobilidade para o Ministério da Educação e afectos à equipa de missão.

12 – Incumbe genericamente aos serviços do Ministério da Educação o dever de colaboração com a equipa de missão, podendo, ainda, quando tal se afigure necessário, ser solicitada a colaboração dos serviços do Ministério da Administração Interna, de acordo com o quadro de competências definido.

6 de Dezembro de 2006. – O Ministro de Estado e das Finanças, *Fernando Teixeira dos Santos.* – A Ministra da Educação, *Maria de Lurdes Reis Rodrigues.*

PORTARIA N.º 413/99, DE 8 DE JUNHO

REGULAMENTO DO SEGURO ESCOLAR

I – Noção e âmbito

ARTIGO 1.º
Seguro escolar

1 – O seguro escolar constitui um sistema de protecção destinado a garantir a cobertura dos danos resultantes do acidente escolar.

2 – A prevenção do acidente escolar e o seguro escolar constituem modalidades de apoio e complemento educativo que, através das direcções regionais de educação, são prestados aos alunos, complementarmente aos apoios assegurados pelo sistema nacional de saúde.

ARTIGO 2.º
Âmbito

1 – O seguro escolar abrange:

a) As crianças matriculadas e a frequentar os jardins-de-infância da rede pública e os alunos dos ensinos básico e secundário, incluindo os ensinos profissional e artístico, os alunos dos estabelecimentos de ensino particular e cooperativo em regime de contrato de associação, e ainda, os que frequentam cursos de ensino recorrente e de educação extra-escolar realizados por iniciativa ou em colaboração com o Ministério da Educação;

b) As crianças abrangidas pela educação pré-escolar e os alunos do 1.º ciclo do ensino básico que frequentem actividades de animação

sócio-educativa, organizadas pelas associações de pais ou pelas autarquias, em estabelecimentos de educação e ensino;
c) Os alunos dos ensinos básico e secundário que frequentam estágios ou desenvolvam experiências de formação em contexto de trabalho, que constituam o prolongamento temporal e curricular necessário à certificação;
d) Os alunos que participem em actividades do desporto escolar;
e) As crianças e os jovens inscritos em actividades ou programas de ocupação de tempos livres, organizados pelos estabelecimentos de educação ou ensino e desenvolvidos em período de férias.

2 – O seguro escolar abrange ainda os alunos que se desloquem ao estrangeiro, integrados em visitas de estudo, projectos de intercâmbio e competições desportivas no âmbito do desporto escolar, quanto aos danos não cobertos pelo seguro de assistência em viagem a que se refere o artigo 34.º, desde que a deslocação seja previamente comunicada à direcção regional de educação respectiva, para efeitos de autorização, com a antecedência mínima de 30 dias.

II – Do acidente escolar

ARTIGO 3.º
Noção

1 – Considera-se acidente escolar, para efeitos do presente Regulamento, o evento ocorrido no local e tempo de actividade escolar que provoque ao aluno lesão, doença ou morte.

2 – Considera-se ainda abrangido pelo presente Regulamento:
a) O acidente que resulte de actividade desenvolvida com o consentimento ou sob a responsabilidade dos órgãos de gestão do estabelecimento de educação ou ensino;
b) O acidente em trajecto nos termos dos artigos 21.º e seguintes do presente Regulamento.

ARTIGO 4.º
Prevenção do acidente escolar

1 – A prevenção do acidente escolar traduz-se:
a) Em acções de informação e formação dirigidas aos alunos e ao pessoal docente e não docente, destinadas a prevenir ou a reduzir os riscos de acidente escolar;
b) Em programas da iniciativa das direcções regionais de educação ou dos organismos centrais do Ministério da Educação que contemplem, designadamente, o estudo comparado dos meios utilizados por outras instituições congéneres, nacionais ou estrangeiras.

2 – As acções referidas na alínea a) do número anterior são da iniciativa dos estabelecimentos de educação e ensino, em colaboração com serviços e instituições locais com vista ao reforço da articulação entre a escola e o meio em que se insere.

3 – Para a concretização da política de prevenção do acidente escolar, as direcções regionais de educação e os estabelecimentos de educação e ensino podem celebrar acordos de colaboração, entre outros, com a Cruz Vermelha Portuguesa, o Instituto Nacional de Emergência Médica, o Serviço Nacional de Protecção Civil, a Liga dos Bombeiros Portugueses, a Prevenção Rodoviária Portuguesa e as associações humanitárias de bombeiros voluntários.

III – Do seguro escolar

ARTIGO 5.º
Garantias

O seguro escolar garante a cobertura financeira da assistência a prestar ao aluno sinistrado por aquele abrangido, complementarmente aos apoios assegurados pelos sistemas, subsistemas e seguros de protecção social e de saúde de que este seja beneficiário, nos termos dos artigos seguintes.

ARTIGO 6.º
Prestações

O seguro escolar garante ao aluno sinistrado a realização das seguintes prestações:

a) Assistência médica e medicamentosa;
b) Transporte, alojamento e alimentação indispensáveis para garantir essa assistência.

ARTIGO 7.º
Assistência médica e medicamentosa

1 – A assistência médica e medicamentosa abrange:

a) Assistência médica, geral e especializada, incluindo os meios complementares de diagnóstico e cirurgia;
b) Meios auxiliares de locomoção, de uso transitório, que serão obtidos, em regime de aluguer, sempre que este seja um meio mais económico que a respectiva aquisição;
c) Meios, incluindo aparelhos de ortopedia e meios auxiliares de visão, receitados por médicos da especialidade, que se tornem necessários em consequência do acidente.

2 – A assistência médica é prestada ao sinistrado pelas instituições hospitalares públicas.

3 – A assistência médica pode ainda ser prestada ao sinistrado por instituições hospitalares privadas ou por médicos particulares abrangidos por sistema, subsistema ou seguro de saúde de que aquele seja beneficiário.

4 – Em caso de internamento do sinistrado, este só poderá efectuar--se em regime de quarto comum ou de enfermaria, nas instituições hospitalares públicas ou privadas, desde que abrangidas por sistema ou subsistema de que aquele seja beneficiário.

5 – Sempre que do acidente resulte dano ou inutilização dos meios auxiliares de locomoção ou das próteses que o sinistrado já utilizasse, as reparações necessárias ou a sua substituição serão asseguradas pelo seguro escolar.

6 – As instituições integradas no Serviço Nacional de Saúde facturam as despesas resultantes da prestação de cuidados de saúde aos segurados, desde que estes sejam beneficiários de um subsistema público ou privado.

7 – No caso de os segurados não serem beneficiários de qualquer subsistema e na qualidade de beneficiários do Serviço Nacional de Saúde, as instituições referidas no número anterior nada poderão facturar pela prestação de cuidados de saúde.

ARTIGO 8.º
Hospedagem, alojamento e alimentação

1 – O sinistrado tem direito a hospedagem, alojamento e alimentação quando, por determinação médica ou da direcção regional de educação, tenha de se deslocar para fora da área da sua residência.

2 – O direito a hospedagem, alojamento e alimentação necessários à assistência ao sinistrado no próprio dia do acidente inclui o acompanhante quando aquele for menor de idade.

3 – O direito conferido ao acompanhante no número anterior é extensivo, nas mesmas condições:

a) À deslocação necessária ao tratamento ambulatório;
b) Ao cumprimento das formalidades ou instruções determinadas pelos serviços competentes.

4 – As prestações referidas nos números anteriores não abrangem o pagamento de serviços extraordinários e só serão asseguradas em estabelecimentos hoteleiros cuja classificação não exceda as 3 estrelas.

ARTIGO 9.º
Transporte

1 – O transporte do sinistrado no momento do acidente será o mais adequado à gravidade da lesão.

2 – Os transportes que o sinistrado deve utilizar são os colectivos, salvo não os havendo ou se outros forem mais indicados à situação em concreto e determinados pelo médico assistente, através de declaração expressa.

3 – As despesas de transporte terão sempre que ser justificadas por documento comprovativo da sua realização.

4 – No caso de o transporte se fazer em viatura particular, cujo recurso foi devidamente justificado, haverá lugar ao pagamento de uma verba correspondente ao número de quilómetros percorridos, ao preço

unitário que estiver fixado na portaria que estabelece o subsídio de viagem em transporte em veículo adstrito a carreira de serviço público para os funcionários públicos.

5 – Para efeitos do disposto no número anterior, será apresentado recibo de que conste:

    a) A matrícula do veículo;
    b) O número de quilómetros percorridos;
    c) A data e a finalidade do transporte, devidamente titulado por documento hospitalar de que conste a data da consulta ou dos tratamentos.

ARTIGO 10.º
Indemnização

A garantia do seguro escolar compreende, ainda, o pagamento de:

    a) Indemnização por incapacidade temporária, desde que se trate de aluno que exerça actividade profissional remunerada e cujo montante será o do prejuízo efectivamente sofrido devidamente comprovado;
    b) Indemnização por incapacidade permanente;
    c) Indemnização por danos morais.

ARTIGO 11.º
Cálculo da indemnização

1 – A indemnização a que o sinistrado, vítima de incapacidade permanente, tem direito é calculada em função do grau de incapacidade que lhe seja atribuído.

2 – O montante é determinado com base no coeficiente de incapacidade, fixando-se o valor 100 em 300 vezes o salário mínimo nacional, em vigor à data do acidente.

3 – O coeficiente de incapacidade é fixado por junta médica, de acordo com a Tabela Nacional de Incapacidades, publicada em anexo à lei dos acidentes de trabalho e doenças profissionais, em vigor à data do acidente.

4 – Pode, a requerimento do sinistrado e por decisão fundamentada do director regional de educação, ser atribuído, a título de indemnização por danos morais, montante no valor de 30% da indemnização calculada nos termos do n.º 1 do presente artigo.

ARTIGO 12.º
Pagamento de indemnizações

1 – Quando o sinistrado seja menor de idade, a indemnização é depositada em conta a prazo, a favor do sinistrado, na Caixa Geral de Depósitos, depois de conferida quitação à respectiva direcção regional de educação.

2 – Quando o sinistrado seja maior de idade, a indemnização é depositada em conta à ordem.

3 – Nos casos previstos no n.º 1 podem ser autorizados, por despacho do director regional de educação, levantamentos anuais, pelo encarregado de educação, dos montantes necessários a garantir o bem estar do aluno, até ao máximo de 5% da verba depositada.

ARTIGO 13.º
Outras garantias

1 – O seguro escolar garante a deslocação do cadáver e o pagamento das despesas de funeral.

2 – O seguro escolar garante ainda os prejuízos causados a terceiros pelo aluno desde que sujeito ao poder de autoridade do órgão de administração e gestão do estabelecimento de educação ou ensino ou que resulte de acidente em trajecto em que a responsabilidade lhe seja directamente imputável.

IV – Da junta médica

ARTIGO 14.º
Convocação de junta médica

1 – A junta médica reúne por iniciativa da direcção regional de educação, a requerimento do sinistrado, ou do seu representante legal.

2 – O sinistrado é submetido a junta médica sempre que se presuma a existência de incapacidade temporária ou permanente ou a situação clínica assim o exija.

3 – O sinistrado abrangido pelo regime do trabalhador-estudante será obrigatoriamente submetido a junta médica sempre que se presuma a incapacidade temporária.

ARTIGO 15.º
Constituição de junta médica

1 – A junta médica é constituída, no mínimo, por três médicos, sendo dois pertencentes, obrigatoriamente, à saúde escolar, podendo o terceiro ser o médico assistente do sinistrado, sempre que este o requeira.

2 – Quando a situação clínica o exija, a junta médica pode ser constituída por um ou mais especialistas, desde que mantenha um número ímpar de membros.

ARTIGO 16.º
Junta médica de recurso

1 – No caso de o sinistrado ou de o seu representante legal não concordar com o resultado da junta médica, pode requerer a constituição de uma junta médica de recurso.

2 – O prazo para entrega da reclamação é de 30 dias contados da notificação ao interessado do resultado da junta médica.

3 – Da junta médica de recurso não podem fazer parte os médicos que constituíram a junta médica de cuja decisão se recorre, com excepção do médico assistente do sinistrado.

4 – A constituição da junta médica de recurso obriga o sinistrado a depositar, a favor da direcção regional de educação, uma caução correspondente ao valor dos respectivos encargos e que será perdida caso o recurso não venha a obter provimento.

ARTIGO 17.º
Encargos

As direcções regionais de educação não suportam os encargos decorrentes da presença do médico assistente do sinistrado na junta médica de recurso, salvo quando o resultado seja favorável ao sinistrado.

ARTIGO 18.º
Despesas de deslocação, alojamento e alimentação

1 – As despesas de deslocação, alojamento e alimentação do sinistrado para efeitos de junta médica são suportadas pelo seguro escolar.

2 – No caso de o sinistrado ser menor de idade ou porque a situação assim o exige, pode ser acompanhado por pessoa por si indicada, sendo as despesas previstas no número anterior suportadas pelo seguro escolar.

3 – Às despesas referidas nos números anteriores aplica-se o disposto nos artigos 8.º e 9.º, com as necessárias adaptações.

ARTIGO 19.º
Não comparência à junta médica

1 – Se o sinistrado não puder comparecer à junta médica, deve dar conhecimento do facto à direcção regional de educação, com a antecedência mínima de cinco dias úteis, justificando a respectiva falta.

2 – Na ausência de comunicação ou da justificação atendível, fica o sinistrado responsável pelos encargos correspondentes, salvo quando se trate de caso de força maior, devidamente comprovado, ou se o facto que determinou a falta não pudesse ser conhecido em momento anterior.

ARTIGO 20.º
Nova convocação

1 – Se o sinistrado, nos termos do artigo anterior, não comparecer, será convocado para nova junta médica no prazo de 60 dias.

2 – A falta injustificada a duas juntas médicas determina a exclusão da cobertura do seguro escolar e obriga à devolução dos montantes entretanto percebidos.

V – Acidente em trajecto

ARTIGO 21.º
Noção

1 – Considera-se equiparado a acidente escolar o evento externo e fortuito que ocorra no percurso habitual entre a residência e o estabelecimento de educação ou ensino, ou vice-versa, desde que no período de tempo imediatamente anterior ao início da actividade escolar ou imediatamente posterior ao seu termo, dentro do limite de tempo considerado necessário para percorrer a distância do local da saída ao local do acidente.

2 – Só se considera abrangido pelo número anterior o aluno menor de idade não acompanhado por adulto que, nos termos da lei, esteja obrigado à sua vigilância.

ARTIGO 22.º
Atropelamento

1 – Em caso de atropelamento, só se considera acidente escolar quando, cumulativamente:

a) A responsabilidade seja imputável ao aluno sinistrado, no todo ou em parte, pelas autoridades competentes;
b) Ocorra no percurso normal para e do local de actividade escolar à residência habitual, em período imediatamente anterior ao início da actividade ou imediatamente ulterior ao seu termo, dentro do período de tempo considerado necessário para ser percorrido a pé;
c) Seja participado às autoridades policiais e judiciais competentes, no prazo de 15 dias, ainda que aparentemente tenha sido ocasionado pelo aluno ou por terceiros cuja identificação não tenha sido possível determinar no momento do acidente;
d) O aluno sinistrado seja menor de idade e não esteja acompanhado por um adulto que, nos termos da lei, esteja obrigado à sua vigilância, salvo se este for docente ou funcionário do estabelecimento de educação ou ensino.

2 – Por despacho fundamentado do director regional de educação e considerando as conclusões quanto à ocorrência das autoridades policiais ou judiciais, designadamente quanto à impossibilidade de localização ou identificação do responsável pelo atropelamento, pode o aluno sinistrado, cumpridos os demais requisitos do número anterior, ficar abrangido pelo seguro escolar.

3 – O processo de inquérito a instaurar na sequência de atropelamento constará do modelo publicado em anexo.

VI – Do processo de inquérito

ARTIGO 23.º
Processo de inquérito

1 – Qualquer agente educativo que tome conhecimento de um acidente escolar fica obrigado a comunicar o invento ao órgão de gestão e administração do respectivo estabelecimento de educação ou ensino.

2 – O órgão de gestão e administração do estabelecimento de educação ou ensino a que pertence o sinistrado deve, obrigatoriamente, abrir um processo de inquérito ao acidente ou, no caso das situações previstas no n.º 4, comunicar a ocorrência à direcção regional de educação respectiva, pela via mais expedita.

3 – O processo de inquérito referido no número anterior constará de modelo publicado em anexo.

4 – Se do acidente resultar a morte do aluno ou se presumir a existência de incapacidade permanente, a competência referida no n.º 2 pertence à respectiva direcção regional de educação.

ARTIGO 24.º
Decisão

1 – Sem prejuízo do disposto no diploma que define o regime de autonomia, administração e gestão dos estabelecimentos de educação ou ensino, compete aos órgãos de gestão das escolas do 2.º e 3.º ciclo dos ensinos básico e secundário, com base no disposto no presente regulamento, decidir sobre a qualificação do evento como acidente escolar.

2 – Compete à direcção regional de educação respectiva decidir sobre a qualificação do evento como acidente escolar nos casos não abrangidos pelo número anterior e, ainda, nas situações seguintes:

   a) Casos de morte ou em que se presume a invalidez permanente do aluno sinistrado;
   b) Atropelamento;
   c) Situações de recurso a instituições hospitalares, médicos privados ou sem acordo com o sistema nacional de saúde.

3 – Da decisão é sempre notificado o legal representante do aluno ou o aluno se maior, com a faculdade de recorrer:
  a) Das decisões do n.º 1 para o respectivo director regional de educação;
  b) Das decisões referidas no n.º 2 para o Ministério da Educação.

VII – Exclusões

ARTIGO 25.º
Exclusão de garantia

Excluem-se do conceito de acidente escolar e, consequentemente, da cobertura do respectivo seguro:
  a) A doença de que o aluno é portador, sua profilaxia e tratamento, salvo a primeira deslocação à unidade de saúde;
  b) O acidente que ocorra nas instalações escolares quando estas estejam encerradas ou tenham sido cedidas para actividades cuja organização não seja da responsabilidade dos órgãos directivos dos estabelecimentos de educação ou ensino;
  c) O acidente que resultar de força maior, considerando-se, para este efeito, os cataclismos e outras manifestações da natureza;
  d) O acidente ocorrido no decurso de tumulto ou de desordem;
  e) As ocorrências que resultem de actos danosos cuja responsabilidade, nos termos legais, seja atribuída a entidade extra-escolar;
  f) Os acidentes que ocorram em trajecto com veículos ou velocípedes com ou sem motor, que transportem o aluno ou sejam por este conduzidos;
  g) Os acidentes com veículos afectos aos transportes escolares.

ARTIGO 26.º
Exclusão de direitos

1 – Ficam excluídos dos direitos e garantias do seguro escolar os sinistrados que por si ou por intermédio do respectivo encarregado de educação:
  a) Assumam conduta prejudicial ao seu estado clínico, designadamente os que abandonem os serviços hospitalares em que estejam

internados ou em tratamento médico ambulatório, sem alta autorizada, não se apresentem às consultas e tratamentos determinados pelo médico assistente, quando em tratamento ambulatório, ou o interrompam sem justificação aceitável;
b) Não observem as condições e as disposições do presente Regulamento ou não obedeçam às instruções da direcção regional de educação;
c) Tornem iniciativas à margem das instruções contidas neste Regulamento, sem prévia concordância da direcção regional de educação;
d) Não aceitem a indemnização atribuída no prazo de 30 dias após a notificação, salvo se tiver sido requerida a constituição da junta médica de recurso.

2 – Ficam excluídas do âmbito do seguro escolar as despesas realizadas ou assumidas pelos sinistrados ou pelos seus representantes legais em claro desrespeito pelo presente Regulamento e, designadamente:
a) As que não resultem de acidentes de actividade escolar participado pelo estabelecimento de educação ou ensino, nos termos do presente Regulamento;
b) As que não se encontram devidamente justificadas.

VIII – Inscrição e prémio

ARTIGO 27.º
Inscrição

É obrigatória a inscrição no seguro escolar para os alunos matriculados em estabelecimento de educação ou ensino público não superior.

ARTIGO 28.º
Prémio

1 – Os alunos abrangidos pelo presente Regulamento pagam, no acto da respectiva matrícula, o prémio do seguro escolar.
2 – O prémio do seguro escolar é fixado em 1% do valor do salário mínimo nacional, arredondado, por defeito, à dezena de escudos.

3 – Os recursos financeiros resultantes do encaixe de prémios de seguro escolar constituem receita das direcções regionais de educação, nos termos da Portaria n.º 727/93, de 12 de Agosto.

4 – Estão isentos do pagamento do prémio de seguro os alunos a frequentar a educação pré-escolar, a escolaridade obrigatória e os alunos deficientes.

5 – O não pagamento do prémio no momento da matrícula determina o seu pagamento em dobro.

6 – Aos alunos que não tenham procedido ao pagamento do prémio do seguro escolar não serão entregues quaisquer certidões ou diplomas, nem publicadas as respectivas classificações até à respectiva regularização.

IX – Direitos e deveres do sinistrado

ARTIGO 29.º
Direitos dos sinistrados

O sinistrado tem direito às prestações e indemnizações previstas no presente Regulamento.

ARTIGO 30.º
Deveres dos sinistrados

Os sinistrados e os seus representantes legais obrigam-se a:
a) Utilizar a assistência nos termos definidos no presente Regulamento, munidos do cartão do sistema ou subsistema de que sejam beneficiários;
b) Não efectuar pagamentos que considerem da responsabilidade do sistema ou subsistema de que sejam beneficiários, sem conhecimento das autoridades escolares;
c) Não tomar qualquer iniciativa sem se assegurarem, através do estabelecimento de educação ou ensino, que o sinistro se enquadra no âmbito do presente Regulamento;
d) Apresentar no sistema ou subsistema de saúde os originais dos documentos de despesa para efeitos de comparticipação;
e) Apresentar no estabelecimento de ensino toda a documentação comprovativa dos encargos assumidas ou das despesas efectuadas, quando tenham direito ao respectivo reembolso;

f) Prestar todos os esclarecimentos que lhes sejam solicitados por responsáveis do estabelecimento de ensino ou pela direcção regional de educação;
g) Submeter-se aos exames médicos que sejam decididos pela direcção regional de educação;
h) Dar quitação de todas as importâncias que lhe sejam entregues para reembolso de despesas que hajam efectuado ou da indemnização atribuída;
i) Participar, em tempo útil, o acidente escolar.

X – Direito de regresso

ARTIGO 31.º
Direito de regresso

1 – Sempre que por decisão judicial seja imputada a. responsabilidade do sinistro a terceiro, a direcção regional de educação exercerá sobre aquele o direito de regresso, relativamente aos encargos que suportou nos termos do presente Regulamento.

2 – Independentemente do disposto no número anterior, a direcção regional de educação exercerá o direito de regresso, nos termos da lei, sempre que a responsabilidade pela ocorrência do acidente seja imputável a terceiro.

XI – Organização dos órgãos de administração e gestão dos estabelecimentos de ensino

ARTIGO 32.º
Obrigações dos órgãos de direcção e gestão da escola

1 – Devem os órgãos de gestão dos estabelecimentos de educação ou ensino:

a) Aplicar o presente Regulamento, cabendo-lhes a primeira análise da ocorrência e a respectiva decisão, considerando-a incluída ou excluída das garantias do seguro escolar;

b) Relativamente a cada aluno, obter, no acto da matrícula, todos os elementos referentes ao sistema ou subsistema de saúde de que seja beneficiário, que farão parte integrante do respectivo processo.

2 – No caso de se tratar de ocorrência enquadrada na definição de acidente escolar, nos termos deste Regulamento, a direcção do estabelecimento de educação ou ensino está obrigada a:

  a) Providenciar pela condução do sinistrado à entidade hospitalar que prestará assistência, comunicando tal facto ao encarregado de educação;
  b) Elaborar o inquérito do acidente e recolher todos os elementos complementares indispensáveis ao seu preenchimento, o qual deverá ser esclarecedor das condições em que se verificou a ocorrência;
  c) Esclarecer, se for caso disso, o encarregado de educação do teor do presente Regulamento;
  d) Acompanhar, na medida do possível, a forma como decorre o tratamento e a evolução clínica do sinistrado, bem como os encargos que vão sendo assumidas;
  e) Verificar se a documentação que se pretende entregar se considera, ou não, em condições de ser aceite;
  f) Zelar pela celeridade das comunicações e reembolsos aos sinistrados ou aos seus representantes legais;
  g) Manter afixado um exemplar do Regulamento do Seguro Escolar ou, em alternativa, afixar de forma bem visível, em zona de acesso público, a informação do local e do horário onde o mesmo pode ser consultado, bem como indicação da entidade ou entidades escolares que poderão prestar esclarecimentos sobre o assunto.

ARTIGO 33.º
Organização do seguro escolar

1 – Os órgãos de gestão e administração dos estabelecimentos de educação ou ensino devem manter organizada a aplicação do seguro escolar, designadamente:

  a) Constituindo o arquivo dos processos individuais, por número de ordem de ocorrência dos acidentes;

b) Elaborando a lista nominal de sinistrados por ano lectivo;
c) Preenchendo e enviando, trimestralmente, às direcções regionais de educação os mapas estatísticos e financeiros dos acidentes ocorridos.

2 – Deverá estar disponível para consulta a documentação seguinte:
a) Instruções do seguro escolar;
b) Circulares emitidas relativas ao seguro escolar;
c) Normas de prevenção do acidente e de segurança;
d) Cópias de avisos, recomendações e proibições que estejam afixadas.

ARTIGO 34.º
Viagens ao estrangeiro

1 – Todas as iniciativas organizadas no âmbito do estabelecimento de educação ou ensino que compreendem uma deslocação fora do território nacional determinam a obrigatoriedade de celebração de um contrato de seguro de assistência em viagem.

2 – O seguro referido no número anterior terá de abranger todos os alunos envolvidos na iniciativa quanto a:
a) Despesas de internamento e de assistência médica;
b) Repatriamento do cadáver e despesas de funeral;
c) Despesas de deslocação, alojamento e alimentação do encarregado de educação ou alguém indicado por este, para acompanhamento do aluno sinistrado.

LEI N.º 23/2006, DE 23 DE JUNHO

REGIME JURÍDICO DO ASSOCIATIVISMO JOVEM

A Assembleia da República decreta, nos termos da alínea c) do artigo 161.º da Constituição, o seguinte:

CAPÍTULO I
Disposições e princípios gerais

ARTIGO 1.º
Objecto

A presente lei estabelece o regime jurídico do associativismo jovem, bem como os programas de apoio ao desenvolvimento da sua actividade.

ARTIGO 2.º
Associações de jovens e grupos informais de jovens

1 – São associações de jovens, para efeitos do disposto na presente lei, as associações juvenis e as associações de estudantes, reconhecidas nos termos da presente lei, bem como as respectivas federações.

2 – São grupos informais de jovens, para efeitos do disposto na presente lei, os grupos que sejam constituídos exclusivamente por jovens com idade igual ou inferior a 30 anos, em número não inferior a cinco elementos.

ARTIGO 3.º
Associações juvenis

1 – São associações juvenis:

a) As associações com mais de 75% de associados com idade igual ou inferior a 30 anos, em que o órgão executivo é constituído por 75% de jovens com idade igual ou inferior a 30 anos;
b) As associações sócio-profissionais com mais de 75% de associados com idade igual ou inferior a 35 anos, em que o órgão executivo é constituído por 75% de jovens com idade igual ou inferior a 35 anos.

2 – São equiparadas a associações juvenis as organizações de juventude partidárias ou sindicais, desde que preencham os requisitos mencionados na alínea a) do número anterior e salvaguardas as disposições legais que regulam os partidos políticos e as associações sindicais.
3 – São equiparadas a associações juvenis as organizações nacionais equiparadas a associações juvenis, desde que reconhecidas pela World Association of Girl Guides and Girl Scouts e pela World Organization of the Scout Movement.
4 – Podem ser equiparadas a associações juvenis as entidades sem fins lucrativos de reconhecido mérito e importância social que desenvolvam actividades que se destinem a jovens, mediante despacho anual do membro do Governo responsável pela área da juventude.

ARTIGO 4.º
Associações de estudantes

1 – São associações de estudantes aquelas que representam os estudantes do respectivo estabelecimento de ensino básico, secundário, superior ou profissional.
2 – São estabelecimentos de ensino, para efeitos do disposto no número anterior, as entidades como tal definidas na Lei de Bases do Sistema Educativo, na Lei de Bases do Ensino Particular e Cooperativo, na lei de autonomia das universidades e na lei do estatuto e autonomia dos estabelecimentos de ensino superior politécnico, independentemente da sua organização institucional.

ARTIGO 5.º
Federações de associações

1 – As associações juvenis e as associações de estudantes são livres de se agruparem ou filiarem em federações de âmbito sectorial, local, regional, nacional ou internacional com fins idênticos ou similares aos seus.

2 – As normas relativas às associações juvenis e às associações de estudantes previstas na presente lei são aplicáveis às suas federações, com as necessárias adaptações.

3 – Para efeitos da titularidade dos direitos e benefício dos apoios previstos na presente lei, só são reconhecidas pelo Instituto Português da Juventude (IPJ) as federações de associações constituídas por, pelo menos, três associações.

ARTIGO 6.º
Princípios de organização e funcionamento

As associações de jovens gozam de autonomia na elaboração dos respectivos estatutos e demais normas internas, na eleição dos seus órgãos dirigentes, na gestão e administração do respectivo património e na elaboração dos planos de actividade, no respeito pela lei e pelos princípios da liberdade, da democraticidade e da representatividade.

ARTIGO 7.º
Apoio ao associativismo jovem

O apoio ao associativismo jovem obedece aos princípios da transparência, objectividade e respeito pela autonomia e independência das associações e seus dirigentes, nos termos definidos na presente lei.

CAPÍTULO II
Associações juvenis

ARTIGO 8.º
Constituição das associações juvenis

1 – As associações juvenis constituem-se nos termos gerais de direito, sem prejuízo do disposto na presente lei.

2 – As associações juvenis podem ter sede em território nacional ou fora dele, devendo, apenas neste último caso, os seus associados ser maioritariamente cidadãos de nacionalidade portuguesa.

ARTIGO 9.º
Reconhecimento das associações juvenis

1 – Para efeitos da titularidade dos direitos e benefício dos apoios previstos na presente lei, as associações juvenis são reconhecidas pelo IPJ.

2 – Só podem ser reconhecidas as associações juvenis constituídas por, pelo menos, 20 pessoas singulares e com observância do disposto no n.º 1 do artigo 3.º

3 – Para efeitos de reconhecimento, as associações juvenis com personalidade jurídica enviam para o IPJ cópias do documento constitutivo e dos respectivos estatutos.

4 – Para efeitos de reconhecimento, as associações juvenis sem personalidade jurídica enviam para o IPJ, por depósito ou carta registada com aviso de recepção, cópias dos estatutos, da acta da assembleia geral em que os mesmos foram aprovados, bem como do certificado de admissibilidade de denominação.

5 – O reconhecimento referido no número anterior apenas produz efeitos após a publicação, gratuita, pelo IPJ, dos estatutos da associação em sítio na Internet de acesso público, regulado por portaria do membro do Governo responsável pela área da juventude, no qual a informação objecto de publicidade possa ser acedida.

6 – O IPJ presta o apoio necessário à constituição das associações juvenis nos termos da presente lei.

CAPÍTULO III
Associações de estudantes

ARTIGO 10.º
Constituição das associações de estudantes

1 – As associações de estudantes constituem-se nos termos gerais de direito, sem prejuízo do disposto nos números seguintes.

2 – As associações de estudantes constituem-se após prévia aprovação de um projecto de estatutos em assembleia geral, expressamente convocada para o efeito por um mínimo de 10% dos estudantes a representar, com a antecedência mínima de 15 dias, por meio de aviso afixado em todos os edifícios onde habitualmente decorram actividades escolares.

3 – Os estatutos de cada associação podem estipular formas de representação dos demais estudantes do respectivo estabelecimento que não tenham manifestado a sua adesão através de acto voluntário de inscrição na mesma.

4 – Os estatutos são aprovados por maioria absoluta dos votos dos estudantes presentes.

ARTIGO 11.º
Reconhecimento das associações de estudantes

1 – Para efeitos da titularidade dos direitos e benefícios previstos na presente lei, as associações de estudantes são reconhecidas pelo membro do Governo responsável pela área da educação ou do ensino superior, consoante o grau de ensino do estabelecimento respectivo.

2 – Para efeitos do reconhecimento, as associações de estudantes com personalidade jurídica enviam para o membro do Governo competente para o reconhecimento cópias do documento constitutivo e dos respectivos estatutos.

3 – Para efeitos do reconhecimento, as associações de estudantes sem personalidade jurídica enviam para o membro do Governo competente para o reconhecimento, por depósito ou carta registada com aviso de recepção, cópias dos estatutos, da acta da assembleia geral em que os mesmos foram aprovados, bem como do certificado de admissibilidade de denominação.

4 – O reconhecimento a que se refere o número anterior apenas produz efeitos após a publicação, gratuita, pelo membro do Governo

competente para o reconhecimento, dos estatutos da associação em sítio na Internet de acesso público, regulado por portaria do membro do Governo responsável pela área da juventude, no qual a informação objecto de publicidade possa ser acedida.

5 – Apenas pode ser reconhecida uma associação de estudantes por estabelecimento de ensino, para efeitos de acesso aos direitos e regalias previstos na presente lei e de representação perante o Estado, prevalecendo aquela que tiver maior número de associados efectivos.

6 – Para efeitos do número anterior, entende-se por associados efectivos os estudantes que se inscrevam como tal, de acordo com os estatutos de cada associação.

CAPÍTULO IV
Direitos e deveres das associações de jovens

SECÇÃO I
Direitos gerais

ARTIGO 12.º
Apoios

1 – As associações de jovens e equiparadas e os grupos informais de jovens têm direito a apoio por parte do Estado, destinado ao desenvolvimento das suas actividades, devendo para tal cumprir os deveres previstos na presente lei e demais regulamentação aplicável.

2 – O apoio previsto no número anterior reveste as seguintes formas:

a) Financeiro;
b) Técnico;
c) Formativo;
d) Logístico.

3 – As organizações de juventude partidárias ou sindicais podem beneficiar apenas de apoio logístico nos termos do artigo 43.º

ARTIGO 13.º
Direito de antena

1 – Às associações de jovens é garantido o direito a tempo de antena no serviço público de rádio e de televisão, nos termos da lei.

2 – O direito a tempo de antena pode ser exercido por intermédio de organizações federativas.

ARTIGO 14.º
Isenções e benefícios fiscais

1 – As associações de jovens beneficiam:
a) Das prerrogativas conferidas pelo artigo 10.º do Decreto-Lei n.º 460/77, de 7 de Novembro;
b) De isenção quanto aos emolumentos nos pedidos de certidões de não dívida à administração tributária e à segurança social;
c) Da isenção de imposto do selo prevista no artigo 6.º do Código do Imposto do Selo, aprovado pela Lei n.º 150/99, de 11 de Setembro.

2 – Nas transmissões de bens e na prestação de serviços que efectuem, as associações de jovens beneficiam das isenções de IVA nos termos previstos para as associações sem fins lucrativos.

3 – Aos donativos em dinheiro ou em espécie concedidos às associações, com vista ao financiamento total ou parcial das suas actividades ou projectos, é aplicável o regime previsto no Estatuto do Mecenato, aprovado pelo Decreto-Lei n.º 74/99, de 16 de Março.

ARTIGO 15.º
Direito de representação das associações

As associações de jovens têm o direito de estar representadas nos órgãos consultivos de âmbito nacional, regional ou local com atribuições no domínio da definição e planeamento das políticas de juventude, bem como nos órgãos legalmente previstos de co-gestão na implementação de políticas de juventude.

SECÇÃO II
Direitos das associações de estudantes

SUBSECÇÃO I
Disposições gerais

ARTIGO 16.º
Instalações

1 – As associações de estudantes têm direito a dispor de instalações próprias nos estabelecimentos de ensino a que se encontram afectas, cedidas a título gratuito, mediante protocolo a celebrar com os órgãos directivos das respectivas entidades escolares, de forma a melhor prosseguirem e desenvolverem a sua actividade.

2 – Compete exclusivamente às associações de estudantes a gestão das instalações cedidas, ficando obrigadas a zelar pela sua boa conservação.

SUBSECÇÃO II
Associações de estudantes do ensino básico e secundário

ARTIGO 17.º
Participação na elaboração da legislação sobre o ensino

1 – As associações de estudantes têm direito a emitir pareceres aquando do processo de elaboração de legislação sobre ensino, designadamente em relação aos seguintes domínios:

a) Definição, planeamento e financiamento do sistema educativo;
b) Gestão das escolas;
c) Acesso ao ensino superior;
d) Acção social escolar;
e) Plano de estudos, reestruturação e criação de novos agrupamentos e áreas curriculares ou disciplinas.

2 – Para efeito do disposto no número anterior, os projectos de actos legislativos, após publicitados, são remetidos às associações de estudantes, para que estas se pronunciem num prazo nunca inferior a 30 dias, podendo ser, em caso de urgência, de 20 dias.

3 – A menção da consulta é obrigatória nos preâmbulos ou relatórios sobre os quais tenha sido solicitado parecer.

ARTIGO 18.º
Participação na vida escolar

1 – As associações de estudantes têm direito a ser consultadas pelos órgãos de gestão das escolas em relação às seguintes matérias:
   a) Projecto educativo da escola;
   b) Regulamentos internos;
   c) Planos de actividades e orçamento;
   d) Projectos de combate ao insucesso escolar;
   e) Avaliação;
   f) Acção social escolar;
   g) Organização de actividades de complemento curricular e do desporto escolar.

2 – As consultas previstas no número anterior devem permitir que as associações de estudantes se possam pronunciar em prazo não inferior a 15 dias a contar da data em que lhes é facultada a consulta.

3 – As associações de estudantes do ensino básico e secundário colaboram, ainda, na gestão de espaços de convívio e desporto, assim como em outras áreas equivalentes, afectas a actividades estudantis.

4 – Os órgãos directivos dos estabelecimentos de ensino acompanham e apoiam a intervenção das associações de estudantes do ensino básico e secundário nas actividades de ligação escola-meio.

SUBSECÇÃO III
Associações de estudantes do ensino superior

ARTIGO 19.º
Participação na definição da política educativa

As associações de estudantes do ensino superior têm direito a participar nos órgãos consultivos, a nível nacional ou regional, com atribuições no domínio da definição e planeamento do sistema educativo.

ARTIGO 20.º
Participação na elaboração da legislação sobre o ensino superior

1 – As associações de estudantes do ensino superior têm direito a emitir pareceres aquando do processo de elaboração de legislação sobre ensino, designadamente em relação aos seguintes domínios:
   a) Definição, planeamento e financiamento do sistema educativo;
   b) Gestão dos estabelecimentos de ensino;
   c) Acesso ao ensino superior;
   d) Acção social escolar;
   e) Plano de estudos, reestruturação de cursos, graus de formação e habilitações.

2 – Para efeito do disposto no número anterior, os projectos de actos legislativos, após publicitados, são remetidos às associações de estudantes do ensino superior, para que estas se pronunciem num prazo nunca inferior a 15 dias.

ARTIGO 21.º
Participação na vida académica

1 – As associações de estudantes do ensino superior têm direito a ser consultadas pelos órgãos de gestão das escolas em relação às seguintes matérias:
   a) Plano de actividades e plano orçamental;
   b) Orientação pedagógica e métodos de ensino;
   c) Planos de estudo e regime de avaliação de conhecimentos.

2 – As consultas previstas no número anterior devem permitir que as associações de estudantes do ensino superior se possam pronunciar em prazo não inferior a 15 dias a contar da data em que lhes é facultada a consulta.

3 – As associações de estudantes do ensino superior têm direito a colaborar na gestão de salas de convívio, refeitórios, bares, teatros, salas de exposição ou de conferências, campos de jogos e demais instalações existentes nos edifícios escolares ou afectos a actividades escolares que se destinem ao uso dos estudantes de mais de um estabelecimento de ensino, ao uso conjunto de diversos organismos circum-escolares, ao

uso indiscriminado e polivalente de estudantes e restantes elementos da escola ou ao uso do público em geral.

4 – As associações de estudantes do ensino superior têm direito a participar na elaboração das bases fundamentais da política de acção social escolar, podendo colaborar na realização dos respectivos programas.

5 – As associações de estudantes do ensino superior podem, ainda, participar na gestão dos organismos de acção social escolar do ensino superior.

6 – O direito conferido no número anterior exerce-se na gestão dos organismos centrais de acção social escolar do ensino superior a nível de cada estabelecimento de ensino, bem como dos departamentos responsáveis pelas cantinas, residências e bolsas de estudo.

SECÇÃO III
Deveres

ARTIGO 22.º
Deveres das associações

1 – São deveres das associações de jovens:

a) Manter uma organização contabilística;
b) Elaborar relatórios de contas e de actividades, nos termos previstos na presente lei e respectivos diplomas regulamentares;
c) Publicitar e identificar os apoios financeiros concedidos pelo IPJ.

2 – A existência de dívidas à administração tributária e à segurança social implica o cancelamento de qualquer candidatura a programas de apoio por parte do IPJ, assim como a suspensão automática dos direitos decorrentes da inscrição da associação no Registo Nacional do Associativismo Jovem (RNAJ).

3 – As associações elegíveis para a modalidade de apoio bienal ou que apresentem planos de actividades de valor superior a € 100000 devem, igualmente, dispor de contabilidade organizada nos termos da lei.

CAPÍTULO V
Estatuto do dirigente associativo jovem

ARTIGO 23.º
Dirigente associativo jovem

1 – Para efeitos da aplicação da presente lei, beneficiam do estatuto do dirigente associativo jovem os membros dos órgãos sociais das associações de jovens sediadas no território nacional e inscritas no RNAJ, cabendo à direcção da associação comunicar quais os dirigentes que gozam do respectivo estatuto.

2 – Os órgãos directivos regionais das associações consideram-se órgãos directivos para efeitos do disposto no presente capítulo.

3 – Beneficiam do estatuto de dirigente associativo jovem, pelo menos:

a) 5 dirigentes nas associações juvenis com 250 ou menos associados jovens;
b) 7 dirigentes nas associações juvenis com 251 a 1000 associados jovens;
c) 11 dirigentes nas associações juvenis com 1001 a 5000 associados jovens;
d) 15 dirigentes nas associações juvenis com 5001 a 10000 associados jovens;
e) 20 dirigentes nas associações juvenis com mais de 10000 associados jovens.

4 – Nas associações juvenis que tenham mais de 20000 associados jovens, ao número de dirigentes referido na alínea e) do número anterior acresce um dirigente por cada 10000 associados jovens inscritos.

5 – Para as associações de estudantes são válidos os limites mínimos definidos no n.º 3, tendo em conta o critério correspondente ao número de estudantes por estabelecimento de ensino.

6 – Os limites definidos no número anterior podem ser alargados através de proposta das associações de estudantes e por deliberação obrigatória dos órgãos competentes dos respectivos estabelecimentos de ensino.

7 – Nas federações de associações de jovens beneficiam do estatuto de dirigente associativo jovem, pelo menos, 10 dirigentes.

8 – Cada associação jovem deve indicar ao IPJ, através do envio da cópia da acta da tomada de posse do dirigente associativo, no prazo de 20 dias úteis a contar da data da mesma, o número de membros dos órgãos sociais a abranger pelo respectivo estatuto.

9 – A suspensão, cessação ou perda de mandato dos dirigentes referidos no número anterior deve ser comunicada pela respectiva associação ao IPJ no prazo de 15 dias úteis a contar da data do seu conhecimento ou efectivação.

ARTIGO 24.º
Direitos do dirigente associativo jovem

1 – O dirigente associativo jovem goza dos seguintes direitos:

a) Relevação de faltas às aulas, quando motivadas pela comparência em reuniões dos órgãos a que pertençam, no caso de estas coincidirem com o horário lectivo;
b) Relevação de faltas às aulas motivadas pela comparência em actos de manifesto interesse associativo.

2 – No âmbito do ensino básico e secundário, a relevação de faltas nos termos do número anterior não pode exceder um terço do limite máximo de faltas estabelecido por lei.

3 – A relevação das faltas depende da apresentação ao órgão competente do estabelecimento de ensino de documento comprovativo da comparência nas actividades referidas no n.º 1.

ARTIGO 25.º
Dirigente estudante do ensino superior

1 – O dirigente associativo jovem estudante do ensino superior goza, ainda, dos seguintes direitos:

a) Requerer até cinco exames em cada ano lectivo para além dos exames nas épocas normais e especiais já consagradas na legislação em vigor, com um limite máximo de dois por disciplina;
b) Adiar a apresentação de trabalhos e relatórios escritos, de acordo com as normas internas em vigor no respectivo estabelecimento de ensino;

c) Realizar, em data a combinar com o docente, ou de acordo com as normas internas em vigor, os testes escritos a que não tenha podido comparecer devido ao exercício de actividades associativas inadiáveis.

2 – Os direitos referidos no número anterior podem ser alargados por deliberação dos órgãos competentes dos respectivos estabelecimentos de ensino.

3 – Para efeito do disposto na alínea c) do n.º 1, o estudante que seja dirigente associativo obriga-se a, no prazo de quarenta e oito horas a partir do momento em que tenha conhecimento da actividade associativa, entregar documento comprovativo da mesma.

4 – O exercício dos direitos referidos no n.º 1 depende da prévia apresentação nos serviços do respectivo estabelecimento de ensino de certidão da acta da tomada de posse dos órgãos sociais no prazo de 30 dias úteis após a mesma.

5 – A não apresentação do documento referido no número anterior no prazo estabelecido tem como consequência a não aplicação do presente estatuto.

6 – Os direitos conferidos no n.º 1 podem ser exercidos no prazo de um ano após o termo do mandato como dirigentes, desde que este prazo não seja superior ao tempo em que foi efectivamente exercido o mandato.

ARTIGO 26.º
Dirigente trabalhador por conta de outrem

1 – Os trabalhadores por conta de outrem, abrangidos pelo presente estatuto, gozam do direito a obter licença sem vencimento para o exercício exclusivo das suas actividades associativas, independentemente da sua situação contratual.

2 – Em cada mandato, a licença prevista no número anterior só pode ser requerida duas vezes e gozada pelo período máximo de um mês consecutivo de cada vez.

3 – A licença prevista no n.º 1 implica a perda do direito à retribuição, não prejudicando, para os devidos efeitos, a contagem de tempo como serviço efectivo.

4 – O tempo referido no número anterior conta para efeitos de aposentação e atribuição da pensão de sobrevivência, desde que se veri-

fique a manutenção dos correspondentes descontos com base na remuneração auferida à data da sua concessão pelo interessado.

5 – A situação de licença sem vencimento só pode ser obtida mediante solicitação escrita da associação beneficiária à entidade patronal.

ARTIGO 27.º
Dirigente funcionário público

1 – Os funcionários públicos com menos de 35 anos abrangidos pelo presente estatuto gozam do direito a obter licença sem vencimento ou a exercer as suas actividades associativas em regime de requisição.

2 – A licença prevista no número anterior implica a perda do direito à retribuição, mas conta como tempo efectivo para todos os demais efeitos, sem prejuízo do disposto no Decreto-Lei n.º 100/99, de 31 de Março.

3 – A situação de licença sem vencimento ou de requisição é obtida mediante solicitação escrita da associação beneficiária ao dirigente máximo do serviço a cujo quadro o funcionário pertence.

4 – A licença sem vencimento solicitada nos termos do número anterior deve ser requerida nos termos da legislação aplicável.

5 – A requisição carece de autorização do dirigente máximo do serviço a cujo quadro o funcionário pertence.

6 – O exercício dos direitos referidos no n.º 1 depende da prévia apresentação no serviço competente de certidão da acta da tomada de posse dos órgãos sociais no prazo de 30 dias úteis após a mesma.

7 – A não apresentação do documento referido no número anterior no prazo estabelecido tem como consequência a não aplicação do presente estatuto.

ARTIGO 28.º
Extensão do regime aos representantes estudantis nos órgãos de gestão do respectivo estabelecimento de ensino

O regime previsto nos artigos 25.º a 29.º é também aplicável, com as necessárias adaptações, aos representantes estudantis nos órgãos de gestão do respectivo estabelecimento de ensino.

ARTIGO 29.º
Cessação do estatuto

Os dirigentes associativos que cessem ou suspendam, por qualquer motivo, o exercício da sua actividade perdem os direitos previstos no presente estatuto, sem prejuízo do disposto no n.º 6 do artigo 27.º

ARTIGO 30.º
Responsabilidade pela prestação de falsas declarações

A prestação de falsas declarações por parte do dirigente associativo jovem está sujeita a responsabilidade disciplinar, civil e penal nos termos da lei.

ARTIGO 31.º
Serviço cívico

Os dirigentes associativos abrangidos pelo presente estatuto que estejam obrigados ao cumprimento do serviço cívico podem optar pelo seu exercício na associação a que pertençam.

ARTIGO 32.º
Assembleia geral da associação de estudantes

1 – Os estudantes têm direito à relevação de faltas às aulas motivadas pela comparência em reuniões da assembleia geral no caso de estas coincidirem com o horário lectivo.

2 – Para efeitos do número anterior, caberá à mesa da assembleia geral a entrega da listagem dos estudantes presentes ao órgão de direcção do estabelecimento de ensino.

3 – O direito previsto no n.º 1 do presente artigo poderá ser exercido até duas vezes por ano.

ARTIGO 33.º
Novos direitos

Os direitos previstos na presente lei são compatíveis com quaisquer outros da mesma natureza que sejam concedidos por outro regime legal.

CAPÍTULO VI
Registo Nacional do Associativismo Jovem

ARTIGO 34.º
Registo Nacional do Associativismo Jovem

1 – O IPJ organiza o RNAJ, nos termos a definir por portaria a aprovar pelo membro do Governo responsável pela área da juventude.

2 – Devem inscrever-se no RNAJ as associações de jovens e equiparadas, as respectivas federações e os grupos informais de jovens que pretendam candidatar-se aos programas de apoio por parte do IPJ.

3 – A inscrição no RNAJ é condição de elegibilidade aos programas de apoio previstos na presente lei.

4 – O acesso pelas associações de jovens sem personalidade jurídica ao regime de benefícios previsto no artigo 14.º depende da sua inscrição no RNAJ há pelo menos cinco anos, devendo o IPJ remeter à administração fiscal, até 31 de Janeiro de cada ano, a lista das associações que tenham reunido aqueles requisitos no ano transacto.

5 – O IPJ disponibiliza permanentemente em registo electrónico a lista das associações inscritas no RNAJ.

6 – As federações de associações devem remeter ao IPJ a lista das associações que as compõem no acto de inscrição no RNAJ e, anualmente, aquando da actualização do registo no RNAJ.

ARTIGO 35.º
Organização do RNAJ

O RNAJ é composto pelos seguintes arquivos, os quais obedecem à divisão dos tipos de associativismo jovem definida na presente lei:

a) Arquivo 1 – relativo às associações juvenis;
b) Arquivo 2 – relativo às associações de estudantes;
c) Arquivo 3 – relativo aos grupos informais de jovens;
d) Arquivo 4 – relativo às entidades equiparadas a associações juvenis previstas no n.º 3 do artigo 3.º

ARTIGO 36.º
Inscrição no RNAJ

1 – A instrução do procedimento de inscrição no RNAJ é regulada nos termos da portaria referida no n.º 1 do artigo 34.º

2 – O IPJ procede oficiosamente ao registo das associações juvenis.

ARTIGO 37.º
Actualização do registo

1 – Todas as entidades inscritas no RNAJ devem actualizar o seu registo, nos termos a definir na portaria referida no n.º 1 do artigo 34.º

2 – As associações inscritas no RNAJ encontram-se, ainda, obrigadas a enviar ao IPJ todas as alterações aos elementos fornecidos aquando da instrução do procedimento de inscrição no prazo de 30 dias a contar da data em que ocorreram tais alterações.

3 – O IPJ promove a modificação do registo, oficiosamente ou a requerimento dos interessados.

ARTIGO 38.º
Suspensão do registo

1 – O registo é suspenso, por decisão fundamentada do presidente da comissão executiva do IPJ, sempre que a entidade inscrita, depois de devidamente notificada, não envie:

a) A documentação relativa à actualização do registo;
b) Outros elementos que lhe sejam solicitados nos termos da presente lei.

2 – A suspensão cessa quando a entidade cumprir as obrigações referidas no número anterior.

3 – As associações podem requerer a suspensão do seu registo sempre que se verifique a impossibilidade temporária de cumprimento dos requisitos de qualificação.

ARTIGO 39.º
Cancelamento do registo

O registo no RNAJ é cancelado nas seguintes situações:
a) Por suspensão do registo por um período superior a três anos;
b) Por solicitação da entidade inscrita;
c) No caso de dissolução da entidade inscrita.

CAPÍTULO VII
Programas de apoio ao associativismo jovem

ARTIGO 40.º
Apoio financeiro

1 – O apoio financeiro a conceder pelo IPJ está enquadrado nos seguintes programas, a regulamentar por portaria do membro do Governo responsável pela área da juventude:
a) Programa de Apoio Juvenil (PAJ), visando o apoio ao desenvolvimento das actividades das associações juvenis e dos grupos informais de jovens;
b) Programa de Apoio Infra-Estrutural (PAI), visando o apoio ao investimento em infra-estruturas e equipamentos que se destinem a actividades e instalações das associações de jovens;
c) Programa de Apoio Estudantil (PAE), visando o apoio financeiro ao desenvolvimento das actividades das associações de estudantes.

2 – O PAJ contempla três modalidades específicas de apoio financeiro:
a) Apoio financeiro bienal, destinado a associações juvenis;
b) Apoio financeiro anual, destinado a associações juvenis;
c) Apoio financeiro pontual, destinado a associações juvenis e a grupos informais de jovens.

3 – O apoio a conceder às associações juvenis sediadas fora do território nacional reveste a modalidade de apoio financeiro pontual.

4 – O PAI contempla duas medidas, que podem ser concedidas nas modalidades de apoio financeiro bienal ou anual:

a) Medida n.º 1 – apoio financeiro a infra-estruturas, destinado a candidaturas de associações juvenis, contemplando os apoios à construção, reparação e aquisição de espaços para a realização de actividades e instalação de sedes;
b) Medida n.º 2 – apoio financeiro a equipamentos, contemplando os apoios à aquisição de equipamentos para a sede e para a realização de actividades das associações de jovens.

5 – O PAE contempla duas medidas:

a) Medida n.º 1 – apoio financeiro de carácter pontual, destinado às associações de estudantes do ensino básico, secundário e superior;
b) Medida n.º 2 – apoio financeiro, de carácter anual, destinado às associações de estudantes do ensino superior, com excepção das federações.

6 – Nas modalidades de apoio financeiro anual e pontual às associações são elegíveis as despesas de estrutura até 30% do total da despesa da actividade apoiada.

7 – Para efeitos do disposto no número anterior, as despesas de estrutura compreendem despesas de funcionamento e despesas com recursos humanos.

8 – Sem prejuízo das formas de apoio por parte do Governo ou de quaisquer outras entidades, as associações de estudantes do ensino secundário têm direito a receber anualmente um subsídio a suportar pelo orçamento de receitas próprias da escola pública a que a associação de estudantes pertence, ou pelo IPJ, no caso das escolas particulares, a definir por portaria conjunta dos membros do Governo responsáveis pelas áreas da educação e da juventude.

ARTIGO 41.º
Apoio técnico

O apoio técnico é proporcionado pelo IPJ, nomeadamente nas áreas de assessoria jurídica, contabilidade e fiscalidade, engenharia e arquitectura, tecnologias de informação e comunicação.

ARTIGO 42.º
Apoio formativo

1 – O apoio formativo é assegurado através de programa composto por medidas anuais e ou plurianuais, a regulamentar por portaria do membro do Governo responsável pela área da juventude, tendo por objectivo capacitar e desenvolver competências para o desempenho das funções dos dirigentes das associações de jovens.

2 – No programa referido no número anterior, a definição das áreas de intervenção deve ser precedida de consulta às associações de jovens.

3 – A gestão do programa é da competência do IPJ, que pode estabelecer parcerias com entidades públicas ou privadas para a sua execução.

ARTIGO 43.º
Apoio logístico

O apoio logístico é proporcionado pelo IPJ, quando solicitado e na medida do estritamente necessário, e é incluído no âmbito dos programas a aprovar, no quadro da presente lei.

ARTIGO 44.º
Candidaturas aos programas de apoio

1 – Na apreciação das candidaturas aos programas de apoio, devem ser atendidos, nomeadamente, os seguintes critérios:
a) Capacidade de autofinanciamento;
b) Número de jovens a abranger nas actividades;
c) Equilíbrio entre jovens de ambos os sexos e promoção de finalidades convergentes com a valorização da igualdade de género;
d) Cumprimento das actividades incluídas no plano de actividades apresentado ao IPJ em candidatura anterior;
e) Regularidade das actividades ao longo do ano;
f) Impacte do projecto no meio, através da análise das modificações esperadas e sua importância;
g) Impacte do projecto na associação, através da análise das modificações esperadas e sua importância;
h) Rácio entre despesas com recursos humanos e funcionamento com o custo total do projecto;
i) Capacidade de estabelecer parcerias.

2 – O IPJ pode, a todo o tempo, solicitar às associações beneficiárias dos apoios financeiros previstos na presente lei os documentos comprovativos e justificativos das actividades e iniciativas apoiadas.

3 – O IPJ procede anualmente à publicação no Diário da República da lista dos apoios financeiros concedidos, nos termos da Lei n.º 26/94, de 19 de Agosto, bem como no seu sítio da Internet.

ARTIGO 45.º
Extensão dos programas de apoio a outras entidades

1 – As entidades sem fins lucrativos, de reconhecido mérito e importância social, que exerçam actividades especificamente destinadas a jovens, equiparadas a associações juvenis por despacho do membro do Governo responsável pela área da juventude, nos termos do n.º 3 do artigo 3.º, podem candidatar-se a apoio financeiro pontual para actividades, no âmbito do PAJ.

2 – São elegíveis as candidaturas que revelem uma manifesta importância social e estratégica das actividades em causa, no âmbito das áreas prioritárias definidas, mediante despacho do membro do Governo responsável pela área da juventude.

CAPÍTULO VIII
Fiscalização

ARTIGO 46.º
Fiscalização

1 – Todas as associações de jovens e equiparadas e grupos informais de jovens que gozem dos direitos e regalias previstos na presente lei ficam sujeitos a fiscalização do IPJ e das demais entidades competentes, para controlo da verificação dos pressupostos dos benefícios respectivos e do cumprimento das obrigações daí decorrentes.

2 – As associações juvenis e de estudantes e os grupos informais de jovens devem facultar ao IPJ, no prazo por este fixado, todos os documentos solicitados para apuramento dos deveres constantes da presente lei.

ARTIGO 47.º
Sanções

1 – O incumprimento das obrigações decorrentes da presente lei determina a suspensão ou cancelamento da inscrição das associações de jovens e equiparadas e dos grupos informais de jovens no RNAJ, bem como a aplicação das respectivas sanções previstas na presente lei.

2 – A irregularidade na aplicação ou justificação dos apoios financeiros previstos na presente lei implica ainda:

   a) O cancelamento do apoio e a devolução total dos apoios financeiros indevidamente recebidos;
   b) A impossibilidade de concorrer a apoio financeiro do IPJ pelo período de um ano;
   c) A responsabilidade civil e criminal dos dirigentes associativos, nos termos gerais.

CAPÍTULO IX
Disposições finais e transitórias

ARTIGO 48.º
Federações de associações já constituídas

O disposto no n.º 3 do artigo 5.º não se aplica às federações de associações inscritas no RNAJ à data da entrada em vigor da presente lei.

ARTIGO 49.º
Trabalhadores-estudantes

Os trabalhadores-estudantes podem organizar-se autonomamente para a defesa e prossecução dos seus interesses específicos, aplicando-se, nestes casos e com as devidas adaptações, as disposições previstas na presente lei.

ARTIGO 50.º
Regiões Autónomas

O disposto na presente lei em matéria de reconhecimento das associações de jovens, bem como quanto ao estatuto do dirigente associativo jovem, passa, com as necessárias adaptações, a ser da competência dos respectivos órgãos regionais.

ARTIGO 51.º
Transcrição de registos

1 – As associações juvenis já inscritas, em registo promovido pelo IPJ, antes da entrada em vigor da presente lei transitam oficiosamente para o RNAJ, uma vez preenchidos os requisitos obrigatórios e previstos na presente lei.

2 – Cabe ao IPJ, no prazo de 180 dias, notificar as associações, para efeitos do disposto no número anterior.

ARTIGO 52.º
Publicação

A publicação do acto de constituição das associações de jovens dotadas de personalidade jurídica, dos seus estatutos e alterações é gratuita, seguindo o regime geral de publicidade aplicável.

ARTIGO 53.º
Regulamentação

A presente lei deve ser objecto de regulamentação no prazo de 180 dias.

ARTIGO 54.º
Norma revogatória

São revogados:
a) A Lei n.º 33/87, de 11 de Julho;
b) A Lei n.º 6/2002, de 23 de Janeiro;
c) O Decreto-Lei n.º 91-A/88, de 16 de Março;
d) O Decreto-Lei n.º 152/91, de 23 de Abril.

ARTIGO 55.º
Entrada em vigor

1 – Sem prejuízo do disposto no número seguinte, a presente lei entra em vigor no dia seguinte ao da sua publicação.

2 – O disposto nos capítulos VI e VII entra em vigor com a publicação das respectivas normas de regulamentação.

Aprovada em 20 de Abril de 2006.

O Presidente da Assembleia da República, *Jaime Gama.*

Promulgada em 7 de Junho de 2006.

Publique-se.

O Presidente da República, ANÍBAL CAVACO SILVA.

Referendada em 7 de Junho de 2006.

O Primeiro-Ministro, *José Sócrates Carvalho Pinto de Sousa.*

LEI N.º 90/2001, DE 20 DE AGOSTO

APOIO SOCIAL E ESCOLAR ÀS MÃES E PAIS ESTUDANTES

A Assembleia da República decreta, nos termos da alínea c) do artigo 161.º da Constituição, para valer como lei geral da República, o seguinte:

ARTIGO 1.º
Objectivos

A presente lei determina formas de apoio social e escolar às mães e pais estudantes, tendo como objectivo prioritário o combate ao abandono e insucesso escolares, bem como a promoção da formação dos jovens.

ARTIGO 2.º
Âmbito pessoal

Estão abrangidos pela presente lei as mães e pais estudantes que se encontrem a frequentar os ensinos básico e secundário, o ensino profissional ou o ensino superior, em especial as jovens grávidas, puérperas e lactantes.

ARTIGO 3.º
Direitos de ensino

1 – As mães e pais estudantes abrangidos pela presente lei cujos filhos tenham até 3 anos de idade gozam dos seguintes direitos:
   a) Um regime especial de faltas, consideradas justificadas, sempre que devidamente comprovadas, para consultas pré-natais, para período de parto, amamentação, doença e assistência a filhos;

b) Adiamento da apresentação ou da entrega de trabalhos e da realização em data posterior de testes sempre que, por algum dos factos indicados na alínea anterior, seja impossível o cumprimento dos prazos estabelecidos ou a comparência aos testes;
c) Isenção de cumprimento de mecanismos legais que façam depender o aproveitamento escolar da frequência de um número mínimo de aulas;
d) Dispensa da obrigatoriedade de inscrição num número mínimo de disciplinas no ensino superior.

2 – As grávidas e mães têm direito:
a) A realizar exames em época especial, a determinar com os serviços escolares, designadamente no caso de o parto coincidir com a época de exames;
b) À transferência de estabelecimento de ensino;
c) A inscreverem-se em estabelecimentos de ensino fora da área da sua residência.

3 – A relevação de faltas às aulas, a leccionação de aulas de compensação e a realização de exames em época especial dependem da apresentação de documento demonstrativo da coincidência com horário lectivo do facto que, à luz da presente lei, impossibilite a sua presença.

ARTIGO 4.º
Preferência

Os filhos das mães e pais estudantes menores, determinados na presente lei, gozam dos direitos de preferência, até completarem 5 anos de idade, nomeadamente para admissão e frequência nos estabelecimentos da rede pré-escolar pública, nas creches e jardins-de-infância de instituições com acordos de cooperação com o Estado e para colocação em amas credenciadas pelos serviços de segurança social.

ARTIGO 5.º
Entrada em vigor

A presente lei entra em vigor no 30.º dia após a publicação.

RESOLUÇÃO DO CONSELHO DE MINISTROS N.º 63-A/2007, DE 3 DE MAIO

PLANO PARA A INTEGRAÇÃO DOS IMIGRANTES

Apesar da evolução positiva que as políticas de acolhimento e integração de imigrantes têm registado nos ultimos anos, Portugal não tem ainda um plano global, integrado e de largo espectro que sistematize os objectivos e os compromissos sectoriais do Estado português para acolher e integrar os imigrantes que nos procuram.

Tendo consciência de que as políticas de imigração serão, cada vez mais, marcadas pelo pilar da integração, devidamente articulado com o controle dos fluxos migratórios e com a crescente atenção à ajuda ao desenvolvimento dos países de origem, pretende-se definir, para o próximo triénio, um roteiro de compromissos concretos que afirme o Estado como o principal aliado da integração dos imigrantes.

Entendendo que a procura de níveis superiores de integração deve ser uma constante, quer numa perspectiva sectorial, designadamente nas áreas do trabalho, segurança social, habitação, saúde, educação e justiça, quer numa perspectiva transversal, no que toca às questões do racismo e discriminação, igualdade de género e cidadania, pretende-se desenvolver um ambicioso programa político que, prevendo uma actuação concertada de todos os ministérios, identifique as áreas de intervenção específica de cada um.

O Plano para a Integração dos Imigrantes, elaborado a partir de um trabalho conjunto de todos os ministérios, com contributos das organizações da sociedade civil recolhidos durante um período de discussão pública, resultou num documento que espelha as sensibilidades da sociedade portuguesa.

Tendo como objectivo um salto qualitativo e eficaz nas políticas de acolhimento e integração dos imigrantes, pretende-se dinamizar, com as diferentes estruturas, quer do Estado quer da sociedade civil, um trabalho conjunto para um Portugal mais solidário e inclusivo. Na verdade, ainda que, no essencial, as medidas previstas se inscrevam na esfera de actuação do Estado, não deixam de constituir, também, um forte incentivo à sociedade civil para que acrescente valor nestes eixos de intervenção, quer no seu âmbito específico de acção quer em parcerias com o Estado.

Neste âmbito, evidencia-se, ainda, de uma forma clara, a opção pela participação e co-responsabilidade dos imigrantes na concepção, desenvolvimento e avaliação das políticas de imigração, considerando o associativismo imigrante como expressão primeira da participação dos imigrantes, e dando particular destaque à figura do mediador sócio-cultural.

Este Plano pretende, assim, o lançamento de novas iniciativas, assegurar a consolidação de iniciativas existentes bem como a simplificação e desburocratização de vários processos.

Por forma a garantir a actuação concertada de todos os ministérios e o acompanhamento e avaliação dos objectivos propostos, prevê-se, também, a criação de uma Rede de Pontos Focais de Acompanhamento que, sob coordenação do Alto Comissariado para a Imigração e Minorias Étnicas, apresentará ao Conselho Consultivo para os Assuntos da Imigração relatórios anuais de execução das medidas previstas no Plano.

Assim:

Nos termos da alínea g) do artigo 199.º da Constituição, o Conselho de Ministros resolve:

1 – Aprovar o Plano para a Integração dos Imigrantes, que consta do anexo à presente resolução e que dela faz parte integrante.

2 – Criar uma Rede de Pontos Focais de Acompanhamento, constituída por dois representantes de cada ministério, um efectivo e um suplente, que, sob coordenação do Alto Comissariado para a Imigração e Diálogo Intercultural, I. P., apresenta ao Conselho Consultivo para os Assuntos da Imigração relatórios anuais de execução das medidas previstas no Plano.

3 – A presente resolução entra em vigor no dia seguinte ao da sua publicação.

ANEXO

Plano para a Integração dos Imigrantes

Tradicionalmente país de emigração, Portugal passou, a partir dos anos 90, a caracterizar-se por ser também um país de imigração. Os dados revelam que os imigrantes são hoje 9% da população activa e 4.5% da população nacional.
Neste quadro, o fenómeno migratório assume novos contornos para a sociedade portuguesa. Por um lado, consubstancia um importante contributo face à debilidade interna da situação demográfica; por outro é um factor positivo para o crescimento económico, para a sustentabilidade da segurança social e para o enriquecimento cultural do país.

Contudo, esta realidade acarreta, igualmente, uma responsabilidade do Estado para com a integração destes cidadãos, com particular destaque para o reforço da coesão social e uma melhor integração e gestão da diversidade cultural. O papel positivo dos imigrantes na sociedade portuguesa não se dissocia, assim, da necessidade de políticas e medidas concretas que promovam o seu acolhimento e integração, e que assumem, por esta via, um cariz prioritário no âmbito das políticas de imigração.

A par de uma nova Lei da Nacionalidade e da apresentação, na Assembleia da República, de uma proposta de lei relativa ao regime que define as condições e procedimentos de entrada, permanência, saída e afastamento de cidadãos estrangeiros do território português, o Governo apresenta agora o Plano para a Integração dos Imigrantes que define, para o próximo triénio, um roteiro de compromissos concretos que afirma o Estado como o principal aliado da integração dos imigrantes.

Através da actuação concertada de diferentes ministérios, e da definição das competências de cada um, desenvolve-se um ambicioso programa político para alcançar níveis superiores de integração dos imigrantes na sociedade portuguesa, quer através do lançamento de novas iniciativas, quer através da consolidação de iniciativas existentes e da simplificação e desburocratização de procedimentos. Este Plano identifica um conjunto de 120 medidas, distribuídas por diversas áreas sectoriais verticais e transversais, que assumem como grande finalidade a plena integração dos imigrantes na sociedade portuguesa e que assentam num conjunto de princípios orientadores, dos quais se destacam:

Uma visão positiva da imigração, que reconhece o seu contributo económico, social e cultural e assume o compromisso pelo bom acolhimento e pela integração plena das comunidades imigrantes na sociedade portuguesa;

Responsabilidade acrescida na concepção de políticas de integração, enquanto país com uma longa história de emigração e que, por isso, conhece as reivindicações e anseios dos imigrantes nos países de destino;

Acolhimento com hospitalidade e integração com mais cidadania, como um dos pilares fundamentais das políticas de imigração;

Afirmação do princípio da interculturalidade, garante da coesão social, aceitando a especificidade cultural e social de diferentes comunidades e sublinhando o carácter interactivo e relacional entre as mesmas, suportado no respeito mútuo e no cumprimento das leis do país de acolhimento;

Participação e co-responsabilidade em todos os domínios da sociedade, estimulando os imigrantes a assumirem-se como protagonistas participantes e co-responsáveis pelas políticas de imigração e não apenas seus beneficiários;

Afirmação simultânea e indissociável dos direitos e deveres dos imigrantes;

Igualdade de oportunidades para todos, com particular expressão na redução das desvantagens no acesso à educação, ao trabalho, à saúde, à habitação e aos direitos sociais, rejeitando qualquer discriminação em função da etnia, nacionalidade, língua, religião ou sexo e combatendo disfunções legais ou administrativas;

Direito a viver em família, reconhecendo o papel estruturante da mesma na integração dos imigrantes nas sociedades de acolhimento;

Afirmação do Estado como principal aliado da integração dos imigrantes, assumindo como objectivo a simplificação dos requisitos formais no contacto com os imigrantes e a melhoria da qualidade dos serviços prestados;

Afirmação da sociedade civil como parceiro fundamental na política de acolhimento e integração dos imigrantes, com um especial enfoque na dimensão local do acolhimento;

Reconhecimento da capacidade empreendedora dos imigrantes como uma mais valia para o desenvolvimento económico, social e cultural da sociedade de acolhimento;

Promoção de um consenso social alargado na concepção e avaliação das políticas de acolhimento e integração, assente na participação de portugueses e de imigrantes, na sensibilização da opinião pública, na desmistificação de estereótipos e no reforço de plataformas de negociação e envolvimento dos parceiros sociais;

Especial atenção à igualdade de género, reconhecendo a dupla vulnerabilidade da condição mulher/imigrante.

PARTE I

Medidas de política

Acolhimento

1 – Consolidação dos Centros Nacionais de Apoio ao Imigrante (PCM/ /ACIDI, I.P.)

Reforçar e alargar as áreas de intervenção e apoio dos Centros Nacionais de Apoio ao Imigrante (CNAI), em Lisboa e no Porto, desenvolvendo novos serviços adequados às necessidades dos imigrantes, sempre numa perspectiva de integração e cooperação de serviços públicos.

Reforçar e consolidar o envolvimento dos mediadores socio-culturais como elementos estruturantes dos CNAI.

Estimular o envolvimento mais aprofundado no Algarve, região com maior número de imigrantes, imediatamente a seguir à área metropolitana de Lisboa.

Promover avaliações regulares, internas e externas, ao funcionamento e trabalho desenvolvido nos CNAI.

Cooperar, sempre que a presença de imigrantes o justifique, com as novas Lojas do Cidadão, nomeadamente a de Faro, para a presença de extensões do CNAI.

2 – Consolidação e alargamento da Rede de Centros Locais de Apoio ao Imigrante (PCM/ACIDI, I.P.)

Consolidar o funcionamento dos Centros Locais de Apoio ao Imigrante já existentes e abertura de novos Centros em concelhos com presença significativa de imigrantes, com atribuições na informação, orientação e integração dos imigrantes no contexto local e com um forte envolvimento das autarquias e das instituições locais da sociedade civil.

3 – Consolidação da Rede Nacional de Informação ao Imigrante (PCM//ACIDI, I.P., MAI/SEF)

Reforçar as várias ferramentas de informação, disponíveis em todos os suportes (papel, televisão, Internet, telefone), quer para informação aos imigrantes sobre direitos e deveres, quer para a sociedade de acolhimento em geral, nas várias línguas das principais comunidades estrangeiras presentes em território nacional.

4 – Melhoria do atendimento ao público pelo Serviço de Estrangeiros e Fronteiras (MAI/SEF)

Alargar e desconcentrar os locais de atendimento ao público do Serviço de Estrangeiros e Fronteiras (SEF).

Melhorar as condições físicas de atendimento ao público em departamentos regionais do SEF.

Desenvolver medidas de apoio no atendimento e disponibilizar serviços de atendimento ao público do SEF integralmente digitalizados, bem como afectar progressivamente equipamentos digitais que facilitem uma mais célere interacção entre o SEF e os seus clientes.

Substituir o título de residente de modelo tradicional por um cartão de cidadão estrangeiro, electrónico, com segurança reforçada, utilizável no relacionamento com todos os serviços públicos.

(...)

(...)

Educação

31 – Formação dos docentes para a interculturalidade (PCM/ACIDI, I.P., ME/DGIDC)

Definir os referenciais de um Programa de Formação Contínua para professores, no sentido de incrementar as competências dos professores para o desenvolvimento do seu trabalho em escolas cada vez mais heterogéneas, considerando, nomeadamente, o português como língua não materna como área prioritária de formação.

32 – Revisão dos critérios da rede escolar para garantir uma composição de turmas equilibrada (ME/DGIDC) Rever critérios da rede escolar, nomeadamente no que se refere à distribuição por escolas de alunos oriundos de um mesmo grupos/bairro, bem como sugerir às direcções das escolas/agrupamentos a necessidade de ter em atenção e equilibrar a «composição étnica» das turmas.

33 – Adequação das estratégias de acolhimentona Escola às especificidades dos alunos descendentes de imigrantes (ME/DGIDC)

Desenvolver estratégias diversificadas de apoio à integração na escola de alunos filhos de imigrantes, nomeadamente que tenham em conta o nível etário dos alunos, o domínio da língua e o tempo de permanência em Portugal.

34 – Envolvimento das famílias imigrantes na Escola (ME/DGIDC)

Propor e executar estratégias diferenciadas para o acolhimento e envolvimento das famílias imigrantes, esclarecendo, nomeadamente, sobre o papel que, no modelo de escola portuguesa, é atribuído à participação dos pais.

35 – Envolvimento de mediadores socioculturais em contexto escolar (PCM/ACIDI, I.P., ME/DGIDC)

Repensar, em colaboração com associações de imigrantes, o perfil/recrutamento e afectação às escolas de mediadores socioculturais e reforçar o seu papel e funções pedagógicas em colaboração com os docentes, inserindo-os e valorizando-os enquanto elementos da comunidade educativa.

36 – Valorizar o papel do professor no acolhimento e integração de alunos descendentes de imigrantes (ME/DGIDC)

Incentivar os docentes, para que conheçam a especificidade sociocultural dos seus alunos, bem como para que estabeleçam estratégias pedagógicas adequadas a esta diversidade.

Reforço da necessidade do docente desenvolver uma relação estreita com o contexto familiar destes alunos.

37 – Apetrechamento das escolas com materiais interculturais (PCM/ /ACIDI, I.P., ME/DGIDC)
Equipar escolas/agrupamentos com materiais pedagógicos de suporte à educação intercultural e anti-racista e dinamizar projectos/prémios de boas práticas, que valorizem as abordagens dos projectos educativos.

38 – Reforço dos Gabinetes de Educação nos Centros Nacionais de Apoio ao Imigrante (PCM/ACIDI, I.P., ME/DGIDC)
Reforçar os Gabinetes de Educação nos CNAI do ACIDI, I.P., em Lisboa e no Porto, tendo em vista ajudar a resolver os problemas referentes ao processo de escolarização dos alunos descendentes de imigrantes.

39 – Reforço da informação para famílias imigrantes sobre o sistema educativo português (MNE/DGACCP, ME/DGIDC)
Disponibilizar nos Consulados em Portugal dos países de origem e nos Consulados portugueses, em várias línguas e em suporte papel e na Internet, informação que esclareça sobre a organização e funcionamento do sistema educativo português e sobre a inserção descendentes de imigrantes no mesmo.

40 – Reconhecimento, certificação e validação de competências de imigrantes (ME/DGIDC/ANQ, I. P.)
Agilizar o processo de reconhecimento, validação e certificação de competências de imigrantes (jovens e adultos) no âmbito da iniciativa Novas Oportunidades.

41 – Colaboração das Associações de Imigrantes na promoção do acesso à educação de todas as crianças descendentes de imigrantes (ME/DGIDC)
Envolver as Associações de Imigrantes no apoio à divulgação de forma maciça do direito à escolarização de todas as crianças e jovens, qualquer que seja a natureza e estatuto de imigrantes dos pais.

42 – Aprofundar e encorajar a formação e a investigação no domínio da educação intercultural (ME, MCTES)
Promover o desenvolvimento de investigação científica sobre as problemáticas relacionadas com a educação/escolarização de descendentes de imigrantes na escola portuguesa, através de linhas específicas de investigação no quadro das instituições competentes.

43 – Melhorar dados quantitativos e qualitativos sobre diversidade cultural nas escolas (PCM/ACIDI, I.P., ME/DGIDC)
Criar e manter, através do Observatório da Imigração, um sistema de indicadores quantitativos e qualitativos (estudos de caso e boas práticas) que possa

evoluir a partir da experiência da Base de Dados Entreculturas e que permita a identificação de novas formas de categorização, um diagnóstico global e um acompanhamento sustentado dos processos e resultados escolares dos alunos descendentes de imigrantes.

44 – Promover o acolhimento dos estudantes estrangeiros no momento da sua chegada a Portugal e durante a sua estadia (MNE/DGACCP/IPAD, I.P., MAI/ /SEF, ME/DGIDC, MCTES/DGES).

Incentivar a criação de parcerias entre diversas entidades interessadas (e.g. embaixadas, associações de estudantes e ONG) com o intuito de desenvolver iniciativas que promovam o bom acolhimento e a integração dos estudantes estrangeiros, em particular, no momento da sua chegada a Portugal.

Incentivar a criação de Gabinetes de Apoio ao Acolhimento de Estudantes Estrangeiros, prioritariamente nos estabelecimentos de ensino superior onde esses estudantes ingressam, ou mobilizar estruturas existentes para o efeito.

Promover a flexibilização e rapidez no processo de emissão e prorrogação de vistos de estudo.

Incentivar a organização de eventos culturais e desportivos, no âmbito das comunidades académicas, visando a integração dos estudantes estrangeiros no seio das referidas comunidades.

Simplificar/agilizar os procedimentos de atribuição e gestão de bolsas a estudantes estrangeiros.

Integrar as Embaixadas e Consulados no procedimento de instrução e selecção de candidaturas, bem como garantir nos mesmos um atendimento prioritário a bolseiros e candidatos a bolseiros.

Garantir a reserva de alojamento a todos os bolseiros à chegada.

Disponibilizar formação complementar gratuita em Língua Portuguesa a todos os bolseiros oriundos de países não PALOP/Timor-Leste

Criar um Portal dos Bolseiros da Cooperação Portuguesa no site do Instituto Português de Apoio ao Desenvolvimento, I.P. (IPAD), com a informação disponível e área pessoal.

45 – Guia informativo para estudantes estrangeiros (MNE/DGACCP, MCTES/DGES)

Publicar um guia (em formato digital e papel e em diversas línguas) com informação útil e necessária para o acolhimento e integração dos estudantes universitários estrangeiros.

Disponibilizar este guia, tanto nas embaixadas e consulados nos países de origem, como em Portugal, esclarecendo os futuros estudantes estrangeiros acerca dos seus direitos e deveres na sociedade portuguesa.

46 – Promover a educação e a divulgação científicas como factor de integração social (ME, MCTES)

Promover e apoiar projectos de educação e divulgação científicas para a integração social dos imigrantes, tirando partido da universalidade dos conceitos científicos e dos seus mecanismos de construção, que os tornam independentes de referências culturais e não implicam a recusa das referências originais do imigrante, potenciando a capacidade de o ensino das ciências ser um factor de afirmação pessoal e escolar.

Apoiar actividades de educação e divulgação científicas nos Centros Ciência Viva – 13 centros distribuídos em todo o país numa rede de moderna museologia científica – que, além das exposições, têm um conjunto de actividades dirigidas a públicos diferenciados, em especial aos mais novos. Localização destes centros em áreas que correspondem às mais diferentes realidades sociais e económicas fazendo da ciência e da tecnologia factores de aproximação à população.

(...)

Medidas	Indicadores	Resp.	Metas
42. Aprofundar a formação e a investigação no domínio da educação intercultural (ME, MCTES)	- Número de teses e projectos de investigação no âmbito temático da educação intercultural	ME MCTES	- 10 teses de mestrado sobre o tema - 2 centros de investigação empenhados em projectos de investigação na área
43. Melhorar dados quantitativos e qualitativos sobre diversidade cultural nas escolas (PCM/ACIDI, I.P., ME/DGIDC)	- Criação de um grupo de trabalho para acompanhamento e tratamento dos dados estatísticos sobre alunos estrangeiros; - Avaliação da evolução anual do sucesso escolar de alunos imigrantes e de alunos imigrantes que concluem a escolaridade obrigatória com aproveitamento	PCM/ACIDI, I.P. ME/DGIDC	- Elaboração de um relatório anual sobre a integração dos alunos estrangeiros nas escolas
44. Promover o acolhimento dos estudantes estrangeiros no momento da sua chegada a Portugal e durante a sua estadia (MNE/DGACCP/IPAD, I.P., MAI/SEF, ME/DGIDC, MCTES/DGES)	- Tempo médio de espera para obtenção e/ou renovação do título; - Número de estudantes abrangidos - Número de Gabinetes criados em Universidades ou Politécnicos - Número de estudantes estrangeiros envolvidos - Novo regulamento de Bolsas do IPAD, I.P. - Número de processos completos/incompletos de candidatura a bolsas - Duração média da instrução dos processos de candidatura - Número de bolseiros com alojamento reservado à chegada - Número de bolseiros que recebe formação complementar - Número de acessos ao portal dos bolseiros	MNE/DGACCP/IPAD, I.P. MAI/SEF ME/DGIDC MCTES/DGES	- Diminuição em 30% do tempo de espera para a obtenção (no âmbito do reagrupamento familiar ou investigação) e renovação do título por parte de crianças, jovens e investigadores imigrantes - Criação de 5 Gabinetes para o acolhimento - Acolhimento de 70% dos estudantes universitários que frequentam essas Universidades ou Politécnicos.
45. Guia informativo para estudantes estrangeiros (MNE/DGACCP, MCTES/DGES)	- Número de guias distribuídos - Número de países e entidades parceiras nos países de origem - Número de bolseiros que recebe os guias informativos	MNE/DGACCP MCTES/DGES	- 5.000 guias distribuídos anualmente - Distribuição através de todas as embaixadas portuguesas nos países da CPLP - Envolver 5 associações e/ou entidades públicas dos países de origem na distribuição dos folhetos
46. Promover a educação e a divulgação científicas como factor de integração social (ME/MCTES)	Percentagem dos Centros Ciência Viva envolvidos em projectos de educação e divulgação científicas para a integração social dos imigrantes	ME MCTES	- Todos os Centros Ciência Viva (até 2008)
SOLIDARIEDADE E SEGURANÇA SOCIAL			
47. Prioridade ao estabelecimento de convenções de Segurança Social em falta, com os países de origem de imigrantes para Portugal, por ordem decrescente da dimensão da comunidade presente (MNE, MTSS)	- Número de convenções assinadas com países terceiros	MNE MTSS	- Assinatura de convenção com a Ucrânia (2007), Moldávia (2008), Guiné Bissau (2008)
48. Salvaguarda dos direitos adquiridos e dos direitos em formação dos trabalhadores imigrantes, decorrentes da sua vinculação ao sistema previdencial do Sistema de Segurança Social (MNE, MTSS)	- Número de trabalhadores imigrantes a residir em Portugal - Número de trabalhadores imigrantes inscritos na Segurança Social - Número de trabalhadores imigrantes que acedem à Segurança Social Directa	MNE MTSS	- Garantir até 2009 a todos os trabalhadores imigrantes a plenitude dos seus direitos decorrentes da sua vinculação ao sistema previdencial do Sistema de Segurança Social. - Garantir até 2009 uma informação adequada aos trabalhadores imigrantes para o exercício dos seus direitos. - Criar até 2009 um link na página da Segurança Social com informação específica, em diferentes línguas, para trabalhadores imigrantes
49. Apoio humanitário a situações de pobreza extrema de imigrantes (MNE, MTSS, MS)	- Número de cidadãos imigrantes apoiados - Número de embaixadas de países terceiros articuladas com o Estado Português no sentido de responderem a estas situações	MNE MTSS MS	- Apoiar 1200 cidadãos imigrantes em situação de pobreza extrema até 2009 - Articulação com todas as embaixadas dos países da CPLP e das três comunidades mais numerosas para além destas
50. Sensibilização e Formação dos funcionários da Segurança Social para o acolhimento e integração dos imigrantes (MTSS)	- Número de acções de formação - Número de formandos - Disseminação de um Guia para a Cidadania, com capítulo sobre a imigração	MTSS	- 6 acções de formação, de 96 horas, com referencial validado no âmbito do Programa Equal, por promover durante 2007 e 2008 - 75 formandos por ano - Disseminação do Guia por todos os Centros Distritais
CULTURA E LÍNGUA			
51. Programa Portugal Acolhe (MTSS/IEFP, I.P.)	- Número de formandos	MTSS/IEFP, I.P.	- 5000 formandos em 2007 - Abranger 10.000 até 2009
52. Valorização do ensino português como língua não materna (ME)	- Número de alunos abrangidos - Número de professores abrangidos - Número de escolas abrangidas	ME	- 4000 alunos abrangidos - 200 professores envolvidos - 60 escolas envolvidas
53. Cooperação com organizações da sociedade civil (PCM/ACIDI, I.P., ME)	- Número de especialistas envolvidos - Número de pessoas apoiadas	PCM/ACIDI, I.P. ME	- 8 Associações de Imigrantes envolvidas em 2007 (aumento em pelo 40% nos anos seguintes) - 20 especialistas envolvidos - 500 famílias apoiadas
54. Investimento em cursos de formação de Português técnico (MTSS/IEFP, I.P., MCTES/DGES)	- Número de módulos/áreas disponibilizadas - Número de acções de formação - Número de formandos	MTSS/IEFP, I.P. MCTES/DGES	- 2 módulos disponibilizados em 2007 (3 em 2008 e 4 em 2009) - 20 acções de formação ano - 300 formandos/ano
55. Produção e difusão de materiais de apoio em contexto multilíngue (ME, MCTES)	- Número de associações de professores envolvidas - Número de escolas e centros de recursos apetrechados	ME MCTES	- 2 associações de professores envolvidas na promoção e disseminação de matérias - 100 escolas/centros de recursos apetrechados com materiais
56. Reforço da formação inicial e contínua de educadores (MCTES)	- Criação de um grupo de trabalho sobre a formação inicial de professores e educadores na área da interculturalidade - Criação de cursos de formação contínua e número de acções de formação realizadas - Número de formandos	MCTES	- 4 reuniões por ano - Produção de relatório com propostas concretas para as instituições do Ensino Superior (2008) - 10 acções de formação contínua de professores em interculturalidade em 2007 - Formação de 150 professores em 2007
57. Formação geral para a interculturalidade (MCTES)	- Números de cursos do Ensino Superior com uma disciplina sobre interculturalidade (distinguir obrigatória de não obrigatória) - Número de Pós-Graduações e Mestrados na área da interculturalidade	MCTES	- 10 Cursos com uma disciplina sobre interculturalidade (em 2007/08) - 6 Pós-graduações/mestrados sobre interculturalidade (em 2007/08)
58. Reforço da expressão da diversidade cultural em todos os domínios e actividades com incidência na área da Cultura (MC/IMC, I.P.)	- Número de exposições com referência ao contributo histórico e cultural da diversidade cultural; - Número de museus com serviços educativos com actividades onde se promove o valor da diversidade cultural;	MC/IMC, I.P.	- 10 exposições em 2008 - 5 museus com actividades de promoção da diversidade cultural no seu programa de 2008
59. Apoio a iniciativas que promovam o diálogo intercultural e a multiculturalidade (MC)	- Número de iniciativas de promoção de interculturalidade, seja através da arte, literatura, música ou filme; - Número de artistas da comunidade imigrante envolvidos em acções de promoção da interculturalidade	MC	- 40 iniciativas ao longo de 2008, espalhadas por todo o país, no âmbito do Ano Europeu do Diálogo Intercultural - 20 artistas imigrantes envolvidos em acções - 8 co-produções nas áreas das artes e espectáculo e 6 na área do cinema e do audiovisual -2007/2008
JUSTIÇA			
60. Apoio no acesso à Justiça de todos os cidadãos imigrantes (MJ, MTSS)	- Número de folhetos (material informativo) distribuídos sobre o acesso à justiça - Número de pessoas que consultam o portal da justiça	MJ MTSS	- 25.000 folhetos distribuídos - Crescimento do número de consultas ao portal da justiça em 5%

Medidas	Indicadores	Resp.	Metas
61. Reforço do apoio a instâncias mediadoras entre as vítimas imigrantes e as instituições de Segurança e de Justiça (MAI/GNR/PSP/SEF, MJ, MTSS)	- Número de Acções e Projectos promovidos pelas Forças e Serviços de Segurança que envolvam cidadãos imigrantes numa estratégia de aproximação e de aumento de confiança entre ambos; - Número de imigrantes abrangidos por estes programas.	MAI/GNR/ PSP/SEF MJ MTSS	- 10 acções/projectos desenvolvidos ao longo de 2007 - 500 imigrantes abrangidos
62. Acesso a formas alternativas de resolução de litígios (MJ/GRAL, MEI/DGC)	- Distribuição de folhetos sobre formas alternativas de resolução de litígios nomeadamente, dos Julgados de Paz, Centros de arbitragem e Mediação Penal.	PCM/ ACIDI, I.P. MJ/GRAL MEI/DGC	- Distribuição de 15.000 folhetos (em português, russo e inglês) através dos CNAI, CLAII e Tribunais
63. Reforço do papel dos Gabinetes de Apoio Jurídico ao Imigrante – GAJI – e do SOS Imigrante (PCM/ ACIDI, I.P.)	- Número de atendimentos realizados pelo GAJI nos CNAI - Número de atendimentos da Linha SOS	PCM/ ACIDI, I.P.	- Crescimento em 10% do número de atendimentos do GAJI (em 200/) - Serviço de informação jurídica na extensão do CNAI no Algarve - Crescimento de 10% dos atendimentos da Linha SOS Imigrante
64. Garantia do serviço de tradução e interpretação em todos os momentos de interacção dos imigrantes e do sistema judicial, incluindo nos casos em que sejam utilizados meios alternativos de resolução de litígios (PCM/ACIDI, I.P., MJ, MEI/DGC)	- Número de pedidos de tradução por parte de instituições de mediação ou da Justiça	PCM/ ACIDI, I.P. MJ MEI/DGC	- 100 pedidos/2007; aumento anual do número de pedidos em 25%
65. Avaliação de eventuais distorções na aplicação da justiça a estrangeiros (MJ)	- Criação de um Grupo de Trabalho no MJ sobre a aplicação da justiça a estrangeiros	MJ	- Reuniões trimestrais do grupo de trabalho - Elaboração de um relatório com propostas concretas em 2008
66. Incentivo ao desempenho de um papel activo por parte das entidades consulares dos países de origem no apoio aos seus reclusos (MNE/DGACCP, MJ)	- Número de casos acompanhados conjuntamente por instituições nacionais e estrangeiras, tanto ao nível da tradução /interpretação como da sua reinserção na sociedade	MNE/ DGACCP MJ	- 15 casos acompanhados de forma conjunta por ano
67. Cooperação entre os Serviços Prisionais e o Serviço de Estrangeiros e Fronteiras (MAI/SEF, MJ/DGSP)	- Número de reclusos libertos, sem pena acessória de expulsão, em situação irregular	MAI/SEF MJ/DGSP	- Diminuir em 30% o número de reclusos libertos em situação irregular e sem pena acessória de expulsão (em 2007 e 2008) por forma a garantir , em 2009, documentação a todos os reclusos libertos
68. Acções de escolarização ou de formação para reclusos estrangeiros (MJ/DGSP, ME)	- Número de reclusos abrangidos	MJ/DGSP ME	- Garantir que nenhum recluso vê negado o acesso a acções de escolarização ou formação por motivos de situação documental (2007)
69. Prevenção da reincidência de comportamentos desviantes e de actividades ilícitas por jovens descendentes de imigrantes tutelados pela Direcção-Geral de Reinserção Social (MAI/SEF, MJ/DGSP, MTSS/DGRS, ME)	- Número de situações regularizadas por parte do SEF a jovens tutelados pela Direcção-Geral de Reinserção Social - Número de jovens acompanhados	MAI/SEF MJ/DGSP MTSS/DGRS ME	- Garantir, a todo o tempo, que não existam jovens tutelados pela Direcção-Geral de Reinserção Social em situação irregular
70. Agilização do trabalho na área dos Registos e Notariado (MNE/DGACCP, MAI/SEF, MJ/IRN, I.P.)	- Número de cartões de identificação emitidos pelo MNE e visados pelo SEF - Tempo de espera nos processos de aquisição de nacionalidade portuguesa e naturalização - Identificação dos países onde, por força da guerra, arderam os registos, e divulgação da dispensa dos respectivos documentos - Número de acordos bilaterais que garantam maior transparência nos processos entre serviços públicos dos países - Celeridade das comunicações, necessárias à correcta instrução dos actos e processos, entre as entidades portuguesas e as entidades estrangeiras - Número de actos e processos em que se verificou a dispensa de certidões e/ou aceitação de documentos emitidos por representações diplomáticas e consulares	MNE/ DGACCP MAI/SEF MJ/IRN, I.P.	- Aumento do n.º de cartões emitidos pelo MNE e visados pelo SEF (em 2006, 1154 cartões do MNE foram visados pelo SEF) - Redução do tempo de espera em 30% em 2007 - Identificação da lista de países e divulgação em suporte electrónico (ACIME, SEF) em 2007 - 3 acordos bilaterais até 2009 - Diminuição do tempo de espera, em 50%, na instrução dos processos pendentes de comunicação a estabelecer entre as entidades portuguesas e estrangeiras - Dispensa de certidões em 10% dos processos de casamento - Aceitação de documentos emitidos por representações diplomáticas e consulares em substituição de documentos emitidos pelos países de origem em 20% dos processos de casamento

SOCIEDADE DA INFORMAÇÃO

Medidas	Indicadores	Resp.	Metas
71. Reforço de acções de inclusão digital junto de comunidades imigrantes, nomeadamente no âmbito do Programa Escolhas (PCM/ACIDI, I.P., MCTES/UMIC)	- Número de centros de inclusão digital no Programa Escolhas	PCM/ ACIDI, I.P. MCTES/ UMIC	- 120 centros em 2007
72. Organização de acções orientadas para imigrantes na Rede de Espaços Internet (MCTES/UMIC)	- Número de acções orientadas para imigrantes na Rede de Espaços Internet	MCTES/ UMIC	- Em 2007: 100 acções - Em 2008: 150 acções - Em 2009: 200 acções

DESPORTO

Medidas	Indicadores	Resp.	Metas
73. Promoção do acesso à actividade desportiva dos imigrantes em igualdade de circunstâncias com os cidadãos nacionais e simplificação e desburocratização do acesso à prática desportiva (PCM/IDP, I.P., ME, MCTES)	- Número de regulamentos analisados, no que toca ao acesso à prática desportiva federada por parte das crianças e jovens	PCM/ IDP, I.P. ME MCTES	- Análise dos regulamentos de todas as federações, no que toca aos escalões juvenis e juniores, até 2008 - Garantia que nenhuma federação coloca limitações à prática desportiva federada de crianças e jovens estrangeiras até final de 2008
74. Reforçar a oferta desportiva em contextos sociais e urbanísticos problemáticos (PCM/IDP, I.P.)	- Número de mini-campos polidesportivos criados em bairros sinalizados pelo ACIME	PCM/ IDP, I.P.	- 8 mini-campos polidesportivos em 2007 e 10 em 2008
75. Ultrapassar e eliminar a discriminação e o racismo no desporto (PCM/ ACIDI, I.P./IDP, I.P.)	- Número de campanhas de combate ao racismo - Valor das coimas aplicadas pela CICDR - Envio de carta de sensibilização às Federações de todas as modalidades desportivas, no sentido de sensibilizar as mesmas para o combate ao racismo e quanto à necessidade de estabelecer mecanismos eficazes de monitorização e sanção de todos os intervenientes	PCM/ ACIDI, I.P./ IDP, I.P.	- 1 em cada modalidade desportiva durante 2007 e 2008 - Aumento do valor das coimas em 30% em 2007 - Envio de carta a todas as federações
76. Acções de divulgação de "casos de sucesso" de desportistas imigrantes junto da comunidade local (PCM/ACIDI, I.P./IDP, I.P.)	- Número de peças de comunicação desenvolvidas, que tenham em conta o efeito de incentivo e exemplo que os desportistas imigrantes podem ter junto das crianças e jovens, tanto como exemplos de sucesso como no combate ao racismo e à xenofobia - Número de desportistas imigrantes a participar em campanhas/eventos	PCM/ ACIDI, I.P./ IDP, I.P.	- 2 peças de comunicação - Participação de 3 desportistas imigrantes em campanhas/eventos
77. Utilizar o desporto para a promoção da tolerância e do diálogo intercultural (PCM/ACIDI, I.P./IDP, I.P.)	- Número de meios de comunicação envolvidos na campanha	PCM/ ACIDI, I.P./ IDP, I.P.	- Todos os tipos de meios de comunicação social envolvidos

CÓDIGO DO PROCEDIMENTO ADMINISTRATIVO
(Nova Redacção – Dec.-Lei n.º 6/96, de 31 de Janeiro)

CAPÍTULO I
Disposições preliminares

ARTIGO 1.º
Definição

1 – Entende-se por procedimento administrativo a sucessão ordenada de actos e formalidades tendentes à formação e manifestação da vontade da Administração Pública ou à sua execução.

2 – Entende-se por processo administrativo o conjunto de documentos em que se traduzem os actos e formalidades que integram o procedimento administrativo.

ARTIGO 2.º
Âmbito de aplicação

1 – As disposições deste Código aplicam-se a todos os órgãos da Administração Pública que, no desempenho da actividade administrativa de gestão pública, estabeleçam relações com os particulares, bem como aos actos em matéria administrativa praticados pelos órgãos do Estado que, embora não integrados na Administração Pública, desenvolvam funções materialmente administrativas.

2 – São órgãos da Administração Pública, para os efeitos deste Código:
    a) Os órgãos do Estado e das Regiões Autónomas que exerçam funções administrativas;
    b) Os órgãos dos institutos públicos e das associações públicas;
    c) Os órgãos das autarquias locais e suas associações e federações.

3 – As disposições do presente Código são ainda aplicáveis aos actos praticados por entidades concessionárias no exercício de poderes de autoridade.

4 – Os preceitos deste Código podem ser mandados aplicar por lei à actuação dos órgãos das instituições particulares de interesse público.

5 – Os princípios gerais da actividade administrativa constantes do presente Código e as normas que concretizam preceitos constitucionais são aplicáveis a toda e qualquer actuação da Administração Pública, ainda que meramente técnica ou de gestão privada.

6 – As disposições do presente Código relativas à organização e à actividade administrativas são aplicáveis a todas as actuações da Administração Pública no domínio da gestão pública.

7 – No domínio da actividade de gestão pública, as restantes disposições do presente Código aplicam-se supletivamente aos procedimentos especiais, desde que não envolvam diminuição das garantias dos particulares.

CAPÍTULO II
Princípios gerais

ARTIGO 3.º
Princípio da legalidade

1 – Os órgãos da Administração Pública devem actuar em obediência à lei e ao direito, dentro dos limites dos poderes que lhes estejam atribuídos e em conformidade com os fins para que os mesmos poderes lhes forem conferidos.

2 – Os actos administrativos praticados em estado de necessidade, com preterição das regras estabelecidas neste Código, são válidos, desde que os seus resultados não pudessem ter sido alcançados de outro modo, mas os lesados terão o direito de ser indemnizados nos termos gerais da responsabilidade da Administração.

ARTIGO 4.º
Princípio da prossecução do interesse público e da protecção dos direitos e interesses dos cidadãos

Compete aos órgãos administrativos prosseguir o interesse público, no respeito pelos direitos e interesses legalmente protegidos dos cidadãos.

ARTIGO 5.º
Princípios da igualdade e da proporcionalidade

1 – Nas suas relações com os particulares, a Administração Pública deve reger-se pelo princípio da igualdade, não podendo privilegiar, beneficiar, prejudicar, privar de qualquer direito ou isentar de qualquer dever nenhum administrado em razão de ascendência, sexo, raça, língua, território de origem, religião, convicções políticas ou ideológicas, instrução, situação económica ou condição social.

2 – As decisões da Administração que colidam com direitos subjectivos ou interesses legalmente protegidos dos particulares só podem afectar essas posições em termos adequados e proporcionais aos objectivos a realizar.

ARTIGO 6.º
Princípios da justiça e da imparcialidade

No exercício da sua actividade, a Administração Pública deve tratar de forma justa e imparcial todos os que com ela entrem em relação.

ARTIGO 6.º-A
Princípio da boa fé

1 – No exercício da actividade administrativa e em todas as suas formas e fases, a Administração Pública e os particulares devem agir e relacionar-se segundo as regras da boa fé.

2 – No cumprimento do disposto nos números anteriores, devem ponderar-se os valores fundamentais do direito, relevantes em face das situações consideradas, e, em especial:

   a) A confiança suscitada na contraparte pela actuação em causa;
   b) O objectivo a alcançar com a actuação empreendida.

ARTIGO 7.º
Princípio da colaboração da Administração com os particulares

1 – Os órgãos da Administração Pública devem actuar em estreita colaboração com os particulares, procurando assegurar a sua adequada participação no desempenho da função administrativa, cumprindo-lhes, designadamente:

   a) Prestar aos particulares as informações e os esclarecimentos de que careçam;
   b) Apoiar e estimular as iniciativas dos particulares e receber as suas sugestões e informações;

2 – A Administração Pública é responsável pelas informações prestadas por escrito aos particulares, ainda que não obrigatórias.

ARTIGO 8.º
Princípio da participação

Os órgãos da Administração Pública devem assegurar a participação dos particulares, bem como das associações que tenham por objecto a defesa dos seus interesses, na formação das decisões que lhes disserem respeito, designadamente através da respectiva audiência nos termos deste Código.

ARTIGO 9.º
Princípio da decisão

1 – Os órgãos administrativos têm, nos termos regulados neste Código, o dever de se pronunciar sobre todos os assuntos da sua competência que lhes sejam apresentados pelos particulares, e nomeadamente:

   a) Sobre os assuntos que lhes disserem directamente respeito;
   b) Sobre quaisquer petições, representações, reclamações ou queixas formuladas em defesa da Constituição, das leis ou do interesse geral.

2 – Não existe o dever de decisão quando, há menos de dois anos contados da data da apresentação do requerimento, o órgão competente tenha praticado um acto administrativo sobre o mesmo pedido formulado pelo mesmo particular com os mesmos fundamentos.

ARTIGO 10.º
Princípio da desburocratização e da eficiência

A Administração Pública deve ser estruturada de modo a aproximar os serviços das populações e de forma não burocratizada, a fim de assegurar a celeridade, a economia e a eficiência das suas decisões.

ARTIGO 11.º
Princípio da gratuitidade

1 – O procedimento administrativo é gratuito, salvo na parte em que leis especiais impuserem o pagamento de taxas ou de despesas efectuadas pela Administração.

2 – Em caso de comprovada insuficiência económica, demonstrada nos termos da lei sobre o apoio judiciário, a Administração isentará, total ou parcialmente, o interessado do pagamento das taxas ou das despesas referidas no número anterior.

ARTIGO 12.º
Princípio do acesso à justiça

Aos particulares é garantido o acesso à justiça administrativa, a fim de obter a fiscalização contenciosa dos actos da Administração, bem como para tutela dos seus direitos ou interesses legalmente protegidos, nos termos previstos na legislação reguladora do contencioso administrativo.

PARTE II
Dos sujeitos

CAPÍTULO I
Dos órgãos administrativos

SECÇÃO I
Generalidades

ARTIGO 13.º
Órgãos da Administração Pública

São órgãos da Administração Pública, para os efeitos deste Código, os previstos no n.º 2 do artigo 2.º.

SECÇÃO II
Dos órgãos colegiais

ARTIGO 14.º
Presidente e secretário

1 – Sempre que a lei não disponha de forma diferente, cada órgão administrativo colegial tem um presidente e um secretário, a eleger pelos membros que o compõem.

2 – Cabe ao presidente do órgão colegial, além de outras funções que lhe sejam atribuídas, abrir e encerrar as reuniões, dirigir os trabalhos e assegurar o cumprimento das leis e a regularidade das deliberações.

3 – O presidente pode, ainda, suspender ou encerrar antecipadamente as reuniões, quando circunstâncias excepcionais o justifiquem, mediante decisão fundamentada, a incluir na acta da reunião.

4 – O presidente, ou quem o substituir, pode interpor recurso contencioso e pedir a suspensão jurisdicional da eficácia das deliberações tomadas pelo órgão colegial a que preside que considere ilegais.

ARTIGO 15.º
Substituição do presidente e secretário

1 – Salvo disposição legal em contrário, o presidente e o secretário de qualquer órgão colegial são substituídos, respectivamente, vogal mais antigo e pelo vogal mais moderno.

2 – No caso de os vogais possuírem a mesma antiguidade a substituição faz-se, respectivamente, pelo vogal de mais idade e pelo mais jovem.

ARTIGO 16.º
Reuniões ordinárias

1 – Na falta de determinação legal ou de deliberação do órgão cabe ao presidente a fixação dos dias e horas das reuniões ordinárias.

2 – Quaisquer alterações ao dia e hora fixados para as reuniões devem ser comunicadas a todos os membros do órgão colegial, de forma a garantir o seu conhecimento seguro e oportuno.

ARTIGO 17.º
Reuniões extraordinárias

1 – As reuniões extraordinárias têm lugar mediante convocação do presidente salvo disposição especial.

2 – O presidente é obrigado a proceder à convocação sempre que pelo menos um terço dos vogais lho solicitem por escrito, indicando o assunto que desejam ver tratado.

3 – A convocatória da reunião deve ser feita para um dos 15 dias seguintes à apresentação do pedido, mas sempre com a antecedência mínima de quarenta e oito horas sobre a data da reunião extraordinária.

4 – Da convocatória devem constar, de forma expressa e especificada, os assuntos a tratar na reunião.

ARTIGO 18.º
Ordem do dia

1 – A ordem do dia de cada reunião é estabelecida pelo presidente, que, salvo disposição especial em contrário, deve incluir os assuntos que

para esse fim lhe forem indicados por qualquer vogal desde que sejam da competência do órgão e o pedido seja apresentado por escrito com a antecedência mínima de cinco dias sobre a data da reunião.

2 – A ordem do dia deve ser entregue a todos os membros com a antecedência de, pelo menos, quarenta e oito horas sobre a data da reunião.

ARTIGO 19.º
Objecto das deliberações

Só podem ser objecto de deliberação os assuntos incluídos na ordem do dia da reunião, salvo se, tratando-se de reunião ordinária pelo menos dois terços dos membros reconhecerem a urgência de deliberação imediata sobre outros assuntos.

ARTIGO 20.º
Reuniões públicas

1 – As reuniões dos órgãos administrativos não são públicas, salvo disposição da lei em contrário.

2 – Quando as reuniões hajam de ser públicas, deve ser dada publicidade aos dias, horas e locais da sua realização, de forma a garantir o conhecimento dos interessados com a antecedência de, pelo menos, quarenta e oito horas sobre a data da reunião.

ARTIGO 21.º
Inobservância das disposições sobre convocação de reuniões

A ilegalidade resultante da inobservância das disposições sobre a convocação de reuniões só se considera sanada quando todos os membros do órgão compareçam a reunião e não suscitem oposição à sua realização.

ARTIGO 22.º
Quórum

1 – Os órgãos colegiais só podem, regra geral, deliberar quando esteja presente a maioria do número legal dos seus membros com direito a voto.

2 – Sempre que se não disponha de forma diferente, não se verificando na primeira convocação o quórum previsto no número anterior, será convocada nova reunião, com o intervalo de, pelo menos, vinte e quatro horas, prevendo-se nessa convocação que o órgão delibere desde que esteja presente um terço dos seus membros com direito a voto, em número não inferior a três.

ARTIGO 23.º
Proibição de abstenção

No silêncio da lei, é proibida a abstenção aos membros dos órgãos colegiais consultivos que estejam presentes à reunião e não se encontrem impedidos de intervir.

ARTIGO 24.º
Formas de votação

1 – Salvo disposição legal em contrário, as deliberações são tomadas por votação nominal, devendo votar primeiramente os vogais e, por fim, o presidente.

2 – As deliberações que envolvam a apreciação de comportamentos ou das qualidades de qualquer pessoa são tomadas por escrutínio secreto; em caso de dúvida, o órgão colegial deliberará sobre a forma de votação.

3 – Quando exigida, a fundamentação das deliberações tomadas por escrutínio secreto será feita pelo presidente do órgão colegial após a votação, tendo presente a discussão que a tiver precedido.

4 – Não podem estar presentes no momento da discussão nem da votação os membros dos órgãos colegiais que se encontrem ou se considerem impedidos.

ARTIGO 25.º
Maioria exigível nas deliberações

1 – As deliberações são tomadas por maioria absoluta de votos dos membros presentes à reunião, salvo nos casos em que, por disposição legal, se exija maioria qualificada ou seja suficiente maioria relativa.

2 – Se for exigível maioria absoluta e esta se não formar, nem se verificar empate, proceder-se-á imediatamente a nova votação e, se aquela

situação se mantiver, adiar-se-á a deliberação para a reunião seguinte, na qual será suficiente a maioria relativa.

ARTIGO 26.º
Empate na votação

1 – Em caso de empate na votação, o presidente tem voto de qualidade, salvo se a votação se tiver efectuado por escrutínio secreto.

2 – Havendo empate em votação por escrutínio secreto, proceder-se-á imediatamente a nova votação e, se o empate se mantiver, adiar-se-á a deliberação para a reunião seguinte; se na primeira votação dessa reunião se mantiver o empate, proceder-se-á a votação nominal.

ARTIGO 27.º
Acta da reunião

1 – De cada reunião será lavrada acta, que conterá um resumo de tudo o que nela tiver ocorrido, indicando, designadamente, a data e o local da reunião, os membros presentes, os assuntos apreciados, as deliberações tomadas e a forma e o resultado das respectivas votações.

2 – As actas são lavradas pelo secretário e postas à aprovação de todos os membros no final da respectiva reunião ou no início da seguinte, sendo assinadas, após a aprovação, pelo presidente e pelo secretário.

3 – Nos casos em que o órgão assim o delibere, a acta será aprovada, em minuta, logo na reunião a que disser respeito.

4 – As deliberações dos órgãos colegiais só podem adquirir eficácia depois de aprovadas as respectivas actas ou depois de assinadas as minutas, nos termos do número anterior.

ARTIGO 28.º
Registo na acta do voto de vencido

1 – Os membros do órgão colegial podem fazer constar da acta o seu voto de vencido e as razões que o justifiquem.

2 – Aqueles que ficarem vencidos na deliberação tomada e fizerem registo da respectiva declaração de voto na acta ficam isentos da responsabilidade que daquela eventualmente resulte.

3 – Quando se trate de pareceres a dar a outros órgãos administrativos, as deliberações serão sempre acompanhadas das declarações de voto apresentadas.

SECÇÃO III
Da competência

ARTIGO 29.º
Irrenunciabilidade e inalienabilidade

1 – A competência é definida por lei ou por regulamento e é irrenunciável, sem prejuízo do disposto quanto à delegação de poderes e à substituição.

2 – É nulo todo o acto ou contrato que tenha por objecto a renuncia à titularidade ou ao exercício da competência conferida aos órgãos administrativos, sem prejuízo da delegação de poderes e figuras afins.

ARTIGO 30.º
Fixação da competência

1 – A competência fixa-se no momento em que se inicia o procedimento, sendo irrelevantes as modificações de facto que ocorram posteriormente.

2 – São igualmente irrelevantes as modificações de direito, excepto se for extinto o órgão a que o procedimento estava afecto, se deixar de ser competente ou se lhe for atribuída a competência de que inicialmente carecesse.

3 – Quando o órgão territorialmente competente passar a ser outro, deve o processo ser-lhe remetido oficiosamente.

ARTIGO 31.º
Questões prejudicais

1 – Se a decisão final depender da resolução de uma questão da competência de outro órgão administrativo ou dos tribunais, o procedimento deve ser suspenso até que o órgão ou tribunal competente se pronunciem, salvo se da não resolução imediata do assunto resultarem graves prejuízos.

2 – A suspensão cessa:
a) Quando a decisão da questão prejudicial depender da apresentação de pedido pelo interessado e este o não apresentar perante o órgão administrativo ou o tribunal competente nos 30 dias seguintes à notificação da suspensão;
b) Quando o procedimento ou o processo instaurado para conhecimento da questão prejudicial estiver parado, por culpa do interessado, por mais de 30 dias;
c) Quando, por circunstâncias supervenientes, a falta de resolução imediata do assunto causar graves prejuízos.

3 – Se não for declarada a suspensão ou esta cessar, o órgão administrativo conhecerá das questões prejudiciais, mas a respectiva decisão não produzirá quaisquer efeitos fora do procedimento em que for preferida.

ARTIGO 32.º
Conflitos de competência territorial

Em caso de dúvida sobre a competência territorial, a entidade que decidir o conflito designará como competente o órgão cuja localização oferecer, em seu entender, maiores vantagens para a boa resolução do assunto.

ARTIGO 33.º
Controlo da competência

1 – Antes de qualquer decisão, o órgão administrativo deve certificar-se de que é competente para conhecer da questão.

2 – A incompetência deve ser suscitada oficiosamente pelo órgão administrativo e pode ser arguida pelos interessados.

ARTIGO 34.º
Apresentação de requerimento a órgão incompetente

1 – Quando o particular, por erro desculpável e dentro do prazo fixado, dirigir requerimento, petição, reclamação ou recurso a órgão incompetente, proceder-se-á da seguinte forma:
a) Se o órgão competente pertencer ao mesmo ministério ou a mesma pessoa colectiva, o requerimento, petição, reclamação ou recurso ser-lhe-á oficiosamente remetido, de tal se notificando o particular;

b) Se o órgão competente pertencer a outro ministério ou a outra pessoa colectiva, o requerimento, petição, reclamação ou recurso será devolvido ao seu autor, acompanhado da indicação do ministério ou da pessoa colectiva a quem se deverá dirigir.

2 – No caso previsto na alínea b) do número anterior, começa a correr novo prazo, idêntico ao fixado, a partir da notificação da devolução ali referida.

3 – Em caso de erro indesculpável, o requerimento, petição, reclamação ou recurso não será apreciado, de tal se notificando o particular em prazo não superior a quarenta e oito horas.

4 – Da qualificação do erro cabe reclamação e recurso, nos termos gerais.

SECÇÃO IV
Da delegação de poderes e da substituição

ARTIGO 35.º
Da delegação de poderes

1 – Os órgãos administrativos normalmente competentes para decidir em determinada matéria podem, sempre que para tal estejam habilitados por lei, permitir, através de um acto de delegação de poderes, que outro órgão ou agente pratique actos administrativos sobre a mesma matéria.

2 – Mediante um acto de delegação de poderes, os órgãos competentes para decidir em determinada matéria podem sempre permitir que o seu imediato inferior hierárquico, adjunto ou substituto pratiquem actos de administração ordinária nessa matéria.

3 – O disposto no número anterior vale igualmente para a delegação de poderes dos órgãos colegiais nos respectivos presidentes, salvo havendo lei de habilitação específica que estabeleça uma particular repartição de competências entre os diversos órgãos.

ARTIGO 36.º
Da subdelegação de poderes

1 – Salvo disposição legal em contrário, o delegante pode autorizar o delegado a subdelegar.

2 – O subdelegado pode subdelegar as competências que lhe tenham sido subdelegadas, salvo disposição legal em contrário ou reserva expressa do delegante ou subdelegante.

ARTIGO 37.º
Requisitos do acto de delegação

1 – No acto de delegação ou subdelegação, deve o órgão delegante ou subdelegante especificar os poderes que são delegados ou subdelegados ou quais os actos que o delegado ou subdelegado pode praticar.

2 – Os actos de delegação e subdelegação de poderes estão sujeitos a Publicação no Diário da República, ou, tratando-se da administração local, no boletim da autarquia, e devem ser afixados nos lugares do estilo quando tal boletim não exista.

ARTIGO 38.º
Menção da qualidade de delegado ou subdelegado

O órgão delegado ou subdelegado deve mencionar essa qualidade no uso da delegação ou subdelegação.

ARTIGO 39.º
Poderes do delegante ou subdelegante

1 – O órgão delegante ou subdelegante pode emitir directivas ou instruções vinculativas para o delegado ou subdelegado sobre o modo como devem ser exercidos os poderes delegados ou subdelegados.

2 – O órgão delegante ou subdelegante tem o poder de avocar, bem como o poder de revogar os actos praticados pelo delegado ou subdelegado ao abrigo da delegação ou subdelegação.

ARTIGO 40.º
Extinção da delegação ou subdelegação

A delegação e a subdelegação de poderes extinguem-se:
a) Por revogação do acto de delegação ou subdelegação;
b) Por caducidade, resultante de se terem esgotado os seus efeitos ou da mudança dos titulares dos órgãos delegante ou delegado, subdelegante ou subdelegado.

ARTIGO 41.º
Substituição

1 – Nos casos de ausência, falta ou impedimento do titular do cargo, a sua substituição cabe ao substituto designado na lei.

2 – Na falta de designação pela lei, a substituição cabe ao inferior hierárquico imediato, mais antigo, do titular a substituir.

3 – O exercício de funções em substituição abrange os poderes delegados ou subdelegados no substituído.

SECÇÃO V
Dos conflitos de jurisdição, de atribuições e de competência

ARTIGO 42.º
Competência para a resolução dos conflitos

1 – Os conflitos de jurisdição são resolvidos pelo Tribunal de Conflitos, nos termos da legislação respectiva.

2 – Os conflitos de atribuições são resolvidos:

a) Pelos tribunais administrativos, mediante recurso contencioso, quando envolvam órgãos de pessoas colectivas diferentes;
b) Pelo Primeiro-Ministro, quando envolvam órgãos de ministérios diferentes;
c) Pelo ministro, quando envolvam órgãos do mesmo ministério ou pessoas colectivas dotadas de autonomia sujeitas ao seu poder de superintendência.

3 – Os conflitos de competência são resolvidos pelo órgão de menor categoria hierárquica que exercer poderes de supervisão sobre os órgãos envolvidos.

ARTIGO 43.º
Resolução administrativa dos conflitos

1 – A resolução dos conflitos de competência, bem como dos conflitos de atribuições entre ministérios diferentes, pode ser solicitada por qualquer interessado, mediante requerimento fundamentado dirigido à

entidade competente para a decisão do procedimento, e deve ser oficiosamente suscitada pelos órgãos em conflito logo que dele tenham conhecimento.

2 – O órgão competente para a resolução deve ouvir os órgãos em conflito, se estes ainda não se tiverem pronunciado, e proferir a decisão no prazo de 30 dias.

SECÇÃO VI
Das garantias de imparcialidade

ARTIGO 44.º
Casos de impedimento

1 – Nenhum titular de órgão ou agente da Administração Pública pode intervir em procedimento administrativo ou em acto ou contrato de direito público ou privado da Administração Pública nos seguintes casos:
  a) Quando nele tenha interesse, por si, como representante ou como gestor de negócios de outra pessoa;
  b) Quando, por si ou como representante de outra pessoa, nele tenha interesse o seu cônjuge, algum parente ou afim em linha recta ou até ao 2.º grau da linha colateral, bem como qualquer pessoa com quem viva em economia comum;
  c) Quando, por si ou como representante de outra pessoa, tenha interesse em questão semelhante à que deva ser decidida, ou quando tal situação se verifique em relação a pessoa abrangida pela alínea anterior;
  d) Quando tenha intervindo no procedimento como perito ou mandatário ou haja dado parecer sobre questão a resolver;
  e) Quando tenha intervindo no procedimento como perito ou mandatário o seu cônjuge, parente ou afim em linha recta ou até ao 2.º grau da linha colateral, bem como qualquer pessoa com quem viva em economia comum;
  f) Quando contra ele, seu cônjuge ou parente em linha recta esteja intentada acção judicial proposta por interessado ou pelo respectivo cônjuge;
  g) Quando se trate de recurso de decisão preferida por si, ou com a sua intervenção, ou preferida por qualquer das pessoas referidas na alínea b) ou com intervenção destas.

2 – Excluem-se do disposto no número anterior as intervenções que se traduzam em actos de mero expediente, designadamente actos certificativos.

ARTIGO 45.º
Arguição e declaração do impedimento

1 – Quando se verifique causa de impedimento em relação a qualquer titular de órgão ou agente administrativo, deve o mesmo comunicar desde logo o facto ao respectivo superior hierárquico ou ao presidente do órgão colegial dirigente, consoante os casos.

2 – Até ser proferida a decisão definitiva ou praticado o acto, qualquer interessado pode requerer a declaração do impedimento, especificando as circunstâncias de facto que constituam a sua causa.

3 – Compete ao superior hierárquico ou ao presidente do órgão colegial conhecer da existência do impedimento e declará-lo, ouvindo, se considerar necessário, o titular do órgão ou agente.

4 – Tratando-se do impedimento do presidente do órgão colegial, a decisão do incidente compete ao próprio órgão, sem intervenção do presidente.

ARTIGO 46.º
Efeitos da arguição do impedimento

1 – O titular do órgão ou agente deve suspender a sua actividade no procedimento logo que faça a comunicação a que se refere o n.º 1 do artigo anterior ou tenha conhecimento do requerimento a que se refere o n.º 2 do mesmo preceito, até à decisão do incidente, salvo ordem em contrário do respectivo superior hierárquico.

2 – Os impedidos nos termos do artigo 44.º deverão tomar todas as medidas que forem inadiáveis em caso de urgência ou de perigo, as quais deverão ser ratificadas pela entidade que os substituir.

ARTIGO 47.º
Efeitos da declaração do impedimento

1 – Declarado o impedimento do titular do órgão ou agente, será o mesmo imediatamente substituído no procedimento pelo respectivo substituto legal, salvo se o superior hierárquico daquele resolver avocar a questão.

2 – Tratando-se de órgão colegial, se não houver ou não puder ser designado substituto, funcionará o órgão sem o membro impedido.

ARTIGO 48.º
Fundamento da escusa e suspeição

1 – O titular de órgão ou agente deve pedir dispensa de intervir no procedimento quando ocorra circunstância pela qual possa razoavelmente suspeitar-se da sua isenção ou da rectidão da sua conduta e, designadamente:

a) Quando, por si ou como representante de outra pessoa, nele tenha interesse parente ou afim em linha recta ou até ao 3.º grau de linha colateral, ou tutelado ou curatelado dele ou do seu cônjuge;
b) Quando o titular do órgão ou agente ou o seu cônjuge, ou algum parente ou afim na linha recta, for credor ou devedor de pessoa singular ou colectiva com interesse directo no procedimento, acto ou contrato;
c) Quando tenha havido lugar ao recebimento de dádivas, antes ou depois de instaurado o procedimento, pelo titular do órgão ou agente, seu cônjuge, parente ou afim na linha recta;
d) Se houver inimizade grave ou grande intimidade entre o titular do órgão ou agente ou o seu cônjuge e a pessoa com interesse directo no procedimento, acto ou contrato.

2 – Com fundamento semelhante e até ser proferida decisão definitiva, pode qualquer interessado opor suspeição a titulares de órgãos ou agentes que intervenham no procedimento, acto ou contrato.

ARTIGO 49.º
Formulação do pedido

1 – Nos casos previstos no artigo anterior, o pedido deve ser dirigido à entidade competente para dele conhecer, indicando com precisão os factos que o justifiquem.

2 – O pedido do titular do órgão ou agente só será formulado por escrito quando assim for determinado pela entidade a quem for dirigido.

3 – Quando o pedido seja formulado por interessados no procedimento, acto ou contrato, será sempre ouvido o titular do órgão ou o agente visado.

ARTIGO 50.º
Decisão sobre a escusa ou suspeição

1 – A competência para decidir da escusa ou suspeição defere-se nos termos referidos nos n.ᵒˢ 3 e 4 do artigo 45.º.

2 – A decisão será proferida no prazo de oito dias.

3 – Reconhecida procedência ao pedido, observar-se-á o disposto nos artigos 46.º e 47.º.

ARTIGO 51.º
Sanção

1 – Os actos ou contratos em que tiverem intervindo titulares de órgão ou agentes impedidos são anuláveis nos termos gerais.

2 – A omissão do dever de comunicação a que alude o artigo 45.º, n.º 1, constitui falta grave para efeitos disciplinares.

CAPÍTULO II
Dos interessados

ARTIGO 52.º
Intervenção no procedimento administrativo

1 – Todos os particulares têm o direito de intervir pessoalmente no procedimento administrativo ou de nele se fazer representar ou assistir, designadamente através de advogado ou solicitador.

2 – A capacidade de intervenção no procedimento, salvo disposição especial, tem por base e por medida a capacidade de exercício de direitos segundo a lei civil, a qual é também aplicável ao suprimento da incapacidade.

ARTIGO 53.º
Legitimidade

1 – Tem legitimidade para iniciar o procedimento administrativo e para intervir nele os titulares de direitos subjectivos ou interesses legal-

mente protegidos, no âmbito das decisões que nele forem ou possam ser tomadas, bem como as associações sem carácter político ou sindical que tenham por fim a defesa desses interesses.

2 – Consideram-se, ainda, dotados de legitimidade para a protecção de interesses difusos:

a) Os cidadãos a quem a actuação administrativa provoque ou possa previsivelmente provocar prejuízos relevantes em bens fundamentais como a saúde pública, a habitação, a educação, o património cultural, o ambiente, o ordenamento do território e a qualidade de vida;

b) Os residentes na circunscrição em que se localize algum bem do domínio público afectado pela acção da Administração.

3 – Para defender os interesses difusos de que sejam titulares os residentes em determinada circunscrição têm legitimidade as associações dedicadas à defesa de tais interesses e os órgãos autárquicos da respectiva área.

4 – Não podem reclamar nem recorrer aqueles que, sem reserva, tenham aceitado, expressa ou tacitamente, um acto administrativo depois de praticado.

PARTE III
Do procedimento administrativo

CAPÍTULO I
Princípios gerais

ARTIGO 54.º
Iniciativa

O procedimento administrativo inicia-se oficiosamente ou a requerimento dos interessados.

ARTIGO 55.º
Comunicação aos interessados

1 – O início oficioso do procedimento será comunicado às pessoas cujos direitos ou interesses legalmente protegidos possam ser lesados pelos actos a praticar no procedimento e que possam ser desde logo nominalmente identificadas.

2 – Não haverá lugar à comunicação determinada no número anterior nos casos em que a lei a dispense e naqueles em que a mesma possa prejudicar a natureza secreta ou confidencial da matéria, como tal classificada nos termos legais, ou a oportuna adopção das providências a que o procedimento se destina.

3 – A comunicação deverá indicar a entidade que ordenou a instauração do procedimento, a data em que o mesmo se iniciou, o serviço por onde o mesmo corre e o respectivo objecto.

ARTIGO 56.º
Principio do inquisitório

Os órgãos administrativos, mesmo que o procedimento seja instaurado por iniciativa dos interessados, podem proceder as diligências que considerem convenientes para a instrução, ainda que sobre matérias não mencionadas nos requerimentos ou nas respostas dos interessados, e decidir coisa diferente ou mais ampla do que a pedida, quando o interesse público assim o exigir.

ARTIGO 57.º
Dever de celeridade

Os órgãos administrativos devem providenciar pelo rápido e eficaz andamento do procedimento, quer recusando e evitando tudo o que for impertinente ou dilatório, quer ordenando e promovendo tudo o que for necessário ao seguimento do procedimento e à justa e oportuna decisão.

ARTIGO 58.º
Prazo geral para a conclusão

1 – O procedimento deve ser concluído no prazo de 90 dias, salvo se outro prazo decorrer da lei ou for imposto por circunstâncias excepcionais.

2 – O prazo previsto no número anterior pode ser prorrogado, por um ou mais períodos, até ao limite de mais 90 dias, mediante autorização do imediato superior hierárquico ou do órgão colegial competente.

3 – A inobservância dos prazos a que se referem os números anteriores deve ser justificada pelo órgão responsável, perante o imediato superior hierárquico ou perante o órgão colegial competente, dentro dos 10 dias seguintes ao termo dos mesmos prazos.

ARTIGO 59.º
Audiência dos interessados

Em qualquer fase do procedimento podem os órgãos administrativos ordenar a notificação dos interessados para, no prazo que lhes for fixado, se pronunciarem acerca de qualquer questão.

ARTIGO 60.º
Deveres gerais dos interessados

1 – Os interessados têm o dever de não formular pretensões ilegais, não articular factos contrários à verdade, nem requerer diligências meramente dilatórias.

2 – Os interessados tem também o dever de prestar a sua colaboração para o conveniente esclarecimento dos factos e a descoberta da verdade.

CAPÍTULO II
Do direito à informação

ARTIGO 61.º
Direito dos interessados à informação

1 – Os particulares têm o direito de ser informados pela Administração, sempre que o requeiram, sobre o andamento dos procedimentos em que sejam directamente interessados, bem como o direito de conhecer as resoluções definitivas que sobre eles forem tomadas.

2 – As informações a prestar abrangem a indicação do serviço onde o procedimento se encontra, os actos e diligencias praticados as deficiências a suprir pelos interessados, as decisões adoptadas e quaisquer outros elementos solicitados.

3 – As informações solicitadas ao abrigo deste artigo serão fornecidas no prazo máximo de 10 dias.

ARTIGO 62.º
Consulta do processo e passagem de certidões

1 – Os interessados têm o direito de consultar o processo que não contenha documentos classificados, ou que revelem segredo comercial ou industrial ou segredo relativo à propriedade literária, artística ou científica.

2 – O direito referido no número anterior abrange os documentos nominativos relativos a terceiros, desde que excluídos os dados pessoais que não sejam públicos, nos termos legais.

3 – Os interessados têm o direito, mediante o pagamento das importâncias que forem devidas, de obter certidão, reprodução ou declaração autenticada dos documentos que constem dos processos a que tenham acesso.

ARTIGO 63.º
Certidões independentes de despacho

1 – Os funcionários competentes são obrigados a passar aos interessados, independentemente de despacho e no prazo de 10 dias a contar da apresentação do requerimento, certidão, reprodução ou declaração autenticada de documentos de que constem, consoante o pedido, todos ou alguns dos seguintes elementos:
   a) Data de apresentação de requerimentos, petições, reclamações, recursos ou documentos semelhantes;
   b) Conteúdo desses documentos ou pretensão neles formulada;
   c) Andamento que tiveram ou situação em que se encontram;
   d) Resolução tomada ou falta de resolução.

2 – O dever estabelecido no número anterior não abrange os documentos classificados ou que revelem segredo comercial ou industrial ou segredo relativo à propriedade literária, artística ou científica.

ARTIGO 64.º
Extensão do direito de informação

1 – Os direitos reconhecidos nos artigos 61.º a 63.º são extensivos a quaisquer pessoas que provem ter interesse legítimo no conhecimento dos elementos que pretendam.

2 – O exercício dos direitos previstos no número anterior depende de despacho do dirigente do serviço, exarado em requerimento escrito, instruído com os documentos probatórios do interesse legitimo invocado.

ARTIGO 65.º
Princípio da administração aberta

1 – Todas as pessoas têm o direito de acesso aos arquivos e registos administrativos, mesmo que não se encontre em curso qualquer procedimento que lhes diga directamente respeito, sem prejuízo do disposto na lei em matérias relativas a segurança interna e externa, a investigação criminal e à intimidade das pessoas.

2 – O acesso aos arquivos e registos administrativos é regulado em diploma próprio.

CAPÍTULO III
Das notificações e dos prazos

SECÇÃO I
Das notificações

ARTIGO 66.º
Dever de notificar

1 – Devem ser notificados aos interessados os actos administrativos que:
   a) Decidam sobre quaisquer pretensões por eles formuladas;
   b) Imponham deveres, sujeições ou sanções, ou causem prejuízos;
   c) Criem, extingam, aumentem ou diminuam direitos ou interesses legalmente protegidos, ou afectem as condições do seu exercício.

ARTIGO 67.º
Dispensa de notificação

1 – É dispensada a notificação dos actos nos casos seguintes:
a) Quando sejam praticados oralmente na presença dos interessados;
b) Quando o interessado, através de qualquer intervenção no procedimento, revele perfeito conhecimento do conteúdo dos actos em causa.

2 – Os prazos cuja contagem se inicie com a notificação começam a correr no dia seguinte ao da prática do acto ou no dia seguinte aquele em que ocorrer a intervenção, respectivamente nos casos previstos nas alíneas a) e b) do número anterior.

ARTIGO 68.º
Conteúdo da notificação

1 – Da notificação devem constar:
a) O texto integral do acto administrativo;
b) A identificação do procedimento administrativo, incluindo a indicação do autor do acto e a data deste;
c) O órgão competente para apreciar a impugnação do acto e o prazo para este efeito, no caso de o acto não ser susceptível de recurso contencioso.

2 – O texto integral do acto pode ser substituído pela indicação resumida do seu conteúdo e objecto, quando o acto tiver deferido inteiramente a pretensão formulada pelo interessado ou respeite à prática de diligências processuais.

ARTIGO 69.º
Prazo das notificações

Quando não exista prazo especialmente fixado, os actos administrativos devem ser notificados no prazo de oito dias.

ARTIGO 70.º
Forma das notificações

1 – As notificações podem ser feitas:
a) Por via postal, desde que exista distribuição domiciliária na localidade de residência ou sede do notificando;
b) Pessoalmente, se esta forma de notificação não prejudicar a celeridade do procedimento ou se for inviável a notificação por via postal;
c) Por telegrama, telefone, telex ou telefax, se a urgência do caso recomendar o uso de tais meios;
d) Por edital a afixar nos locais do estilo, ou anúncio a publicar no Diário da República, no boletim municipal ou em dois jornais mais lidos da localidade da residência ou sede dos notificandos, se os interessados forem desconhecidos ou em tal número que torne inconveniente outra forma de notificação.

2 – Sempre que a notificação seja feita por telefone, será a mesma confirmada nos termos das alíneas a) e b) do número anterior, consoante os casos, no dia útil imediato, sem prejuízo de a notificação se considerar feita na data da primeira comunicação.

SECÇÃO II
Dos prazos

ARTIGO 71.º
Prazo geral

1 – Excluindo o disposto nos artigos 108.º e 109.º, e na falta de disposição especial ou de fixação pela Administração, o prazo para os actos a praticar pelos órgãos administrativos é de 10 dias.

2 – É igualmente de 10 dias o prazo para os interessados requererem ou praticarem quaisquer actos, promoverem diligências, responderem sobre os assuntos acerca dos quais se devam pronunciar ou exercerem outros poderes no procedimento.

ARTIGO 72.º
Contagem dos prazos

1 – À contagem dos prazos são aplicáveis as seguintes regras:
a) Não se inclui na contagem o dia em que ocorrer o evento a partir do qual o prazo começa a correr;
b) O prazo começa a correr independentemente de quaisquer formalidades e suspende-se nos sábados, domingos e feriados;
c) O termo do prazo que caia em dia em que o serviço perante o qual deva ser praticado o acto não esteja aberto ao público, ou não funcione durante o período normal, transfere-se para o primeiro dia útil seguinte.

2 – Na contagem dos prazos legalmente fixados em mais de seis meses incluem-se os sábados, domingos e feriados.

ARTIGO 73.º
Dilação

1 – Se os interessados residirem ou se encontrarem fora do continente e neste se localizar o serviço por onde o procedimento corra, os prazos fixados na lei, se não atenderem já a essa circunstância, só se iniciam depois de decorridos:
a) 5 dias, se os interessados residirem ou se encontrarem no território das regiões autónomas;
b) 15 dias, se os interessados residirem ou se encontrarem em país estrangeiro europeu;
c) 30 dias, se os interessados residirem ou se encontrarem em Macau ou em país estrangeiro fora da Europa.

2 – A dilação da alínea a) do número anterior é igualmente aplicável se o procedimento correr em serviço localizado numa região autónoma e os interessados residirem ou se encontrarem noutra ilha da mesma região autónoma, na outra região autónoma ou no continente.

3 – As dilações das alíneas b) e c) do n.º 1 são aplicáveis aos procedimentos que corram em serviços localizados nas regiões autónomas.

CAPÍTULO IV
Da marcha do procedimento

SECÇÃO I
Do início

ARTIGO 74.º
Requerimento inicial

1 – O requerimento inicial dos interessados, salvo nos casos em que a lei admite o pedido verbal, deve ser formulado por escrito e conter:
   a) A designação do órgão administrativo a que se dirige;
   b) A identificação do requerente, pela indicação do nome, estado, profissão e residência;
   c) A exposição dos factos em que se baseia o pedido e, quando tal seja possível ao requerente, os respectivos fundamentos de direito;
   d) A indicação do pedido, em termos claros e precisos;
   e) A data e a assinatura do requerente, ou de outrem a seu rogo, se o mesmo não souber ou não puder assinar.

2 – Em cada requerimento não pode ser formulado mais de um pedido, salvo se se tratar de pedidos alternativos ou subsidiários.

ARTIGO 75.º
Formulação verbal do requerimento

Quando a lei admita a formulação verbal do requerimento, será lavrado termo para este efeito, o qual deve conter as menções a que se referem as alíneas a) a d) do n.º 1 do artigo anterior e ser assinado, depois de datado, pelo requerente e pelo agente que receba o pedido.

ARTIGO 76.º
Deficiência do requerimento inicial

1 – Se o requerimento inicial não satisfizer o disposto no artigo 74.º, o requerente será convidado a suprir as deficiências existentes.

2 – Sem prejuízo do disposto no número anterior, devem os órgãos e agentes administrativos procurar suprir oficiosamente as deficiências

dos requerimentos, de modo a evitar que os interessados sofram prejuízos por virtude de simples irregularidades ou de mera imperfeição na formulação dos seus pedidos.

3 – Serão liminarmente indeferidos os requerimentos não identificados e aqueles cujo pedido seja ininteligível.

ARTIGO 77.º
Apresentação de requerimentos

1 – Os requerimentos devem ser apresentados nos serviços dos órgãos aos quais são dirigidos, salvo o disposto nos números seguintes.

2 – Os requerimentos dirigidos aos órgãos centrais podem ser apresentados nos serviços locais desconcentrados do mesmo ministério ou organismo, quando os interessados residam na área da competência destes.

3 – Quando os requerimentos sejam dirigidos a órgãos que não disponham de serviços na área da residência dos interessados, podem aqueles ser apresentados na secretaria do Governo Civil do respectivo distrito ou nos Gabinetes dos Ministros da República para a Região Autónoma dos Açores ou da Madeira.

4 – Os requerimentos apresentados nos termos previstos nos números anteriores são remetidos aos órgãos competentes pelo registo do correio e no prazo de três dias após o seu recebimento, com a indicação da data em que este se verificou.

ARTIGO 78.º
Apresentação dos requerimentos em representações diplomáticas ou consulares

1 – Os requerimentos podem também ser apresentados nos serviços das representações diplomáticas ou consulares sediadas no pus em que residam ou se encontrem os interessados.

2 – As representações diplomáticas ou consulares remeterão os requerimentos aos órgãos a quem sejam dirigidos, com a indicação da data em que se verificou o recebimento.

ARTIGO 79.º
Envio de requerimento pelo correio

Salvo disposição em contrário, os requerimentos dirigidos a órgãos administrativos podem ser remetidos pelo correio, com aviso de recepção.

ARTIGO 80.º
Registo de apresentação de requerimentos

1 – A apresentação de requerimentos, qualquer que seja o modo por que se efectue, será sempre objecto de registo, que menciona o respectivo número de ordem, a data, o objecto do requerimento, o número de documentos juntos e o nome do requerente.

2 – Os requerimentos são registados segundo a ordem da sua apresentação, considerando-se simultaneamente apresentados os recebidos pelo correio na mesma distribuição.

3 – O registo será anotado nos requerimentos, mediante a menção do respectivo número e data.

ARTIGO 81.º
Recibo da entrega de requerimentos

1 – Os interessados podem exigir recibo comprovativo da entrega dos requerimentos apresentados.

2 – O recibo pode ser passado em duplicado ou em fotocópia do requerimento que o requerente apresente para esse fim.

ARTIGO 82.º
Outros escritos apresentados pelos interessados

O disposto nesta secção é aplicável, com as devidas adaptações às exposições, reclamações, respostas e outros escritos semelhantes apresentados pelos interessados.

ARTIGO 83.º
Questões que prejudicam o desenvolvimento normal do procedimento

O órgão administrativo, logo que estejam apurados os elementos necessários, deve conhecer de qualquer questão que prejudique o desenvolvimento normal do procedimento ou impeça a tomada de decisão sobre o seu objecto e, nomeadamente, das seguintes questões:

a) A incompetência do órgão administrativo;
b) A caducidade do direito que se pretende exercer;
c) A ilegitimidade dos requerentes;
d) A extemporaneidade do pedido.

SECÇÃO II
Das medidas provisórias

ARTIGO 84.º
Admissibilidade de medidas provisórias

1 – Em qualquer fase do procedimento pode o órgão competente para a decisão final, oficiosamente ou a requerimento dos interessados, ordenar as medidas provisórias que se mostrem necessárias, se houver justo receio de, sem tais medidas, se produzir lesão grave ou de difícil reparação dos interesses públicos em causa.

2 – A decisão de ordenar ou alterar qualquer medida provisória deve ser fundamentada e fixar prazo para a sua validade.

3 – A revogação das medidas provisórias também deve ser fundamentada.

4 – O recurso hierárquico necessário das medidas provisórias não suspende a sua eficácia, salvo quando o órgão competente o determine.

ARTIGO 85.º
Caducidade das medidas provisórias

Salvo disposição especial, as medidas provisórias caducam:

a) Logo que for proferida decisão definitiva no procedimento;
b) Quando decorrer o prazo que lhes tiver sido fixado, ou a respectiva prorrogação;
c) Se decorrer o prazo fixado na lei para a decisão final;
d) Se, não estando estabelecido tal prazo, a decisão final não for proferida dentro dos seis meses seguintes a instauração do procedimento.

SECÇÃO III
Da instrução

SUBSECÇÃO I
Disposições gerais

ARTIGO 86.º
Direcção da instrução

1 – A direcção da instrução cabe ao órgão competente para a decisão, salvo o disposto nos diplomas orgânicos dos serviços ou em preceitos especiais.

2 – O órgão competente para a decisão pode delegar a competência para a direcção da instrução em subordinado seu, excepto nos casos em que a lei imponha a sua direcção pessoal.

3 – O órgão competente para dirigir a instrução pode encarregar subordinado seu da realização de diligências instrutórias específicas.

4 – Nos órgãos colegiais, as delegações previstas no n.º 2 podem ser conferidas a membros do órgão ou a agente dele dependente.

ARTIGO 87.º
Factos sujeitos a prova

1 – O órgão competente deve procurar averiguar todos os factos cujo conhecimento seja conveniente para a justa e rápida decisão do procedimento, podendo, para o efeito, recorrer a todos os meios de prova admitidos em direito.

2 – Não carecem de prova nem de alegação os factos notórios, bem como os factos de que o órgão competente tenha conhecimento em virtude do exercício das suas funções.

3 – O órgão competente fará constar do procedimento os factos de que tenha conhecimento em virtude do exercício das suas funções.

ARTIGO 88.º
Ónus da prova

1 – Cabe aos interessados provar os factos que tenham alegado sem prejuízo do dever cometido ao órgão competente nos termos do n.º 1 do artigo anterior.

2 – Os interessados podem juntar documentos e pareceres ou requerer diligências de prova úteis para o esclarecimento dos factos com interesse para a decisão.

3 – As despesas resultantes das diligências de prova serão suportadas pelos interessados que as tiverem requerido, sem prejuízo do disposto no n.º 2 do artigo 11.º.

ARTIGO 89.º
Solicitação de provas aos interessados

1 – O órgão que dirigir a instrução pode determinar aos interessados a prestação de informações, a apresentação de documentos ou coisas, a sujeição a inspecções e a colaboração noutros meios de prova.

2 – É legítima a recusa às determinações previstas no número anterior, quando a obediência às mesmas:

a) Envolver a violação de segredo profissional;
b) Implicar o esclarecimento de factos cuja revelação esteja proibida ou dispensada por lei;
c) Importar a revelação de factos puníveis, praticados pelo próprio interessado, pelo seu cônjuge ou por seu ascendente ou descendente, irmão ou afim nos mesmos graus;
d) For susceptível de causar dano moral ou material ao próprio interessado ou a alguma das pessoas referidas na alínea anterior.

ARTIGO 90.º
**Formação da prestação de informações
ou da apresentação de provas**

1 – Quando seja necessária a prestação de informações ou a apresentação de provas pelos interessados, serão estes notificados para o fazerem, por escrito ou oralmente, no prazo e condições que forem fixados.

2 – Se o interessado não residir no município da sede do órgão instrutor, a prestação verbal de informações pode ter lugar através de órgão ou serviço com sede no município da sua residência, determinado pelo instrutor, salvo se o interessado preferir comparecer perante o órgão instrutor.

ARTIGO 91.º
Falta de prestação de provas

1 – Se os interessados regularmente notificados para a prática de qualquer acto previsto no artigo anterior não derem cumprimento à notificação, poderá proceder-se a nova notificação ou prescindir-se da prática do acto, conforme as circunstâncias aconselharem.

2 – A falta de cumprimento da notificação é livremente apreciada para efeitos de prova, consoante as circunstâncias do caso, não dispensando o órgão administrativo de procurar averiguar os factos, nem de proferir a decisão.

3 – Quando as informações, documentos ou actos solicitados ao interessado sejam necessários a apreciação do pedido por de formulado, não será dado seguimento ao procedimento, disso se notificando o particular.

ARTIGO 92.º
Realização de diligências por outros serviços

O órgão instrutor pode solicitar a relação de diligências de prova a outros serviços da administração central, regional ou local, quando elas não possam ser por si efectuadas.

ARTIGO 93.º
Produção antecipada de prova

1 – Havendo justo receio de vir a tornar-se impossível ou de difícil realização a produção de qualquer prova com interesse para a decisão, pode o órgão competente, oficiosamente ou a pedido fundamentado dos interessados, proceder à sua recolha antecipada.

2 – A produção antecipada de prova pode ter lugar antes da instauração do procedimento.

SUBSECÇÃO II
Dos exames e outras diligências

ARTIGO 94.º
Realização de diligências

1 – Os exames, vistorias, avaliações e outras diligências semelhantes são efectuados por perito ou peritos com os conhecimentos especializados necessários às averiguações que constituam o respectivo objecto.

2 – As diligências previstas neste artigo podem, também, ser solicitadas directamente a serviços públicos que, pela sua competência, sejam aptos para a respectiva realização.

3 – A forma de nomeação de peritos e a sua remuneração são estabelecidas em diploma próprio.

ARTIGO 95.º
Notificação aos interessados

1 – Os interessados serão notificados da diligência ordenada, do respectivo objecto e do perito ou peritos para ela designados pela Administração, salvo se a diligência incidir sobre matérias de carácter secreto ou confidencial.

2 – Na notificação dar-se-á também conhecimento, com a antecedência mínima de 10 dias, da data, hora e local em que terá inicio a diligência.

ARTIGO 96.º
Designação de peritos pelos interessados

Quando a Administração designe peritos, podem os interessados indicar os seus em número igual ao da Administração.

ARTIGO 97.º
Formulação de quesitos aos peritos

1 – O órgão que dirigir a instrução e os interessados podem formular quesitos a que os peritos deverão responder ou determinar a estes que se pronunciem expressamente sobre certos pontos.

2 – O órgão que dirigir a instrução pode excluir do objeto da diligência os quesitos ou pontos indicados pelos interessados que tenham por objecto matéria de carácter secreto ou confidencial.

SUBSECÇÃO III
Dos pareceres

ARTIGO 98.º
Espécies de pareceres

1 – Os pareceres são obrigatórios ou facultativos, consoante sejam ou não exigidos por lei; e são vinculativos ou não vinculativos, conforme as respectivas conclusões tenham ou não de ser seguidas pelo órgão competente para a decisão.

2 – Salvo disposição expressa em contrário, os pareceres referidos na lei consideram-se obrigatórios e não vinculativos.

ARTIGO 99.º
Forma e prazo dos pareceres

1 – Os pareceres devem ser sempre fundamentados e concluir de modo expresso e claro sobre todas as questões indicadas na consulta.

2 – Na falta de disposição especial, os pareceres serão emitidos no prazo de 30 dias, excepto quando o órgão competente para a instrução fixar, fundamentalmente, prazo diferente.

3 – Quando um parecer obrigatório e não vinculativo não for emitido dentro dos prazos previstos no número anterior, pode o procedimento prosseguir e vir a ser decidido sem o parecer, salvo disposição legal expressa em contrário.

SUBSECÇÃO IV
Da audiência dos interessados

ARTIGO 100.º
Audiência dos interessados

1 – Concluída a instrução, e salvo o disposto no artigo 103.º, os interessados têm o direito de ser ouvidos no procedimento antes de ser

tomada a decisão final, devendo ser informados, nomeadamente, sobre o sentido provável desta.

2 – O órgão instrutor decide, em cada caso, se a audiência dos interessados é escrita ou oral.

3 – A realização da audiência dos interessados suspende a contagem de prazos em todos os procedimentos administrativos.

ARTIGO 101.º
Audiência escrita

1 – Quando o órgão instrutor optar pela audiência escrita, notificará os interessados para, em prazo não inferior a 10 dias, dizerem o que se lhes oferecer.

2 – A notificação fornece os elementos necessários para que os interessados fiquem a conhecer todos os aspectos relevantes para a decisão, nas matérias de facto e de direito, indicando também as horas e o local onde o processo poderá ser consultado.

3 – Na resposta, os interessados podem pronunciar-se sobre as questões que constituem objecto do procedimento, bem como requerer diligências complementares e juntar documentos.

ARTIGO 102.º
Audiência oral

1 – Se o órgão instrutor optar pela audiência oral, ordenará a convocação dos interessados com a antecedência de pelo menos oito dias.

2 – Na audiência oral podem ser apreciadas todas as questões com interesse para a decisão, nas matérias de facto e de direito.

3 – A falta de comparência dos interessados não constitui motivo de adiamento da audiência, mas, se for apresentada justificação da falta até ao momento fixado para a audiência, deve proceder-se ao adiamento desta.

4 – Da audiência será lavrada acta da qual consta o extracto das alegações feitas pelos interessados, podendo estes juntar quaisquer alegações escritas, durante a diligência ou posteriormente.

ARTIGO 103.º
Inexistência e dispensa de audiência dos interessados

1 – Não há lugar a audiência dos interessados:
a) Quando a decisão seja urgente;
b) Quando seja razoavelmente de prever que a diligência possa comprometer a execução ou a utilidade da decisão.
c) Quando o número de interessados a ouvir seja de tal forma elevado que a audiência se torne impraticável, devendo nesse caso proceder-se a consulta pública, quando possível, pela forma mais adequada.

2 – O órgão instrutor pode dispensar a audiência dos interessados nos seguintes casos:
a) Se os interessados já se tiverem pronunciado no procedimento sobre as questões que importem à decisão e sobre as provas produzidas;
b) Se os elementos constantes do procedimento conduzirem a uma decisão favorável aos interessados.

ARTIGO 104.º
Diligências complementares

Após a audiência, podem ser efectuadas, oficiosamente ou a pedido dos interessados, as diligencias complementares que se mostrem convenientes.

ARTIGO 105.º
Relatório do instrutor

Quando o órgão instrutor não for o órgão competente para a decisão final, elaborará um relatório no qual indica o pedido do interessado, resume o conteúdo do procedimento e formula uma proposta de decisão, sintetizando as razões de facto e de direito que a justificam.

SECÇÃO IV
Da decisão e outras causas de extinção

ARTIGO 106.º
Causas de extinção

O procedimento extingue-se pela tomada da decisão final, bem como por qualquer dos outros factos previstos nesta secção.

ARTIGO 107.º
Decisão final expressa

Na decisão final expressa, o órgão competente deve resolver todas as questões pertinentes suscitadas durante o procedimento e que não hajam sido decididas em momento anterior.

ARTIGO 108.º
Deferimento tácito

1 – Quando a prática de um acto administrativo ou o exercício de um direito por um particular dependam de aprovação ou autorização de um órgão administrativo, consideram-se estas concedidas, salvo disposição em contrário, se a decisão não for proferida no prazo estabelecido por lei.

2 – Quando a lei não fixar prazo especial, o prazo de produção do deferimento tácito será de 90 dias a contar da formulação do pedido ou da apresentação do processo para esse efeito.

3 – Para os efeitos do disposto neste artigo, consideram-se dependentes de aprovação ou autorização de órgão administrativo, para além daqueles relativamente aos quais leis especiais prevejam o deferimento tácito, os casos de:

a) Licenciamento de obras particulares;
b) Alvarás de loteamento;
c) Autorizações de trabalho concedidas a estrangeiros;
d) Autorizações de investimento estrangeiro;
e) Autorização para laboração contínua;
f) Autorização de trabalho por turnos;
g) Acumulação de funções públicas e privadas.

4 – Para o cômputo dos prazos previstos nos n.ᵒˢ 1 e 2 considera-se que os mesmos se suspendem sempre que o procedimento estiver parado por motivo imputável ao particular.

ARTIGO 109.º
Indeferimento tácito

1 – Sem prejuízo do disposto no artigo anterior, a falta, no prazo fixado para a sua emissão, de decisão final sobre a pretensão dirigida a órgão administrativo competente confere ao interessado, salvo disposição em contrário, a faculdade de presumir indeferida essa pretensão, para poder exercer o respectivo meio legal de impugnação.

2 – O prazo a que se refere o número anterior é, salvo o disposto em lei especial, de 90 dias.

3 – Os prazos referidos no número anterior contam-se, na falta de disposição especial:

   a) Da data de entrada do requerimento ou petição no serviço competente, quanto a lei não imponha formalidades especiais para a fase preparatória da decisão:
   b) Do termo do prazo fixado na lei para a conclusão daquelas formalidades ou, na falta de fixação, do termo dos três meses seguintes à apresentação da pretensão;
   c) Da data do conhecimento da conclusão das mesmas formalidades, se essa for anterior ao termo do prazo aplicável de acordo com a alínea anterior.

ARTIGO 110.º
Desistência e renúncia

1 – Os interessados podem, mediante requerimento escrito, desistir do procedimento ou de alguns dos pedidos formulados, bem como renunciar aos seus direitos ou interesses legalmente protegidos, salvo nos casos previstos na lei.

2 – A desistência ou renúncia dos interessados não prejudica a continuação do procedimento se a Administração entender que o interesse público assim o exige.

ARTIGO 111.º
Deserção

1 – Será declarado deserto o procedimento que, por causa imputável ao interessado, esteja parado por mais de seis meses, salvo se houver interesse público na decisão do procedimento.

2 – A deserção não extingue o direito que o particular pretendia fazer valer.

ARTIGO 112.º
Impossibilidade ou inutilidade superveniente

1 – O procedimento extingue-se quando o órgão competente para a decisão verificar que a finalidade a que ele se destinava ou o objecto da decisão se tornaram impossíveis ou inúteis.

2 – A declaração da extinção a que se refere o número anterior é sempre fundamentada, dela cabendo recurso contencioso nos termos gerais.

ARTIGO 113.º
Falta de pagamento de taxas ou despesas

1 – O procedimento extingue-se pela falta de pagamento, no prazo devido, de quaisquer taxas ou despesas de que a lei faça depender a realização dos actos procedimentais, salvo os casos previstos no n.º 2 do artigo 11.º.

2 – Os interessados podem obstar à extinção do procedimento se realizarem o pagamento em dobro da quantia em falta nos 10 dias seguintes ao termo do prazo fixado para o seu pagamento.

PARTE IV
Da actividade administrativa

ARTIGO 114.º
Âmbito de aplicação

As disposições do presente capítulo aplicam-se a todos os regulamentos da Administração Pública.

ARTIGO 115.º
Petições

1 – Os interessados podem apresentar aos órgãos competentes petições em que solicitem a elaboração, modificação ou revogação de regulamentos, as quais devem ser fundamentadas, sem o que a Administração não tomará conhecimento delas.

2 – O órgão com competência regulamentar informará os interessados do destino dado às petições formuladas ao abrigo do n.º 1, bem como dos fundamentos da posição que tomar em relação a elas.

ARTIGO 116.º
Projecto de regulamento

Todo o projecto de regulamento é acompanhado de uma nota justificativa fundamentada.

ARTIGO 117.º
Audiência dos interessados

1 – Tratando-se de regulamento que imponha deveres, sujeições ou encargos, e quando a isso se não oponham razões de interesse público, as quais serão sempre fundamentadas, o órgão com competência regulamentar deve ouvir, em regra, sobre o respectivo projecto, nos termos definidos em legislação própria, as entidades representativas dos interesses afectados, caso existam.

2 – No preâmbulo do regulamento far-se-á menção das entidades ouvidas.

ARTIGO 118.º
Apreciação pública

1 – Sem prejuízo do disposto no artigo anterior e quando a natureza da matéria o permita, o órgão competente deve, em regra, nos termos a definir na legislação referida no artigo anterior, submeter a apreciação Pública, para recolha de sugestões, o projecto de regulamento, o qual será, para o efeito, publicado na 2ª série do Diário da República ou no jornal oficial da entidade em causa.

2 – Os interessados devem dirigir por escrito as suas sugestões ao órgão com competência regulamentar, dentro do prazo de 30 dias contados da data da publicação do projecto de regulamento.

3 – No preâmbulo do regulamento dar-se-á menção de que o respectivo projecto foi objecto de apreciação pública, quando tenha sido o caso.

ARTIGO 119.º
Regulamentos de execução e revogatórios

1 – Os regulamentos necessários à execução das leis em vigor não podem ser objecto de revogação global sem que a matéria seja simultaneamente objecto de nova regulamentação.

2 – Nos regulamentos far-se-á sempre menção especificada das normas revogadas.

CAPÍTULO II
Do acto administrativo

SECÇÃO I
Da validade do acto administrativo

ARTIGO 120.º
Conceito de acto administrativo

Para os efeitos da presente lei, consideram-se actos administrativos as decisões dos órgãos da Administração que ao abrigo de normas de direito público visem produzir efeitos jurídicos numa situação individual e concreta.

ARTIGO 121.º
Condição, termo ou modo

Os actos administrativos podem ser sujeitos a condição, termo ou modo, desde que estes não sejam contrários à lei ou ao fim a que o acto se destina.

ARTIGO 122.º
Forma dos actos

1 – Os actos administrativos devem ser praticados por escrito, desde que outra forma não seja prevista por lei ou imposta pela natureza e circunstâncias do acto.

2 – A forma escrita só é obrigatória para os actos dos órgãos colegiais quando a lei expressamente a determinar, mas esses actos devem ser sempre consignados em acta, sem o que não produzirão efeitos.

ARTIGO 123.º
Menções obrigatórias

1 – Sem prejuízo de outras referências especialmente exigidas por lei, devem sempre constar do acto:

   a) A indicação da autoridade que o praticou e a menção da delegação ou subdelegação de poderes, quando exista;
   b) A identificação adequada do destinatário ou destinatários;
   c) A enunciação dos factos ou actos que lhe deram origem, quando relevantes;
   d) A fundamentação, quando exigível;
   e) O conteúdo ou o sentido da decisão e o respectivo objecto;
   f) A data em que é praticada;
   g) A assinatura do autor do acto ou do presidente do órgão colegial de que emane.

2 – Todas as menções exigidas pelo número anterior devem ser enunciadas de forma clara, precisa e completa, de modo a poderem determinar-se inequivocamente o seu sentido e alcance e os efeitos jurídicos do acto administrativo.

ARTIGO 124.º
Dever de fundamentação

1 – Para além dos casos em que a lei especialmente o exija, devem ser fundamentados os actos administrativos que, total ou parcialmente:

a) Neguem, extingam, restrinjam ou afectem por qualquer modo direitos ou interesses legalmente protegidos, ou imponham ou agravem deveres, encargos ou sanções;
b) Decidam reclamação ou recurso;
c) Decidam em contrário de pretensão ou oposição formulada por interessado, ou de parecer, informação ou proposta oficial;
d) Decidam de modo diferente da prática habitualmente seguida na resolução de casos semelhantes, ou na interpretação e aplicação dos mesmos princípios ou preceitos legais;
e) Impliquem revogação, modificação ou suspensão de acto administrativo anterior.

2 – Salvo disposição da lei em contrário, não carecem de ser fundamentados os actos de homologação de deliberações tomadas por júris, bem como as ordens dadas pelos superiores hierárquicos aos seus subalternos em matéria de serviço e com a forma legal.

ARTIGO 125.º
Requisitos da fundamentação

1 – A fundamentação deve ser expressa, através de sucinta exposição dos fundamentos de facto e de direito da decisão, podendo consistir em mera declaração de concordância com os fundamentos de anteriores pareceres, informações ou propostas, que constituirão neste caso parte integrante do respectivo acto.

2 – Equivale à falta de fundamentação a adopção de fundamentos que, por obscuridade, contradição ou insuficiência, não esclareçam concretamente a motivação do acto.

3 – Na resolução de assuntos da mesma natureza, pode utilizar-se qualquer meio mecânico que reproduza os fundamentos das decisões, desde que tal não envolva diminuição das garantias dos interessados.

ARTIGO 126.º
Fundamentação de actos orais

1 – A fundamentação dos actos orais abrangidos pelo n.º 1 do artigo 124.º que não constem de acta deve, a requerimento dos interessados, e para efeitos de impugnação, ser reduzida a escrito e comunicada integralmente àqueles, no prazo de 10 dias, através da expedição de ofício sob registo do correio ou de entrega de notificação pessoal, a cumprir no mesmo prazo.

2 – O não exercício, pelos interessados, da faculdade conferida pelo número anterior não prejudica os efeitos da eventual falta de fundamentação do acto.

SECÇÃO II
Da eficácia do acto administrativo

ARTIGO 127.º
Regra geral

1 – O acto administrativo produz os seus efeitos desde a data em que for praticado, salvo nos casos em que a lei ou o próprio acto lhe atribuam eficácia retroactiva ou diferida.

2 – Para efeitos do disposto no número anterior, o acto considera-se praticado logo que estejam preenchidos os seus elementos, não obstando à perfeição do acto, para esse fim, qualquer motivo determinante de anulabilidade.

ARTIGO 128.º
Eficácia retroactiva

1 – Têm eficácia retroactiva os actos administrativos:
a) Que se limitem a interpretar actos anteriores;
b) Que dêem execução a decisões dos tribunais, anulatórias de actos administrativos, salvo tratando-se de actos renováveis;
c) A que a lei atribua efeito retroactivo.

2 – Fora dos casos abrangidos pelo número anterior, o autor do acto administrativo só pode atribuir-lhe eficácia retroactiva:
a) Quando a retroactividade seja favorável para os interessados e não lese direitos ou interesses legalmente protegidos de terceiros,

desde que à data a que se pretende fazer remontar a eficácia do acto já existissem os pressupostos justificativos da retroactividade;
b) Quando estejam em causa decisões revogatórias de actos administrativos tomadas por órgãos ou agentes que os praticaram, na sequência de reclamação ou recurso hierárquico;
c) Quando a lei o permitir.

ARTIGO 129.º
Eficácia diferida

O acto administrativo tem eficácia diferida:
a) Quando estiver sujeito a aprovação ou a referendo;
b) Quando os seus efeitos ficarem dependentes de condição ou termo suspensivos;
c) Quando os seus efeitos, pela natureza do acto ou por disposicdio legal, dependerem da verificação de qualquer requisito que não respeite a validade do próprio acto.

ARTIGO 130.º
Publicidade obrigatória

1 – A publicidade dos actos administrativos só e obrigatória quando exigida por lei.

2 – A falta de publicidade do acto, quando legalmente exigida, implica a sua ineficácia.

ARTIGO 131.º
Termos da publicação obrigatória

Quando a lei impuser a publicação do acto mas não regular os respectivos termos, deve a mesma ser feita no Diário de República, ou na Publicação oficial adequada a nível regional ou local, no prazo de 30 dias, e conter todos os elementos referidos no n.º 2 do artigo 123.º.

ARTIGO 132.º
Eficácia dos actos constitutivos de deveres ou encargos

1 – Os actos que constituam deveres ou encargos para os particulares e não estejam sujeitos a publicação começam a produzir efeitos a

partir da sua notificação aos destinatários, ou de outra forma de conhecimento oficial pelos mesmos, ou do começo de execução do acto.

2 – Presume-se o conhecimento oficial sempre que o interessado intervenha no procedimento administrativo e aí revele conhecer o conteúdo do acto.

3 – Para os fins do n.º 1, só se considera começo de execução o início da produção de quaisquer efeitos que atinjam os destinatários.

SECÇÃO III
Da invalidade do acto administrativo

ARTIGO 133.º
Actos nulos

1 – São nulos os actos a que falte qualquer dos elementos essenciais ou para os quais a lei comine expressamente essa forma de invalidade.

2 – São, designadamente, actos nulos:
a) Os actos viciados de usurpação de poder;
b) Os actos estranhos as atribuições dos ministérios ou das pessoas colectivas referidas no artigo 2.º em que o seu autor se integre;
c) Os actos cujo objecto seja impossível, ininteligível ou constitua um crime;
d) Os actos que ofendam o conteúdo essencial de um direito fundamental;
e) Os actos praticados sob coacção;
f) Os actos que careçam em absoluto de forma legal;
g) As deliberações de órgãos colegiais que forem tomadas tumultuosamente ou com inobservância do quórum ou da maioria legalmente exigidos;
h) Os actos que ofendam os casos julgados;
i) Os actos consequentes de actos administrativos anteriormente anulados ou revogados, desde que não haja contra-interessados com interesse legitimo na manutenção do acto consequente.

ARTIGO 134.º
Regime da nulidade

1 – O acto nulo não produz quaisquer efeitos jurídicos, independentemente da declaração de nulidade.

2 – A nulidade é invocável a todo o tempo por qualquer interessado e pode ser declarada, também a todo o tempo, por qualquer órgão administrativo ou por qualquer tribunal.

3 – O disposto nos números anteriores não prejudica a possibilidade de atribuição de certos efeitos jurídicos a situações de facto decorrentes de actos nulos, por força do simples decurso do tempo, de harmonia com os princípios gerais de direito.

ARTIGO 135.º
Actos anuláveis

São anuláveis os actos administrativos praticados com ofensa dos princípios ou normas jurídicas aplicáveis para cuja violação se não preveja outra sanção.

ARTIGO 136.º
Regime da anulabilidade

1 – O acto administrativo anulável pode ser revogado nos termos previstos no artigo 141.º.

2 – O acto anulável e susceptível de impugnação perante os tribunais nos termos da legislação reguladora do contencioso administrativo.

ARTIGO 137.º
Ratificação, reforma e conversão

1 – Não são susceptíveis de ratificação, reforma e conversão os actos nulos ou inexistentes.

2 – São aplicáveis à ratificação, reforma e conversão dos actos administrativos anuláveis as normas que regulam a competência para a revogação dos actos inválidos e a sua tempestividade.

3 – Em caso de incompetência, o poder de ratificar o acto cabe ao órgão competente para a sua prática.

4 – Desde que não tenha havido alteração ao regime legal, a ratificação, reforma e conversão retroagem os seus efeitos à data dos actos a que respeitam.

SECÇÃO IV
Da revogação do acto administrativo

ARTIGO 138.º
Iniciativa da revogação

Os actos administrativos podem ser revogados por iniciativa dos órgãos competentes, ou a pedido dos interessados, mediante reclamação ou recurso administrativo.

ARTIGO 139.º
Actos insusceptíveis de revogação

1 – Não são susceptíveis de revogação:
a) Os actos nulos ou inexistentes;
b) Os actos anulados contenciosamente;
c) Os actos revogados com eficácia retroactiva.

2 – Os actos cujos efeitos tenham caducado ou se encontrem esgotados podem ser objecto de revogação com eficácia retroactiva.

ARTIGO 140.º
Revogabilidade dos actos válidos

1 – Os actos administrativos que sejam válidos são livremente revogáveis excepto nos casos seguintes:
a) Quando a sua irrevogabilidade resultar de vinculação legal;
b) Quando forem constitutivos de direitos ou de interesses legalmente protegidos;
c) Quando deles resultem, para a Administração, obrigações legais ou direitos irrenunciáveis.

2 – Os actos constitutivos de direitos ou interesses legalmente protegidos são, contudo, revogáveis:
a) Na parte em que sejam desfavoráveis aos interesses dos seus destinatários;
b) Quando todos os interessados dêem a sua concordância à revogação do acto e não se trate de direitos ou interesses indisponíveis.

ARTIGO 141.º
Revogabilidade dos actos inválidos

1 – Os actos administrativos que sejam inválidos só podem ser revogados com fundamento na sua invalidade e dentro do prazo do respectivo recurso contencioso ou até à resposta da entidade recorrida.

2 – Se houver prazos diferentes para o recurso contencioso, atender-se-á ao que terminar em último lugar.

ARTIGO 142.º
Competência para a revogação

1 – Salvo disposição especial, são competentes para a revogação dos actos administrativos, além dos seus autores, os respectivos superiores hierárquicos, desde que não se trate de acto da competência exclusiva do subalterno.

2 – Os actos administrativos praticados por delegação ou subdelegação de poderes podem ser revogados pelo órgão delegante ou subdelegante, bem como pelo delegado ou subdelegado enquanto vigorar a delegação ou subdelegação.

3 – Os actos administrativos praticados por órgãos sujeitos a tutela administrativa só podem ser revogados pelos órgãos tutelares nos casos expressamente permitidos por lei.

ARTIGO 143.º
Forma dos actos de revogação

1 – O acto de revogação, salvo disposição especial, deve revestir a forma legalmente prescrita para o acto revogado.

2 – No entanto, deve o acto de revogação revestir a mesma forma que tiver sido utilizada na prática do acto revogado quando a lei não estabelecer forma alguma para este, ou quando o acto revogado tiver revestido forma mais solene do que a legalmente prevista.

ARTIGO 144.º
Formalidades a observar na revogação

São de observar na revogação dos actos administrativos as formalidades exigidas para a prática do acto revogado, salvo nos casos em que a lei dispuser de forma diferente.

ARTIGO 145.º
Eficácia da revogação

1 – A revogação dos actos administrativos apenas produz efeitos para o futuro, salvo o disposto nos números seguintes.

2 – A revogação tem efeito retroactivo, quando se fundamente na invalidade do acto revogado.

3 – O autor da revogação pode, no próprio acto, atribuir-lhe efeito retroactivo:
   a) Quando este seja favorável aos interessados;
   b) Quando os interessados tenham concordado expressamente com a retroactividade dos efeitos e estes não respeitem a direitos ou interesses indisponíveis.

ARTIGO 146.º
Efeitos repristinatórios da revogação

A revogação de um acto revogatório só produz efeitos repristinatórios se a lei ou o acto de revogação assim expressamente o determinarem.

ARTIGO 147.º
Alteração e substituição dos actos administrativos

Na falta de disposição especial, são aplicáveis à alteração e substituição dos actos administrativos as normas reguladoras da revogação.

ARTIGO 148.º
Rectificação dos actos administrativos

1 – Os erros de cálculo e os erros materiais na expressão da vontade do órgão administrativo, quando manifestos, podem ser rectificados, a todo o tempo, pelos órgãos competentes para a revogação do acto.

2 – A rectificação pode ter lugar oficiosamente ou a pedido dos interessados, tem efeitos retroactivos e deve ser feita sob a forma e com a publicidade usados para a prática do acto rectificado.

SECÇÃO V
Da execução do acto administrativo

ARTIGO 149.º
Executoriedade

1 – Os actos administrativos são executórios logo que eficazes.

2 – O cumprimento das obrigações e o respeito pelas limitações que derivam de um acto administrativo podem ser impostos coercivamente pela Administração sem recurso prévio aos tribunais, desde que a imposição seja feita pelas formas e nos termos previstos no presente Código ou admitidos por lei.

3 – O cumprimento das obrigações pecuniárias resultantes de actos administrativos pode ser exigido pela Administração nos termos do artigo 155.º.

ARTIGO 150.º
Actos não executórios

1 – Não são executórios:
a) Os actos cuja eficácia esteja suspensa;
b) Os actos de que tenha sido interposto recurso com efeito suspensivo;
c) Os actos sujeitos a aprovação
d) Os actos confirmativos de actos executórios.

2 – A eficácia dos actos administrativos pode ser suspensa pelos órgãos competentes para a sua revogação e pelos órgãos tutelares a quem a lei conceda esse poder, bem como pelos tribunais administrativos nos termos da legislação do contencioso administrativo.

ARTIGO 151.º
Legalidade da execução

1 – Salvo em estado de necessidade, os órgãos da Administração Pública não podem praticar nenhum acto ou operação material de que resulte limitação de direitos subjectivos ou interesses legalmente protegidos dos particulares, sem terem praticado previamente o acto administrativo que legitime tal actuação.

2 – Na execução dos actos administrativos devem, na medida do possível, ser utilizados os meios que, garantindo a realização integral dos seus objectivos, envolvam menor prejuízo para os direitos e interesses dos particulares.

3 – Os interessados podem impugnar administrativa e contenciosamente os actos ou operações de execução que excedam os limites do acto exequendo.

4 – São também susceptíveis de impugnação contenciosa os actos e operações de execução arguidos de ilegalidade, desde que esta não seja consequência da ilegalidade do acto exequendo.

ARTIGO 152.º
Notificação da execução

1 – A decisão de proceder à execução administrativa é sempre notificada ao seu destinatário antes de se iniciar a execução.

2 – O órgão administrativo pode fazer a notificação da execução conjuntamente com a notificação do acto definitivo e executório.

ARTIGO 153.º
Proibição de embargos

Não são admitidos embargos, administrativos ou judiciais, em relação à execução coerciva dos actos administrativos, sem prejuízo do disposto na lei em matéria de suspensão da eficácia dos actos.

ARTIGO 154.º
Fins da execução

A execução pode ter por fim o pagamento de quantia certa, a entrega de coisa certa ou a prestação de um facto.

ARTIGO 155.º
Execução para pagamento de quantia certa

1 – Quando, por força de um acto administrativo, devam ser pagas a uma pessoa colectiva pública, ou por ordem desta, prestações pecuniárias, seguir-se-á, na falta de pagamento voluntário no prazo fixado, o processo de execução fiscal regulado no Código de Processo Tributário.

2 – Para o efeito, o órgão administrativo competente emitirá nos termos legais uma certidão, com valor de título executivo, que remeterá, juntamente com o processo administrativo, à repartição de finanças do domicílio ou sede do devedor.

3 – Seguir-se-á o processo indicado no n.º 1 quando, na execução de actos fundíveis, estes forem realizados por pessoa diversa do obrigado.

4 – No caso previsto no número anterior, a Administração optará por realizar directamente os actos de execução ou por encarregar terceiro de os praticar, ficando todas as despesas, incluindo indemnizações e sanções pecuniárias, por conta do obrigado.

ARTIGO 156.º
Execução para entrega de coisa certa

Se o obrigado não fizer a entrega da coisa que a Administração deveria receber, o órgão competente procederá às diligências que forem necessárias para tomar posse administrativa da coisa devida.

ARTIGO 157.º
Execução para prestação de facto

1 – No caso de execução para prestação de facto fungível, a Administração notifica o obrigado para que proceda à prática do acto devido, fixando um prazo razoável para o seu cumprimento.

2 – Se o obrigado não cumprir dentro do prazo fixado, a Administração optará por realizar a execução directamente ou por intermédio de terceiro, ficando neste caso todas as despesas, incluindo indemnizações e sanções pecuniárias, por conta do obrigado.

3 – As obrigações positivas de prestação de facto infungível só podem ser objecto de coacção directa sobre os indivíduos obrigados nos casos expressamente previstos na lei, e sempre com observância dos direitos fundamentais consagrados na Constituição e do respeito devido à pessoa humana.

SECÇÃO VI
Da reclamação e dos recursos administrativos

SUBSECÇÃO I
Generalidades

ARTIGO 158.º
Princípio geral

1 – Os particulares têm direito de solicitar a revogação ou a modificação dos actos administrativos, nos termos regulados neste Código.

2 – O direito reconhecido no número anterior pode ser exercido consoante os casos:

a) Mediante reclamação para o autor do acto;
b) Mediante recurso para o superior hierárquico do autor do acto, para o órgão colegial de que este seja membro, ou para o delegante ou subdelegante;
c) Mediante recurso para o órgão que exerça poderes de tutela ou de superintendência sobre o autor do acto.

ARTIGO 159.º
Fundamentos da impugnação

Salvo disposição em contrário, as reclamações e os recursos podem ter por fundamento a ilegalidade ou a inconveniência do acto administrativo impugnado.

ARTIGO 160.º
Legitimidade

1 – Têm legitimidade para reclamar ou recorrer os titulares de direitos subjectivos ou interesses legalmente protegidos que se considerem lesados pelo acto administrativo.

2 – É aplicável à reclamação e aos recursos administrativos o disposto nos n.ᵒˢ 2 a 4 do artigo 53.º.

SUBSECÇÃO II
Da reclamação

ARTIGO 161.º
Princípio geral

1 – Pode reclamar-se de qualquer acto administrativo, salvo disposição legal em contrário.

2 – Não é possível reclamar de acto que decida anterior reclamação ou recurso administrativo, salvo com fundamento em omissão de pronúncia.

ARTIGO 162.º
Prazo da reclamação

A reclamação deve ser apresentada no prazo de 15 dias dias a contar:
a) Da publicação do acto no Diário da República ou em qualquer outro periódico oficial, quando a mesma seja obrigatória:
b) Da notificação do acto, quando esta se tenha efectuado, se a publicação não for obrigatória;
c) Da data em que o interessado tiver conhecimento do acto, nos restantes casos.

ARTIGO 163.º
Efeitos da reclamação

1 – A reclamação de acto de que não caiba recurso contencioso tem efeito suspensivo, salvo nos casos em que a lei disponha em contrário ou quando o autor do acto considere que a sua não execução imediata causa grave prejuízo ao interesse público.

2 – A reclamação de acto de que caiba recurso contencioso não tem efeito suspensivo, salvo nos casos em que a lei disponha em contrário ou quando o autor do acto, oficiosamente ou a pedido dos interessados, considere que a execução imediata do acto cause prejuízos irreparáveis ou de difícil reparação ao seu destinatário.

3 – A suspensão da execução a pedido dos interessados deve ser requerida à entidade competente para decidir no prazo de cinco dias a contar da data em que o processo lhe for apresentado.

4 – Na apreciação do pedido verificar-se-á se as provas revelam uma probabilidade séria de veracidade dos factos alegados pelos interessados, devendo decretar-se, em caso afirmativo, a suspensão da eficácia.

5 – O disposto nos números anteriores não prejudica o pedido de suspensão de eficácia perante os tribunais administrativos, nos termos da legislação aplicável.

ARTIGO 164.º
Prazos de recurso

1 – A reclamação de actos insusceptíveis de recurso contencioso suspende o prazo de interposição do recurso hierárquico necessário.

2 – A reclamação dos demais actos não suspende nem interrompe o prazo de interposição do recurso que no caso couber.

ARTIGO 165.º
Prazo para decisão

O prazo para o órgão competente apreciar e decidir a reclamação é de 30 dias.

SUBSECÇÃO III
Do recurso hierárquico

ARTIGO 166.º
Objecto

Podem ser objecto de recurso hierárquico todos os actos administrativos praticados por órgãos sujeitos aos poderes hierárquicos de outros órgãos, desde que a lei não exclua tal possibilidade.

ARTIGO 167.º
Espécies e âmbito

1 – O recurso hierárquico é necessário ou facultativo, consoante o acto a impugnar seja ou não insusceptível de recurso contencioso.

2 – Ainda que o acto de que se interpõe recurso hierárquico seja susceptível de recurso contencioso, tanto a ilegalidade como a inconveniência do acto podem ser apreciados naquele.

ARTIGO 168.º
Prazos de interposição

1 – Sempre que a lei não estabeleça prazo diferente, é de 30 dias o prazo para a interposição do recurso hierárquico necessário.

2 – O recurso hierárquico facultativo deve ser interposto dentro do prazo estabelecido para interposição de recurso contencioso do acto em causa.

ARTIGO 169.º
Interposição

1 – O recurso hierárquico interpõe-se por meio de requerimento no qual o recorrente deve expor todos os fundamentos do recurso, podendo juntar os documentos que considere convenientes.

2 – O recurso é dirigido ao mais elevado superior hierárquico do autor do acto, salvo se a competência para a decisão se encontrar delegada ou subdelegada.

3 – O requerimento de interposição do recurso pode ser apresentado ao autor do acto ou à autoridade a quem seja dirigido.

ARTIGO 170.º
Efeitos

1 – O recurso hierárquico necessário suspende a eficácia do acto recorrido, salvo quando a lei disponha em contrário ou quando o autor do acto considere que a sua não execução imediata causa grave prejuízo ao interesse público.

2 – O órgão competente para apreciar o recurso pode revogar a decisão a que se refere o número anterior, ou tomá-la quando o autor do acto o não tenha feito.

3 – O recurso hierárquico facultativo não suspende a eficácia do acto recorrido.

ARTIGO 171.º
Notificação dos contra-interessados

Interposto o recurso, o órgão competente para dele conhecer deve notificar aqueles que possam ser prejudicados pela sua procedência para alegarem, no prazo de 15 dias, o que tiverem por conveniente sobre o pedido e os seus fundamentos.

ARTIGO 172.º
Intervenção do órgão recorrido

1 – No mesmo prazo referido no artigo anterior deve também o autor do acto recorrido pronunciar-se sobre o recurso e remetê-lo ao órgão competente para dele conhecer, notificando o recorrente da remessa do processo.

2 – Quando os contra-interessados não hajam deduzido oposição e os elementos constantes do processo demonstrem suficientemente a procedência do recurso, pode o autor do acto recorrido revogar, modificar ou substituir o acto de acordo com o pedido do recorrente, informando da sua decisão o órgão competente para conhecer do recurso.

ARTIGO 173.º
Rejeição do recurso

O recurso deve ser rejeitado nos casos seguintes:

a) Quando haja sido interposto para órgão incompetente;
b) Quando o acto impugnado não seja susceptível de recurso;
c) Quando o recorrente careça de legitimidade;
d) Quando o recurso haja sido interposto fora de prazo;
e) Quando ocorra qualquer outra causa que obste ao conhecimento do recurso.

ARTIGO 174.º
Decisão

1 – O órgão competente para conhecer do recurso pode, sem sujeição ao pedido do recorrente, salvas as excepções previstas na lei, confirmar ou revogar o acto recorrido; se a competência do autor do acto recorrido não for exclusiva, pode também modificá-lo ou substituí-lo.

2 – O órgão competente para decidir o recurso pode, se for caso disso, anular, no todo ou em parte, o procedimento administrativo e determinar a realização de nova instrução ou de diligências complementares.

ARTIGO 175.º
Prazo para a decisão

1 – Quando a lei não fixe prazo diferente, o recurso hierárquico deve ser decidido no prazo de 30 dias contado a partir da remessa do processo ao órgão competente para dele conhecer.

2 – O prazo referido no número anterior é elevado até ao máximo de 90 dias quando haja lugar à realização de nova instrução ou de diligências complementares.

3 – Decorridos os prazos referidos nos números anteriores sem que haja sido tomada uma decisão, considera-se o recurso tacitamente indeferido.

SUBSECÇÃO IV
Do recurso hierárquico impróprio e do recurso tutelar

ARTIGO 176.º
Recurso hierárquico impróprio

1 – Considera-se impróprio o recurso hierárquico interposto para um órgão que exerça poder de supervisão sobre outro órgão da mesma pessoa colectiva, fora do âmbito da hierarquia administrativa.

2 – Nos casos expressamente previstos por lei, também cabe recurso hierárquico impróprio para os órgãos colegiais em relação aos actos administrativos praticados por qualquer dos seus membros.

3 – São aplicáveis ao recurso hierárquico impróprio, com as necessárias adaptações, as disposições reguladoras do recurso hierárquico.

ARTIGO 177.º
Recurso tutelar

1 – O recurso tutelar tem por objecto actos administrativos praticados por órgãos de pessoas colectivas públicas sujeitas a tutela ou superintendência.

2 – O recurso tutelar só existe nos casos expressamente previstos por lei e tem, salvo disposição em contrário, carácter facultativo.

3 – O recurso tutelar só pode ter por fundamento a inconveniência do acto recorrido nos casos em que a lei estabeleça uma tutela de mérito.

4 – A modificação ou substituição do acto recorrido só e possível se a lei conferir poderes de tutela substitutiva e no âmbito destes.

5 – Ao recurso tutelar são aplicáveis as disposições reguladoras do recurso hierárquico, na parte em que não contrariem a natureza própria daquele e o respeito devido à autonomia da entidade tutelada.

CAPÍTULO III
Do contrato administrativo

ARTIGO 178.º
Conceito de contrato administrativo

1 – Diz-se contrato administrativo o acordo de vontades pelo qual é constituída, modificada ou extinta uma relação jurídica administrativa.

2 – São contratos administrativos, designadamente, os contratos de:

a) Empreitada de obras públicas;
b) Concessão de obras públicas;
c) Concessão de serviços públicos;
d) Concessão de exploração do domínio público;
e) Concessão de uso privativo do domínio público;
f) Concessão de exploração de jogos de fortuna ou azar;
g) Fornecimento contínuo;
h) Prestação de serviços para fins de imediata utilidade pública.

ARTIGO 179.º
Utilização do contrato administrativo

1 – Os órgãos administrativos, na prossecução das atribuições da pessoa colectiva em que se integram, podem celebrar contratos administrativos, salvo se outra coisa resultar da lei ou da natureza das relações a estabelecer.

2 – O órgão administrativo não pode exigir prestações contratuais desproporcionadas ou que não tenham uma relação directa com o objecto do contrato.

ARTIGO 180.º
Poderes da Administração

Salvo quando outra coisa resultar da lei ou da natureza do contrato, a Administração Pública pode:
  a) Modificar unilateralmente o conteúdo das prestações, desde que seja respeitado o objecto do contrato e o seu equilíbrio financeiro;
  b) Dirigir o modo de execução das prestações;
  c) Rescindir unilateralmente os contratos por imperativo de interesse público devidamente fundamentado, sem prejuízo do pagamento de justa indemnização;
  d) Fiscalizar o modo de execução do contrato;
  e) Aplicar as sanções previstas para a inexecução do contrato.

ARTIGO 181.º
Formação do contrato

São aplicáveis à formação dos contratos administrativos, com as necessárias adaptações, as disposições deste Código relativas ao procedimento administrativo.

ARTIGO 182.º
Escolha do co-contratante

1 – Salvo o disposto em legislação especial, nos contratos que visem associar um particular ao desempenho regular de atribuições administrativas o co-contratante deve ser escolhido por uma das seguintes formas:
  a) Concurso público;
  b) Concurso limitado por prévia qualificação;
  c) Concurso limitado sem apresentação de candidaturas;
  d) Negociação, com ou sem publicação prévia de anúncio;
  e) Ajuste directo.

2 – Ao concurso público são admitidas todas as entidades que satisfaçam os requisitos gerais estabelecidos por lei.

3 – Ao concurso limitado por prévia qualificação somente podem ser admitidas as entidades seleccionadas pelo órgão administrativo adjudicante.

4 – Ao concurso limitado sem apresentação de candidaturas apenas serão admitidas as entidades convidadas, sendo o convite feito de acordo com o conhecimento e a experiência que o órgão administrativo adjudicante tenha daquelas entidades.

5 – Os procedimentos por negociação implicam a negociação do conteúdo do contrato com um ou vários interessados.

6 – O ajuste directo dispensa quaisquer consultas.

ARTIGO 183.º
Obrigatoriedade de concurso público

Com ressalva do disposto nas normas que regulam a realização de despesas públicas ou em legislação especial, os contratos administrativos devem ser precedidos de concurso público.

ARTIGO 184.º
Forma dos contratos

Os contratos administrativos são sempre celebrados por escrito, salvo se a lei estabelecer outra forma.

ARTIGO 185.º
Regime de invalidade dos contratos

1 – Os contratos administrativos são nulos ou anuláveis, nos termos do presente Código, quando forem nulos ou anuláveis os actos administrativos de que haja dependido a sua celebração.

2 – São aplicáveis a todos os contratos administrativos as disposições do Código Civil relativas à falta e vícios da vontade.

3 – Sem prejuízo do disposto no n.º 1, à invalidade dos contratos administrativos aplicam-se os regimes seguintes:

    a) Quanto aos contratos administrativos com objecto passível de acto administrativo, o regime de invalidade do acto administrativo estabelecido no presente Código;

    b) Quanto aos contratos administrativos com objecto passível de contrato de direito privado, o regime de invalidade do negócio jurídico previsto no Código Civil.

ARTIGO 186.º
Actos opinativos

1 – Os actos administrativos que interpretem cláusulas contratuais ou que se pronunciem sobre a respectiva validade não são definitivos e executórios, pelo que na falta de acordo do co-contratante a Administração só pode obter os efeitos pretendidos através de acção a propor no tribunal competente.

2 – O disposto no número anterior não prejudica a aplicação das disposições gerais da lei civil relativas aos contratos bilaterais, a menos que tais preceitos tenham sido afastados por vontade expressa dos contratantes.

ARTIGO 187.º
Execução forçada das prestações

Salvo disposição legal em contrário, a execução forçada das prestações contratuais em falta só pode ser obtida através dos tribunais administrativos.

ARTIGO 188.º
Cláusula compromissória

É válida a cláusula pela qual se disponha que devem ser decididas por árbitros as questões que venham a suscitar-se entre as partes num contrato administrativo.

ARTIGO 189.º
Legislação subsidiária

Em tudo quanto não estiver expressamente regulado no presente Código são aplicáveis aos contratos administrativos os princípios gerais de direito administrativo e, com as necessárias adaptações, as disposições legais que regulam as despesas públicas e as normas que regulem formas específicas de contratação pública.

ÍNDICE

Introdução 5

I

A) Estatuto do Aluno do Ensino Básico e Secundário
Lei n.º 3/2008, de 18 de Janeiro 9

Estatuto do Aluno do Ensino Básico e Secundário
(Lei 30/2002, de 20 de Dezembro, com as alterações introduzidas pela Lei n.º 3/2008, de 18 de Janeiro) 13

B) Formulário 63

II

A) O poder paternal e a figura do encarregado de educação no sistema educativo português 81

B) Jurisprudência 99

III

Legislação Complementar 115

Convenção dos Direitos da Criança 117

Lei de Bases do Sistema Educativo
(Lei 46/86, de 14 de Outubro) 143

Regime de Autonomia, Administração e Gestão dos Estabelecimentos Públicos de Educação Pré-Escolar e dos Ensinos Básico e Secundário
(Dec.-Lei 115-A/98, de 4 de Maio, alterado pela Lei 24/99, de 22 de Setembro) 181

Estruturas de Orientação Educativa
(Decreto Regulamentar n.º 10/99, de 21 de Julho) 217

Regime de Matrícula e de Frequência no Ensino Básico
(Dec-Lei 301/93, de 31 de Agosto) 229
(Despacho n.º 14 026/2007, de 3 de Julho de 2007) 239

Escola Segura
(Despacho 25 650/2006, de 19 de Dezembro) 251
(Despacho n.º 222/2007, de 5 de Janeiro de 2007) 257

Seguro Escolar
(Portaria 413/99, de 8 de Junho) 261

Regime Jurídico do Associativismo Jovem
(Lei n.º 23/2006, de 23 de Junho) 279

Apoio Social e Escolar às Mães e Pais Estudantes
(Lei 90/2001, de 20 de Agosto) 305

Plano para a Integração dos Imigrantes
(Resolução do Conselho de Ministros n.º 63-A/2007, de 3 de Maio)... 307

Código de Procedimento Administrativo
(Decreto-Lei n.º 442/91, de 15 de Novembro, alterado pelo Decreto--Lei 6/96, de 31 de Janeiro) 319